LA GRANDE ENCICLOPEDIA DELLE DOMANDE & RISPOSTE

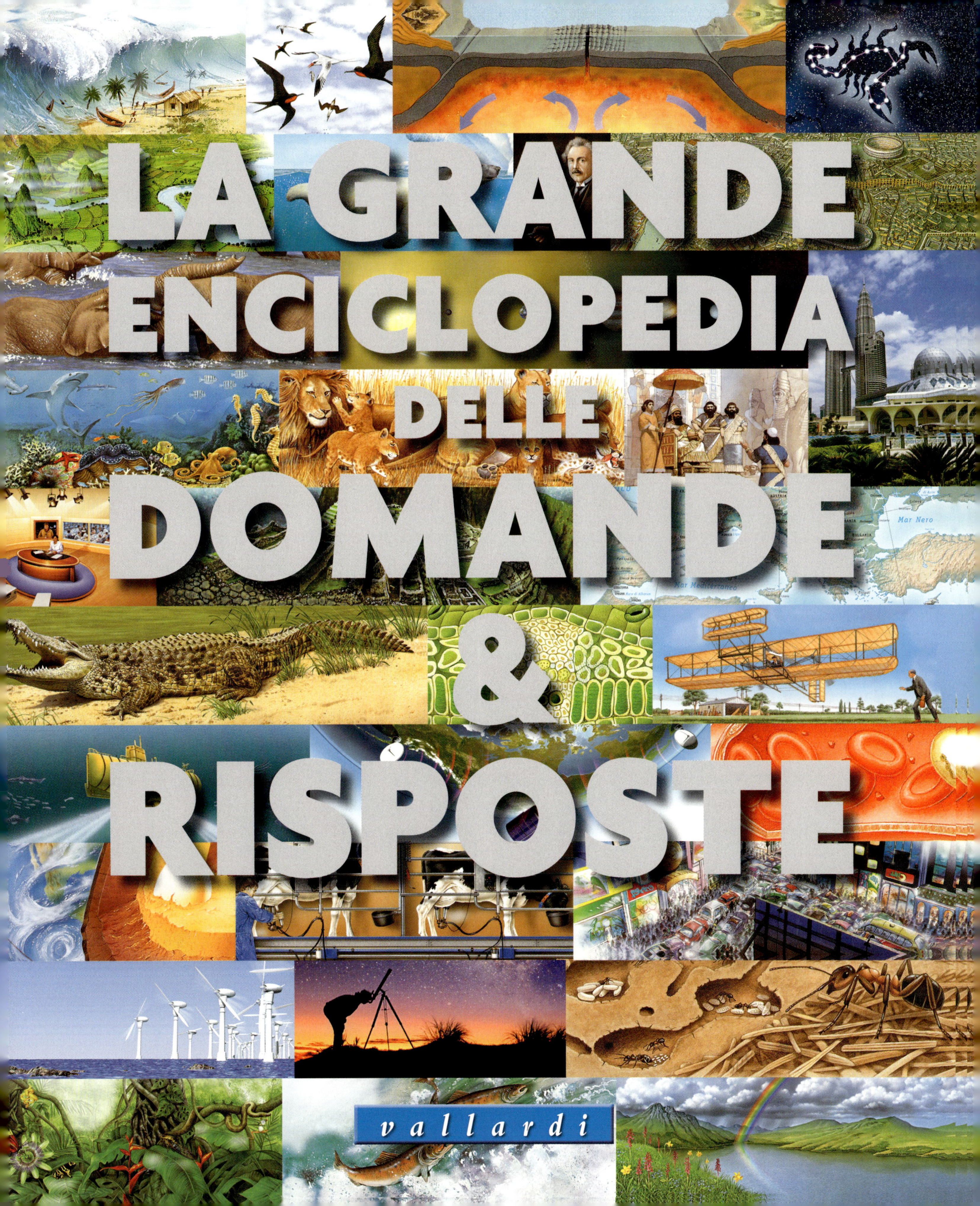
LA GRANDE
ENCICLOPEDIA
DELLE
DOMANDE
&
RISPOSTE
Mar Nero
vallardi

Sommario

L'UNIVERSO

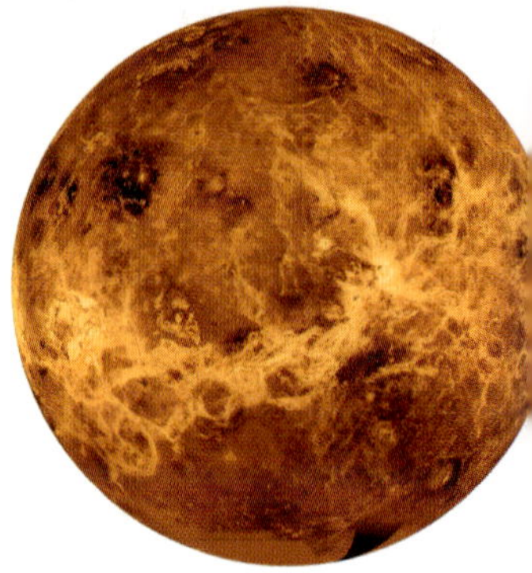

IL PIANETA TERRA

Parte del materiale del presente volume è stato precedentemente pubblicato nelle seguenti opere:
Il CercaQuiz
Il CercaQuiz2
edite dalla Vallardi Industrie Grafiche
Pubblicate in origine da Kingfisher Publications plc, un marchio editoriale della Macmillan Children's Books, Londra.

Testo di Allegra Panini e Luisa Vallardi

ISBN: 978-88-7696-426-8

Direzione editoriale: Max Vallardi

www.vallardi.com

Finito di stampare presso
le Grafiche Biessezeta di Mazzo di Rho (MI)
nel mese di luglio 2010

LA NATURA

GLI ANIMALI

IL CORPO UMANO

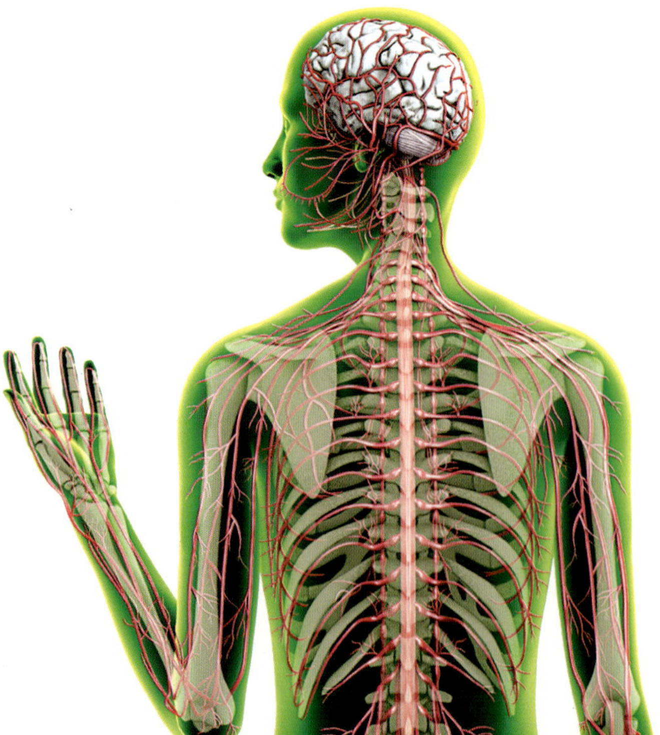

LA STORIA

LA GEOGRAFIA

SCIENZA E TECNICA

L'universo

In una notte serena il cielo visto dalla Terra appare pieno di stelle. Se ci allontanassimo dal nostro pianeta, sempre più lontano, guardandoci indietro vedremmo che tutte le stelle sono raggruppate in una sorta di grande isola luminosa. Quest'isola è la nostra galassia. Nell'universo ci sono centinaia di miliardi di galassie.

Che cos'è l'universo?

L'universo è tutto: materia, energia, spazio, tempo. L'universo osservabile comprende ciò che un osservatore può vedere, cioè stelle, pianeti, satelliti, comete, asteoridi. Questi corpi celesti costituiscono le galassie. Migliaia di galassie insieme formano gli ammassi e tanti ammassi si riuniscono nei superammassi, zone ad alta densità di materia separate una dall'altra da regioni dello spazio praticamente vuote.

Com'è nato l'universo?

Secondo gli astronomi l'universo ha avuto origine da un'enorme esplosione detta Big Bang, avvenuta circa 13,7 miliardi di anni fa. Quando si è formato, l'universo era come una bolla di materia densa e caldissima che ha incominciato a espandersi. Questa espansione è tuttora in atto, infatti i confini dell'universo si ampliano sempre di più mentre la temperatura complessiva si abbassa gradualmente.

Come nascono le galassie?

Le galassie si formano a partire da gas e polveri che, addensandosi per effetto della gravità, diventano sempre più concentrati. L'aumento della concentrazione porta alla formazione delle prime stelle, così la galassia, prima buia, incomincia a risplendere. Con il tempo, le stelle che nascono iniziano a girare intorno a un centro di gravità e, di conseguenza, la galassia tende ad appiattirsi assumendo una forma a spirale.

1. Un'enorme nube di gas si contrae e al centro si formano le stelle.

2. La nube stellare ruota e si appiattisce, formando un disco.

3. La materia del disco si raccoglie nei bracci, dove si formano altre stelle.

Come si misura l'universo?

Le distanze nell'universo sono immense e per misurarle gli astronomi usano come unità di misura l'anno luce e il parsec. L'anno luce è la distanza che la luce percorre in un anno viaggiando a 300.000 km/s. Il parsec è la distanza di una stella dalla Terra calcolata con le regole della trigonometria. La stella più vicina alla Terra, dopo il Sole, è Proxima Centauri, che si trova a 40.490.000.000.000 di km da noi, corrispondenti a 4,28 anni luce o 1,3 parsec.

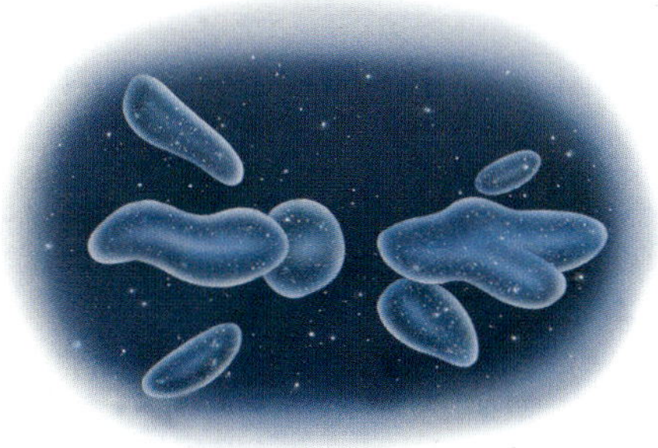
La materia oscura contribuisce a tenere insieme gli ammassi di galassie.

Che cos'è la materia oscura?

Fino a non molto tempo fa si pensava che l'universo fosse in gran parte vuoto. In realtà gli astronomi hanno scoperto che in questo vuoto si registra un'intensa forza di gravità, la quale deve essere esercitata da una qualche forma di materia (e di energia) ancora sconosciuta, cioè "oscura".

Quale sarà il futuro dell'universo?

Esistono due teorie principali sul futuro dell'universo. Alcuni pensano che continuerà a espandersi indefinitamente anche se in modo sempre più lento. Tutte le stelle bruceranno fino a consumarsi e tutto diventerà scuro e freddo, si arriverà cioè a un Big Chill ("Grande Freddo"). Secondo un'altra teoria ci sarebbero le prove di un aumento della velocità di espansione dell'universo. Un giorno galassie, stelle, pianeti e atomi verranno allora strappati via in un Big Rip ("Grande Strappo").

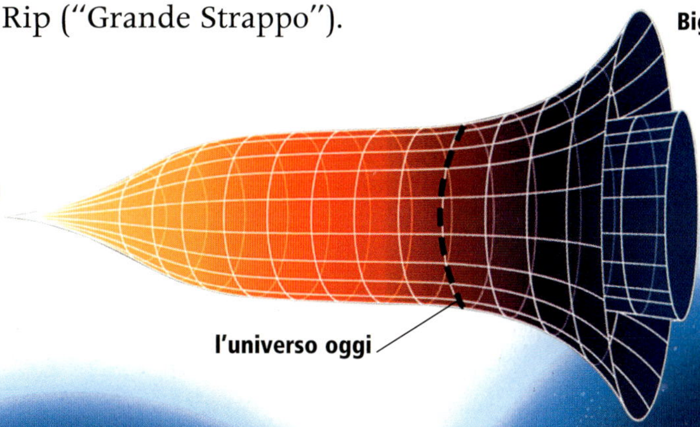

Come sappiamo che l'universo si espande?

Quando un'ambulanza si allontana, il suono della sirena sembra diventare più grave perché le onde sonore risultano sempre più distanziate. Allo stesso modo la radiazione luminosa proveniente dalle galassie si sposta verso lunghezze d'onda maggiori (corrispondenti al colore rosso) via via che queste si allontanano. Grazie a questo fenomeno (*red shift* o "spostamento verso il rosso") gli astronomi hanno scoperto che l'universo si espande.

Le galassie

Le galassie sono giganteschi insiemi di stelle, polveri e gas. Nelle galassie la materia è più concentrata che in qualsiasi altra parte dell'universo: alcune comprendono anche mille miliardi di stelle. Le galassie si distinguono per la dimensione, la forma e per la luce e le altre radiazioni che emettono.

Le galassie sono tutte uguali?

Come è stato per la prima volta scoperto da Edwin Hubble intorno al 1925, esistono tre gruppi principali di galassie: a spirale, ellittiche e irregolari. La nostra è una galassia a spirale: vista da sopra infatti appare formata da una parte centrale più luminosa da cui si sviluppano i bracci, che diventano sempre meno luminosi spostandosi dall'interno verso l'esterno della galassia.

galassia irregolare

galassia a spirale

galassia ellittica

Come si chiama la nostra galassia?

La nostra galassia appare come una scia bianca nel cielo notturno, perciò è stata chiamata Via Lattea. I nomi delle altre galassie sono tratti dalla mitologia (come la galassia di Andromeda) o si riferiscono alla forma (galassia Girandola); molti sono soltanto sigle (come la galassia a spirale NGC 1032).

Il Sole, la Terra e tutto il Sistema Solare si trovano sul bordo interno del Braccio di Orione.

Le stelle di una galassia hanno tutte la stessa età?

Le galassie si distinguono tra loro anche per l'età delle stelle da cui sono formate. Nelle galassie irregolari ci sono soprattutto stelle giovani, le galassie ellittiche hanno stelle "vecchie". Le galassie a spirale come la nostra hanno stelle più vecchie al centro e più giovani nei bracci esterni.

Dove nascono le stelle?

Le stelle nascono a partire da nubi di gas e polveri inizialmente fredde che poi si concentrano e incominciano a emettere luce e calore. Questi ammassi di materia hanno forma varia e sono indicati come nebulose. Nelle nebulose le stelle possono anche morire esplodendo e favorire così la formazione di nuove stelle.

Poiché la Via Lattea è formata da circa 100 miliardi di stelle, perché non siamo abbagliati dalla luce? Le stelle che vediano in realtà sono tutte lontanissime. La luce del Sole impiega 8 minuti circa per raggiungerci, ma quella di Proxima Centauri (la seconda stella a noi più vicina) impiega 4 anni!

Le "colonne della creazione", formate da gas e polveri, si trovano nella nebulosa dell'Aquila.

Quante sono le stelle che brillano nel cielo?

Nessuno lo sa con precisione, ma si stima che l'universo comprenda centinaia di miliardi di galassie e che ognuna di queste possa contenere centinaia di miliardi di stelle. Si dice che esistano più stelle nell'universo che granelli di sabbia sulla Terra.

Le stelle

Le stelle sembrano puntini luminosi nel cielo notturno ma, in realtà, sono gigantesche palle di gas incandescenti. Ci appaiono piccole soltanto perché si trovano a milioni di chilometri di distanza da noi. Se potessimo avvicinarci a una stella, scopriremmo che assomiglia al Sole. Anche il Sole, infatti, è una stella.

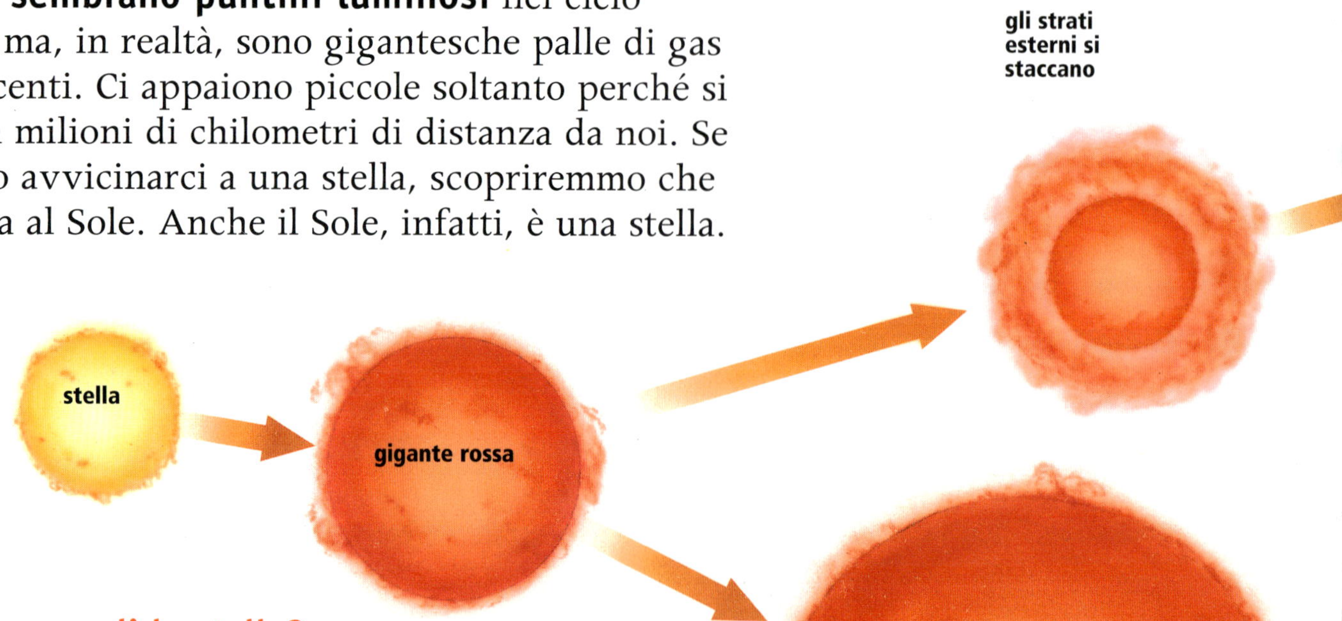

Quanto sono grandi le stelle?

Misurare la dimensione di stelle lontane non è facile. Il Sole però è abbastanza vicino a noi e gli astronomi hanno calcolato che ha un diametro di circa 1.400.000 km, pari cioè a oltre 100 volte quello della Terra. Il Sole però non è la stella più grande, ne esistono infatti di molto più voluminose che vengono pertanto indicate come "giganti" e "supergiganti". La stella più grande che conosciamo è la supergigante VY Canis Majoris che si trova appunto nella costellazione del Cane Maggiore. Questa stella ha un diametro 2100 volte maggiore di quello del Sole ed è 500.000 volte più luminosa.

Anche se sembrano emettere una luce scintillante, le stelle in realtà brillano in modo costante. Le radiazioni luminose però vengono deviate e spostate avanti e indietro dalle correnti d'aria e dalle particelle sospese nell'atmosfera terrestre e così la luce delle stelle vista dalla Terra appare tremolante.

Qual è la temperatura delle stelle?

Tutte le stelle sono formate da gas incandescente, ma la loro temperatura varia. Osservando il colore della luce emessa dalle stelle, gli astronomi possono stabilire la temperatura superficiale dei singoli astri. Le stelle gialle, come il Sole, hanno una temperatura di circa 5700 °C mentre le giganti rosse raggiungono i 2500 °C e sono dunque più fredde. Le stelle più calde sono quelle bianco-azzurre che possono avere una temperatura di quasi 30.000 °C.

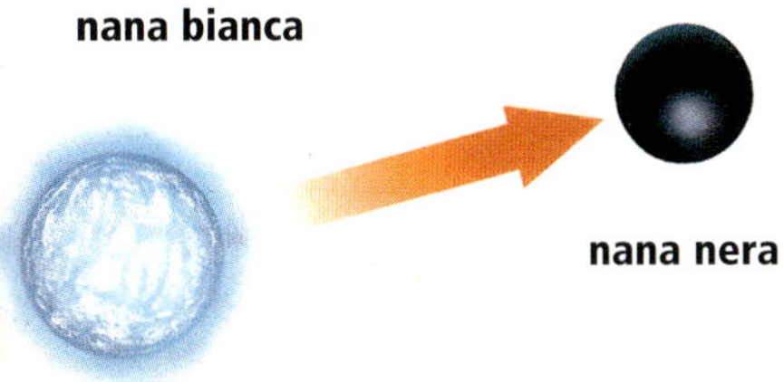

Che cos'è il ciclo vitale di una stella?

Le stelle non rimangono sempre uguali. La loro attività dipende dalla quantità di gas che contengono. Quando i gas, con il tempo, si consumano, gli strati esterni si espandono e la stella diventa una gigante rossa. In seguito alla dispersione dei gas, la stella si trasforma in una piccola nana bianca e, quando cessa di emettere luce, diventa una nana nera.

Come si formano i buchi neri?

Quando una stella esplode diventando una supernova, la materia che resta si contrae, concentrandosi in uno spazio molto piccolo. L'immensa attrazione gravitazionale esercitata da questa massa concentrata è tale da attirare ogni cosa, risucchiandola. Nulla riesce a sfuggire, neppure la luce, così si forma un buco nero.

Perché alcune stelle esplodono?

Le stelle costituite da un'enorme quantità di combustibile (gas come idrogeno ed elio) si trasformano con il tempo in supergiganti. Una supergigante è una stella instabile e, quando gli strati più esterni collassano su quelli interni, esplode. Per la luce intensa che emettono, le stelle che esplodono sono dette supernove (perché in passato sono state per errore considerate stelle "nuove").

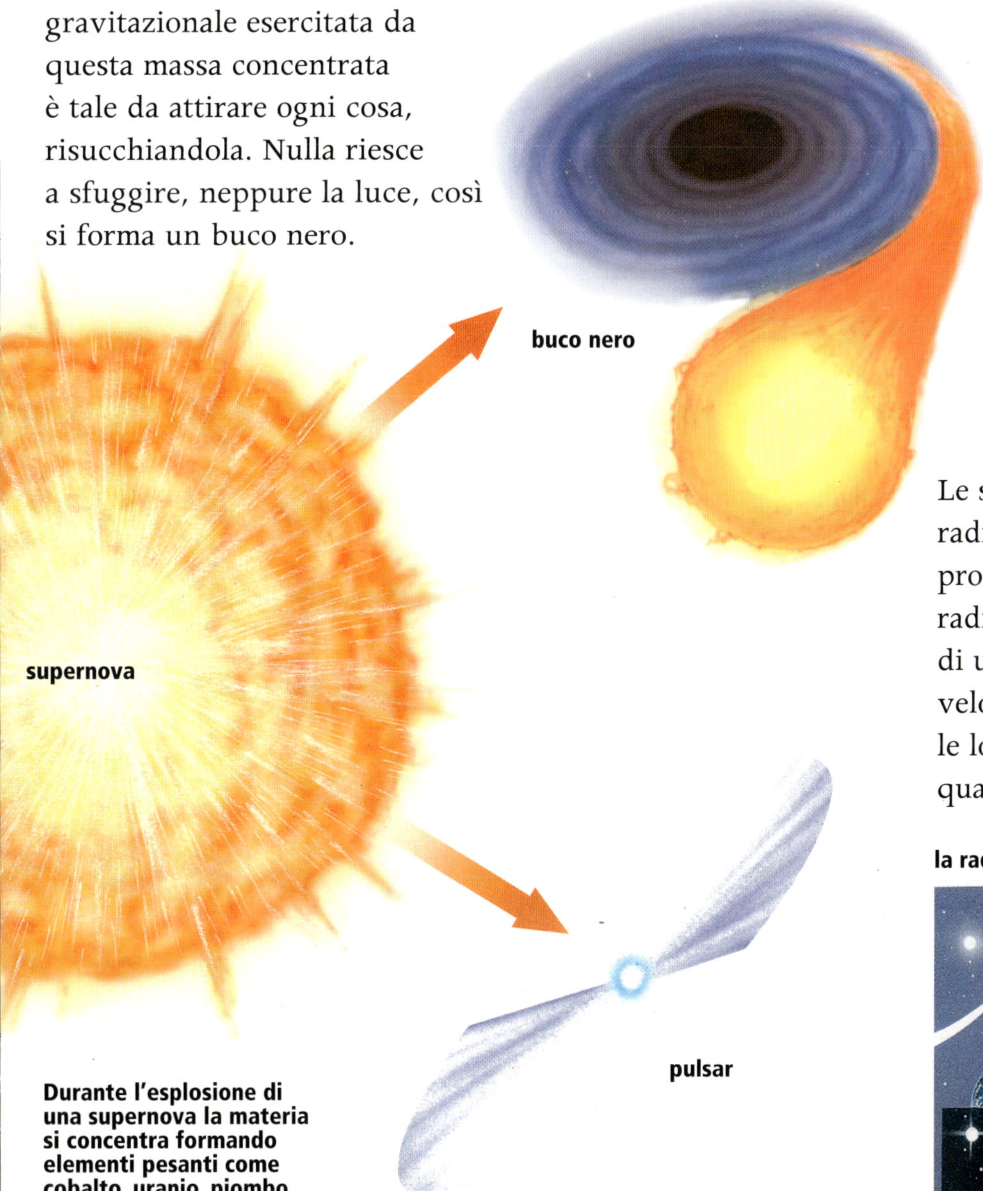

Durante l'esplosione di una supernova la materia si concentra formando elementi pesanti come cobalto, uranio, piombo, ma anche oro e argento.

Che cos'è una pulsar?

Le stelle emettono luce ma anche onde radio. Le pulsar (stelle "pulsanti") producono impulsi molto regolari di onde radio e possono formarsi dopo l'esplosione di una supernova. Le pulsar ruotano velocemente su se stesse e, per questo, le loro emissioni sono rilevabili soltanto quando si dirigono verso la Terra.

la radiazione di una pulsar verso la Terra

Le costellazioni

Per riconoscere più facilmente le stelle nel cielo, gli astronomi hanno immaginato di unirle una all'altra in modo da formare disegni di animali e personaggi mitologici o, in tempi più recenti, oggetti comuni come l'orologio o il compasso. Le costellazioni riconosciute dall'Unione Astronomica Internazionale sono 88.

Che cos'è la sfera celeste?

Il cielo visto dalla Terra sembra una sfera su cui brillano le stelle. La sfera celeste viene divisa in due parti da una linea immaginaria, l'equatore celeste. A nord dell'equatore c'è l'emisfero celeste settentrionale e a sud l'emisfero celeste meridionale. Alcune costellazioni sono visibili soltanto in uno dei due emisferi della Terra, altre in entrambi.

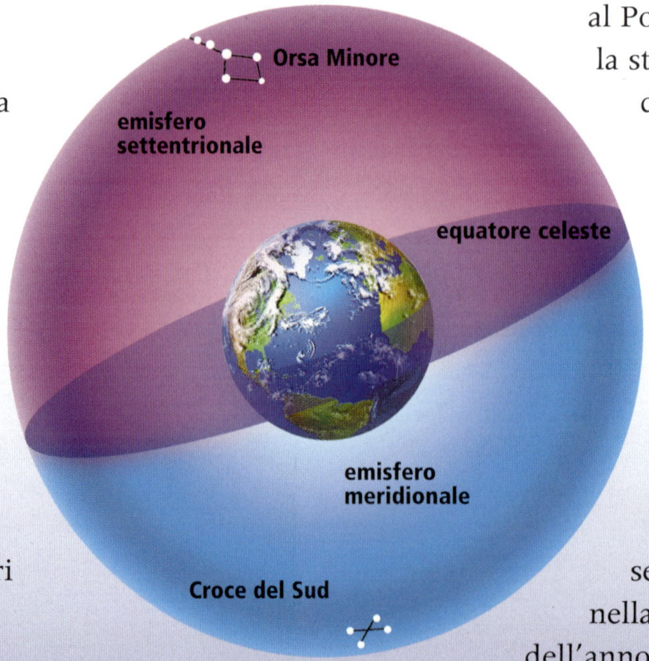

La sfera celeste ha un Polo Nord e un Polo Sud?

Se si traccia una linea che dal Polo Nord della Terra tocca la sfera celeste, si incontra la Stella Polare, nella costellazione dell'Orsa Minore, corrispondente al Polo Nord celeste. Se si compie la stessa operazione partendo dal Polo Sud della Terra si incontra la costellazione della Croce del Sud, dove si trova il Polo Sud celeste.

Che cos'è lo zodiaco?

Lo zodiaco è un insieme di dodici costellazioni che si vedono in entrambi gli emisferi della Terra e sembrano disposte in circolo nella sfera celeste. Nel corso dell'anno il Sole, la Luna e i pianeti sembrano spostarsi passando da una costellazione all'altra (in realtà è la Terra che si sposta e compie in un anno un giro intorno al Sole).

Le costellazioni si vedono facilmente?

Molte costellazioni si vedono a occhio nudo, altre sono invece poco luminose e, per osservarle, bisogna utilizzare un binocolo o un cannocchiale. La stella più luminosa nell'emisfero settentrionale è Sirio, nella costellazione del Cane Maggiore. Ci sono costellazioni (come quella di Pegaso) visibili nel nostro emisfero soltanto in inverno. In estate invece è ben riconoscibile la grande croce che rappresenta il Cigno.

▲ Centauro
Il centauro era un essere mitologico mezzo uomo e mezzo cavallo. Quello della costellazione, visibile soltanto nell'emisfero meridionale, è Chirone, precettore dell'eroe greco Achille.

▼ Colomba
La Colomba, una piccola costellazione visibile nell'emisfero meridionale, si trova vicino alla nave Argo e rappresenta l'uccello che gli Argonauti, eroi greci in cerca del vello d'oro, inviarono in avanscoperta per evitare gli scogli.

▼ Croce del Sud
Questa costellazione si vede soltanto nell'Emisfero meridionale e, dato che comprende il Polo Sud celeste, era usata in passato dai marinai per orientarsi quando navigavano di notte.

◀ Scorpione
Lo Scorpione fa parte delle dodici costellazioni dello zodiaco. Questa luminosa costellazione comprende Antares, una supergigante rossa nota in arabo come "cuore dello scorpione".

▲ Cigno
La costellazione del Cigno sembra volare in una delle zone della Via Lattea più ricca di stelle. La coda del Cigno è la stella Deneb, una supergigante blu 60.000 volte più luminosa del Sole.

▲ Pegaso
Questa grande costellazione dell'emisfero settentrionale è ben visibile in autunno. Pegaso nella mitologia greca era un cavallo alato nato quando Perseo uccise il mostro Medusa. Nella zona del cielo occupata da Pegaso ci sono numerose galassie.

▲ Bilancia
La Bilancia era già per gli antichi Romani il simbolo della giustizia e dell'equilibrio. Per i Greci questa costellazione rappresentava invece le chele del vicino Scorpione a cui era unita. È una delle costellazioni dello zodiaco.

Circa 2000 anni fa l'astronomo greco Ipparco di Nicea inventò un catalogo in cui elencava le stelle dividendole in sei gruppi in base alla luminosità (detta magnitudine). Questa suddivisione, leggermente modificata, è in uso ancora oggi.

Il Sistema Solare

Il Sistema Solare è formato dal Sole e da tutti i corpi celesti che ruotano intorno a esso: 8 pianeti, oltre 50 satelliti, migliaia di asteroidi e comete. Alcuni pianeti sono più piccoli della Terra, altri sono molto più grandi. Il Sistema Solare si è formato circa 10 miliardi di anni dopo l'esplosione del Big Bang e la nascita dell'universo.

Come si è formato il Sistema Solare?

Gli astronomi pensano che il Sole e gli altri corpi del Sistema Solare derivino da una nube di gas e polveri nata con il Big Bang. Circa 5 miliardi di anni fa la parte centrale della nube ha incominciato a contrarsi portando alla nascita del Sole. Grazie alla sua grande massa, il Sole ha attratto intorno a sé altra materia che, in pochi milioni di anni, ha dato origine a pianeti, satelliti, asteroidi e comete.

Quanto è grande il Sistema Solare?

Il Sistema Solare non ha confini definiti, tuttavia gli astronomi hanno stabilito che ha un diametro di circa 12 milioni di km. Il pianeta più vicino al Sole è Mercurio, quello più lontano è Nettuno. Ancora più lontani sono i pianeti nani Plutone ed Eris. Nello spazio, apparentemente vuoto, tra un corpo celeste e l'altro ci sono in realtà polveri, gas e particelle in gran parte emesse dal Sole.

Quanti sono i pianeti del Sistema Solare?

Intorno al Sole orbitano 8 pianeti: Mercurio, Venere, Terra, Marte, Giove, Saturno, Urano e Nettuno. Dal 2006 l'ultimo pianeta, Plutone, viene considerato ufficialmente un pianeta nano, ossia un corpo celeste tanto piccolo da non attrarre intorno a sé altri corpi celesti. Eris, scoperto nel 2003, è un pianeta nano con un diametro di circa 2400 km ed è completamente ghiacciato.

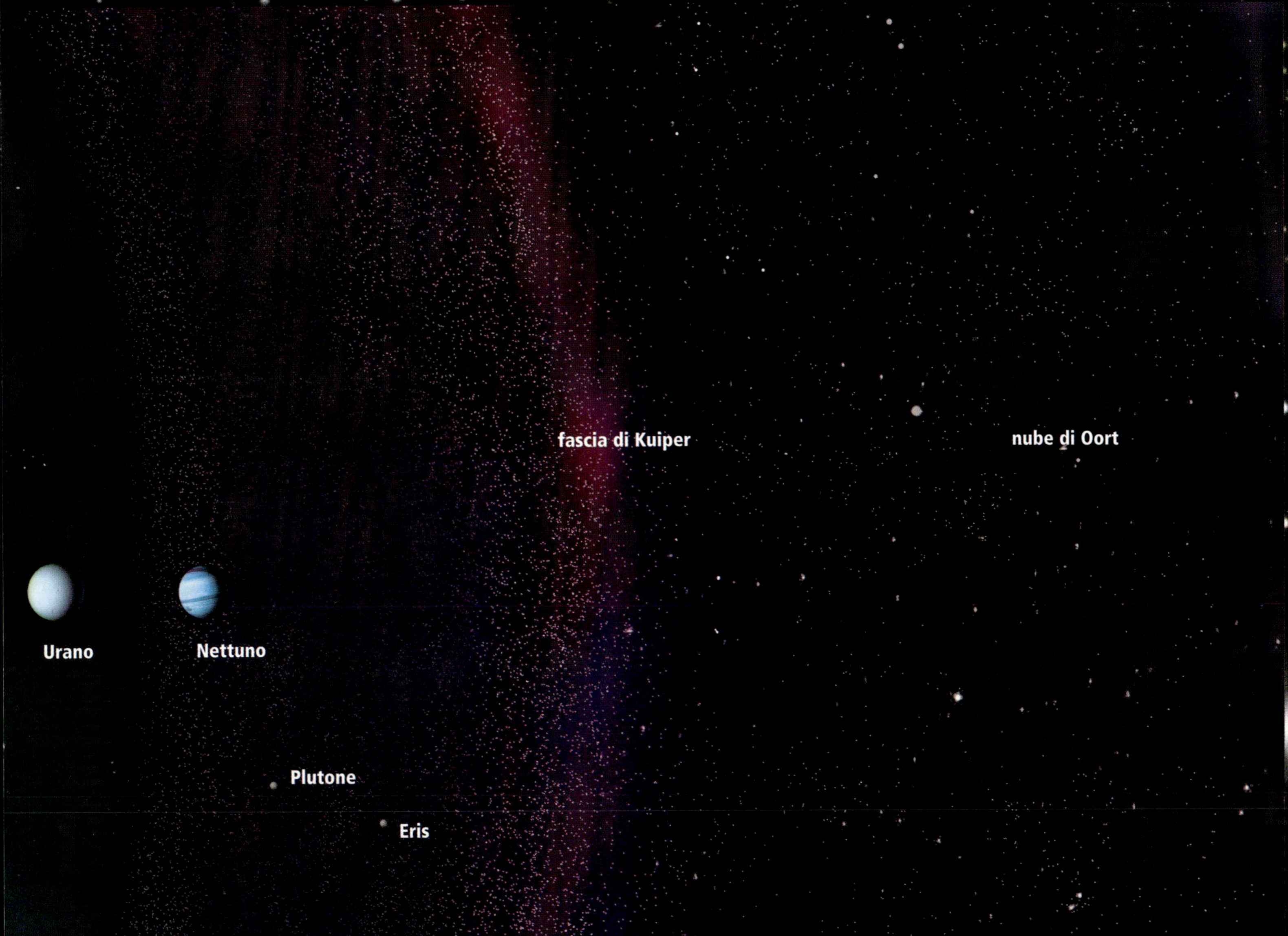

Perché i pianeti orbitano intorno al Sole?

I pianeti sono "legati" al Sole dalla forza di gravità ma, grazie al fatto che si muovono, tendono anche a sfuggire all'attrazione gravitazionale solare.
L'equilibrio tra queste due forze (gravitazionale e centrifuga) fa sì che i pianeti orbitino intorno al Sole. Da quando si sono formati, i pianeti continuano a muoversi perché nello spazio non c'è attrito e dunque nulla può fermarli.

I pianeti orbitano sempre alla stessa distanza dal Sole?

Come ha scoperto l'astronomo Johannes Kepler (Keplero) nel XVII secolo, i pianeti viaggiano lungo orbite ellittiche, cioè simili a un cerchio schiacciato. La distanza di un pianeta dal Sole dunque non è sempre uguale nel corso dell'anno: la Terra, per esempio, si trova a circa 147 milioni di km dal Sole in luglio e a circa 152 milioni di km in gennaio.

L'idea che la Terra non si trovi al centro del Sistema Solare è stata dimostrata scientificamente da Nicolaus Copernicus (Copernico) nel 1543 e da Galileo Galilei nel 1632. Per le sue dichiarazioni in contrasto con le Sacre Scritture, Galilei è stato condannato al carcere a vita.

Il Sole

Il Sole è una stella di media grandezza che si trova, con la sua corte di pianeti e satelliti, in uno dei bracci della Via Lattea insieme a moltissime altre stelle. Rispetto ai pianeti, il Sole è molto grande, infatti costituisce oltre il 99% della massa del Sistema Solare. Il Sole emette moltissima energia e, soprattutto, la luce e il calore che rendono possibile l'esistenza della vita sulla Terra.

Come si studia il Sole?

Gli astronomi studiano il Sole con satelliti che fotografano la nostra stella e raccolgono campioni delle particelle solari. La composizione del Sole si può dedurre anche dallo studio delle radiazioni elettromagnetiche.

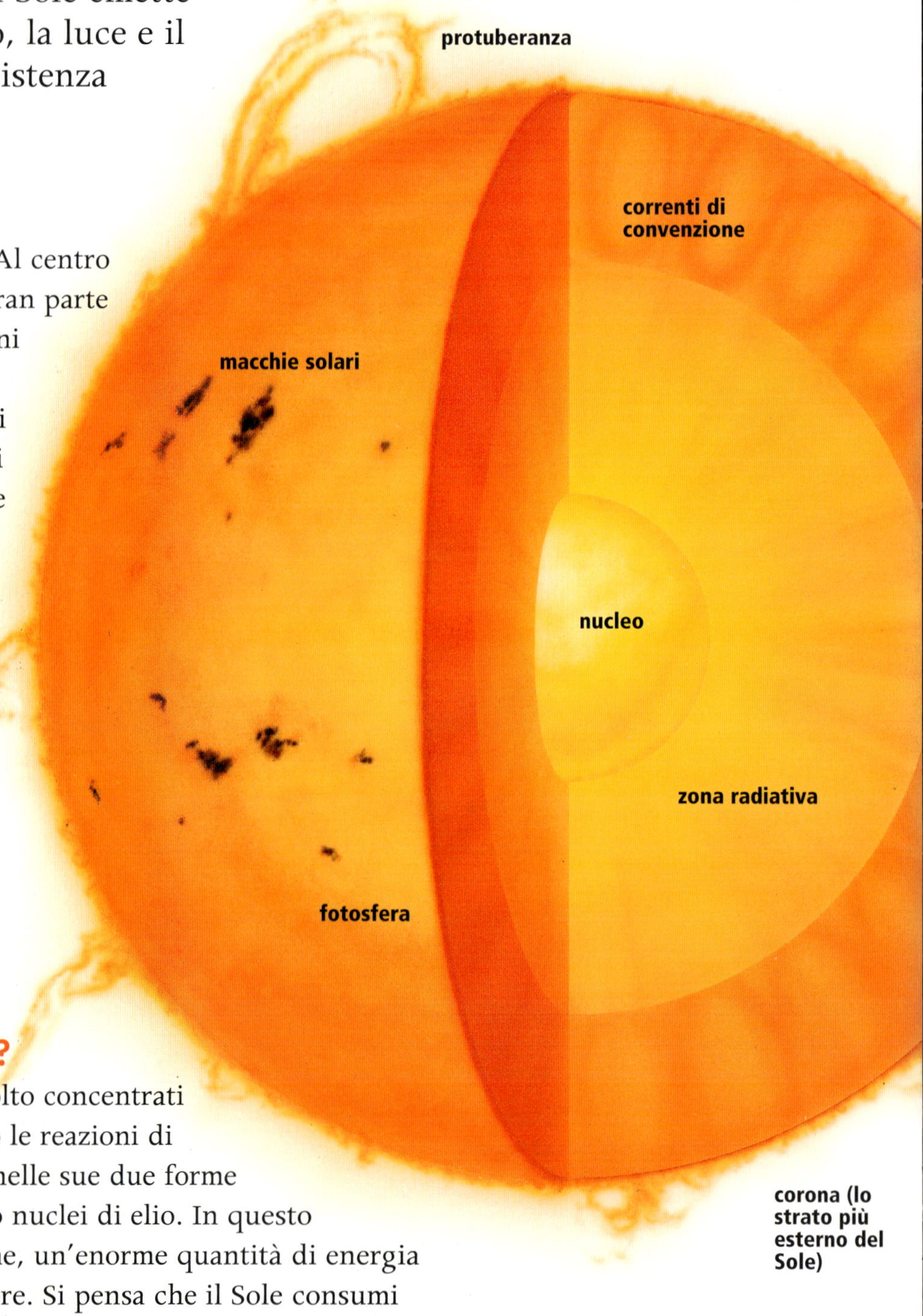

Com'è fatto il Sole?

Il Sole è formato da gas incandescenti. Al centro si trova il nucleo in cui è concentrata gran parte della massa e dove avvengono le reazioni nucleari. Spostandosi verso l'esterno si incontrano la zona radiativa e la zona di convezione più esterna. Qui, correnti di gas caldo portano l'energia in superficie (fotosfera) dove viene emessa in forma di radiazioni elettromagnetiche. In superficie la temperatura è di circa 5000 °C, nel nucleo si stima che sia di 15.000.000 di °C.

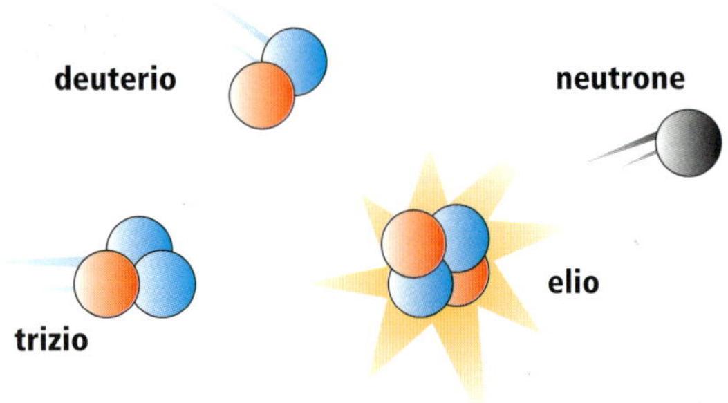

Da dove viene l'energia del Sole?

Nel nucleo del Sole, dove i gas sono molto concentrati e la temperatura è altissima, avvengono le reazioni di fusione nucleare: i nuclei di idrogeno (nelle sue due forme deuterio e trizio) si uniscono generando nuclei di elio. In questo processo si libera un neutrone e, insieme, un'enorme quantità di energia che raggiunge la Terra come luce e calore. Si pensa che il Sole consumi circa 600 milioni di t di idrogeno al secondo.

Il Sole ha un'atmosfera?

Al di sopra della superficie solare (o fotosfera) esistono due strati distinti chiamati cromosfera e corona. La cromosfera (cioè "sfera colorata") è un sottile anello di gas incandescenti e rossastri da cui possono svilupparsi gigantesche protuberanze visibili come drappeggi lunghi anche milioni di chilometri. La corona, ancora più esterna, è costituita da gas rarefatti che spesso sfuggono dal Sole formando il vento solare.

protuberanza

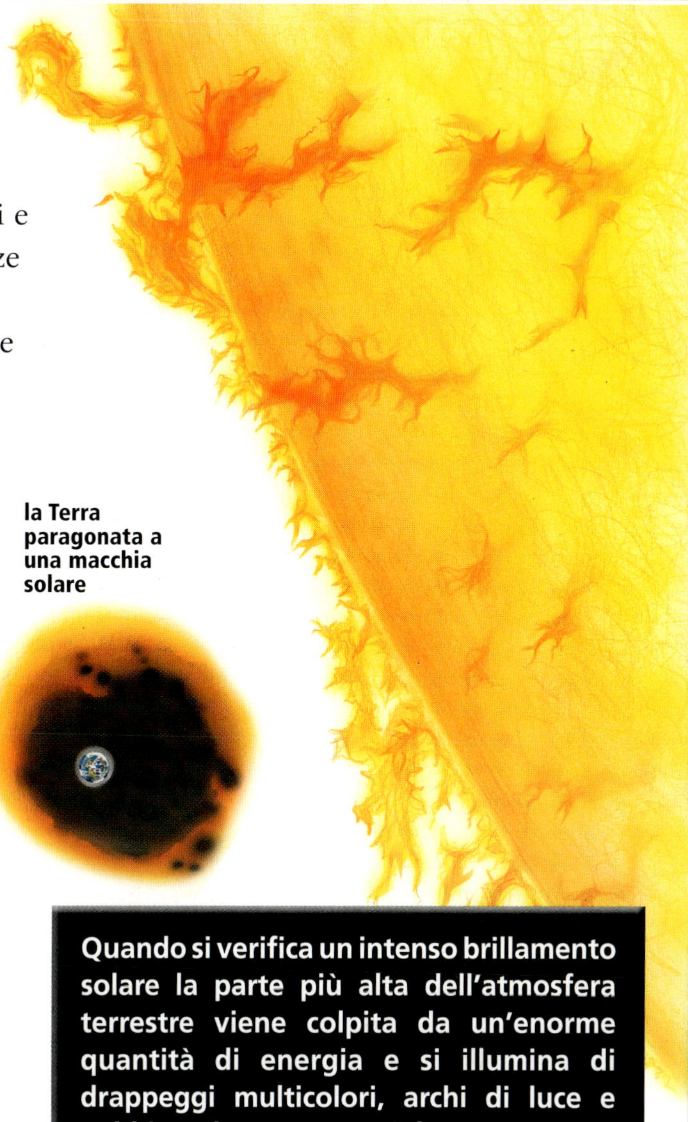

Che cosa sono le macchie solari e i brillamenti?

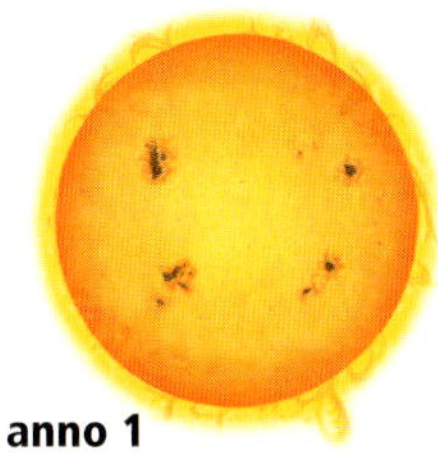

anno 1

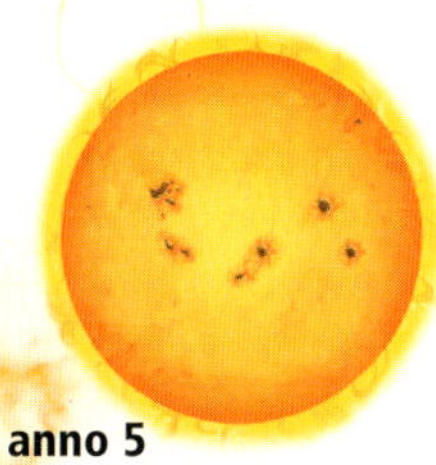

anno 5

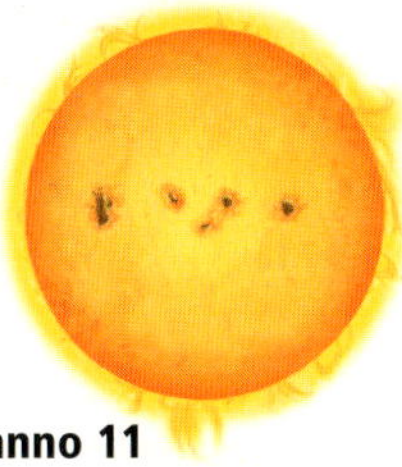

anno 11

Le macchie che compaiono sulla fotosfera sono formate da zone più scure del resto della superficie dove i gas sono più freddi. Le macchie solari possono raggiungere anche 50.000 km di diametro e hanno un ciclo di 11 anni circa. Insieme alle macchie si possono avere violente esplosioni di gas (dette brillamenti o *flares*) osservabili come zone straordinariamente luminose che possono restare visibili anche per un'ora.

la Terra paragonata a una macchia solare

Quando si verifica un intenso brillamento solare la parte più alta dell'atmosfera terrestre viene colpita da un'enorme quantità di energia e si illumina di drappeggi multicolori, archi di luce e nebbia colorata. Questi fenomeni sono conosciuti come aurore polari.

Che cosa accadrà al Sole?

Il Sole è nato circa 5 miliardi di anni fa, ed è attualmente una stella gialla stabile che emette energia in modo costante.

Tra circa 5 miliardi di anni il Sole incomincerà a essere instabile e le sue dimensioni inizieranno ad aumentare causando l'evaporazione dell'acqua.

Il Sole diventerà allora una gigante rossa, grande fino a 100 volte più di oggi e inghiottirà Mercurio, Venere e, forse, la Terra.

In seguito alla dispersione degli strati esterni, il Sole incomincerà a contrarsi fino a diventare una nana bianca grande circa come la Terra.

I pianeti rocciosi

Come la Terra, anche Mercurio, Venere e Marte sono corpi rocciosi formati dall'aggregazione di materiali pesanti come ferro, nichel e minerali silicati. I quattro pianeti rocciosi, o pianeti interni, sono separati da quelli gassosi esterni dalla fascia degli asteroidi, una zona dello spazio ricca di corpi celesti di piccole dimensioni.

Le sonde spaziali, come la *Messenger*, si avvicinano ai pianeti per studiarli e fotografarli.

Perché su Mercurio ci sono tanti crateri?

Essendo molto vicino al Sole, Mercurio è praticamente privo di atmosfera. Pertanto molti meteoriti sono caduti sulla sua superficie generando numerosi crateri. Il cratere più grande, chiamato Mare caloris, ha un diametro di circa 1400 km.

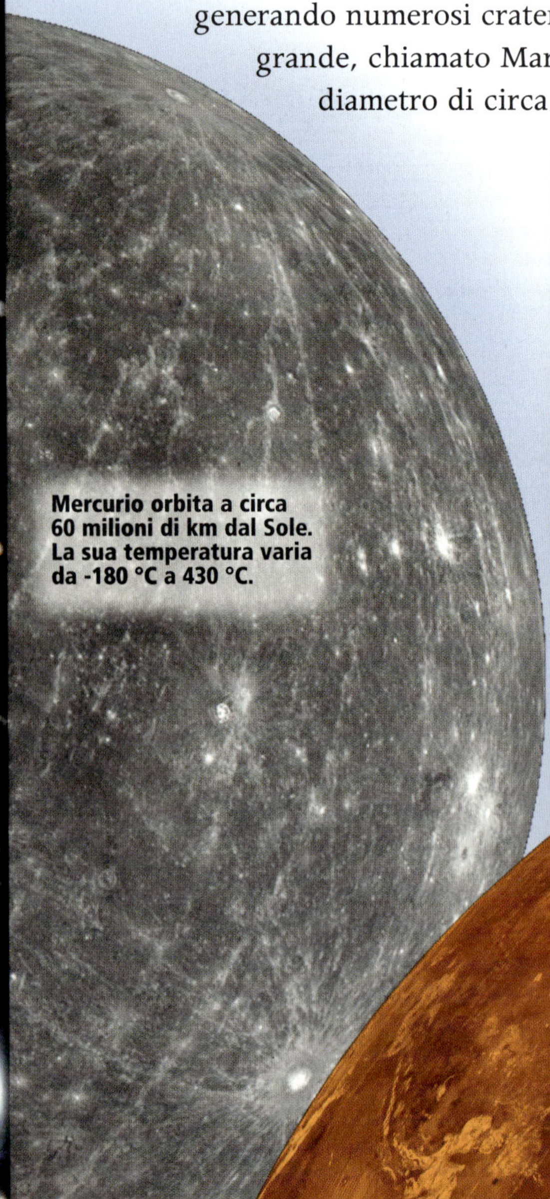

Mercurio orbita a circa 60 milioni di km dal Sole. La sua temperatura varia da -180 °C a 430 °C.

Mercurio
distanza media dal Sole: 57.900.000 km
diametro: 4879 km

Venere
distanza media dal Sole: 108.200.000 km
diametro: 12.104 km

Terra
distanza media dal Sole: 149.600.000 km
diametro: 12.756 km

Marte
distanza media dal Sole: 227.900.000 km
diametro: 6800 km

Perché Venere sembra una stella?

Venere ha un'atmosfera molto densa formata prevalentemente da diossido di carbonio. Sulla superficie la temperatura è di circa 480 °C e le piogge sono formate da acido solforico corrosivo. L'atmosfera di Venere riflette la luce solare e rende il pianeta brillante come una stella.

Su Venere un giorno dura come 243 giorni terrestri. L'anno invece è più corto di quello terrestre e dura appena 225 giorni.

Perché la Terra è un pianeta speciale?

La Terra è l'unico pianeta conosciuto che ospiti forme complesse di vita. Il nostro pianeta ha infatti un'atmosfera che non soltanto è ricca di ossigeno, ma impedisce anche alle dannose radiazioni ultraviolette di raggiungere la superficie danneggiando gli organismi. La Terra poi non è né troppo calda né troppo fredda.

Sulla Terra c'è molta acqua. L'acqua è presente allo stato liquido, come gas (vapore acqueo) e come solido (ghiaccio).

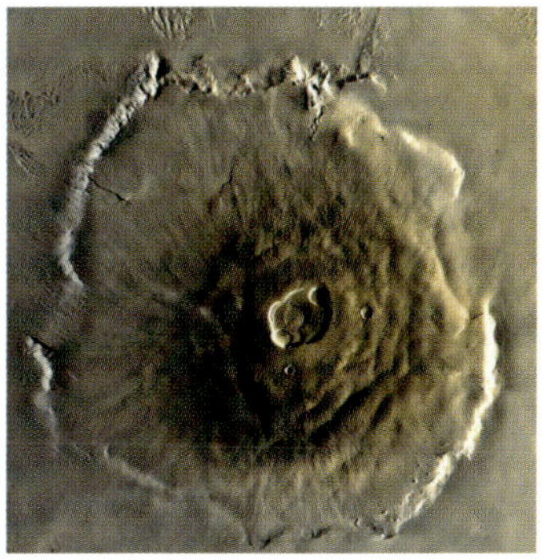

Le montagne ci sono soltanto sulla Terra?

Le montagne si possono formare in vari modi. Su molti pianeti e satelliti esistono montagne di origine vulcanica. La più grande del sistema solare è il Monte Olimpo di Marte, alto 26 km.

Perché Marte è chiamato pianeta rosso?

Marte ha un caratteristico colore rosso visibile anche dalla Terra. Questo colore è dovuto al fatto che sulla superficie di Marte il ferro ossidato (cioè arrugginito) è molto abbondante. La presenza di questo composto dimostra che su Marte una volta c'era ossigeno.

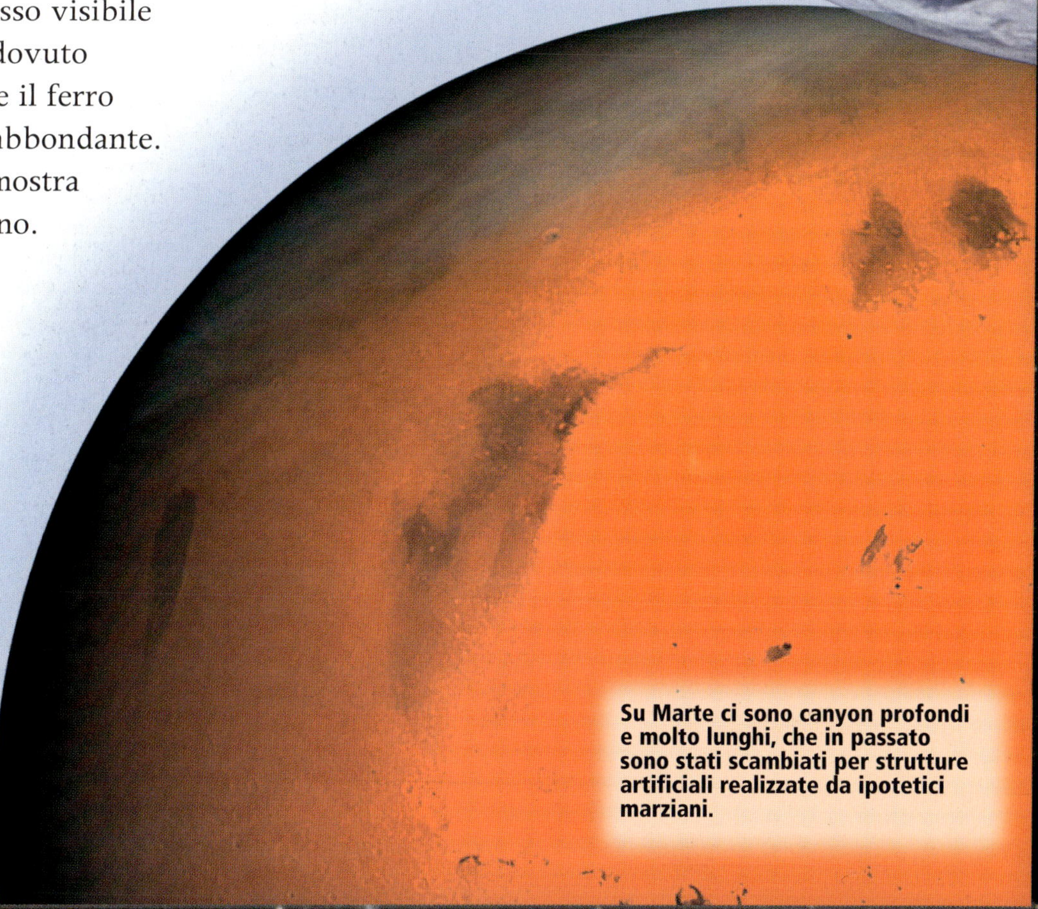

Su Marte ci sono canyon profondi e molto lunghi, che in passato sono stati scambiati per strutture artificiali realizzate da ipotetici marziani.

La Terra

La nostra Terra è uno degli 8 pianeti del Sistema Solare. Come gli altri pianeti, anche la Terra orbita intorno al Sole e ruota su se stessa. Questi due movimenti determinano, rispettivamente, l'alternarsi delle stagioni durante l'anno e delle ore di luce e di buio durante il giorno. Nel suo viaggio il nostro pianeta è accompagnato da un unico satellite, la Luna.

Perché esistono le stagioni?

La Terra impiega un anno per compiere una rivoluzione intorno al Sole. L'asse terrestre, cioè la linea immaginaria che unisce i due poli, è però inclinato rispetto al piano dell'orbita del nostro pianeta. Nel corso dell'anno, di conseguenza, la Terra rivolge verso il Sole o l'emisfero settentrionale (cioè le terre a nord dell'equatore) o quello meridionale (le terre a sud dell'equatore). Nella zona rivolta verso il Sole le ore di luce sono di più e fa caldo, in quella rivolta dalla parte opposta le ore di luce sono di meno e fa freddo.

Che cosa sono i fusi orari?

La Terra compie una rotazione completa intorno al proprio asse in 24 ore circa e ruota in direzione ovest-est, perciò l'alba e il tramonto non si verificano alla stessa ora dappertutto. Si è così deciso di dividere la Terra in 24 "spicchi" detti fusi orari: i paesi nello stesso fuso adottano la stessa ora. L'ora locale si calcola spostando l'orologio avanti o indietro a seconda che il paese si trovi a est o a ovest del fuso centrale di Greenwich (Londra).

Il 23 settembre incomincia l'autunno nell'emisfero settentrionale e la primavera in quello meridionale. Né il Polo Nord né quello Sud sono rivolti verso il Sole.

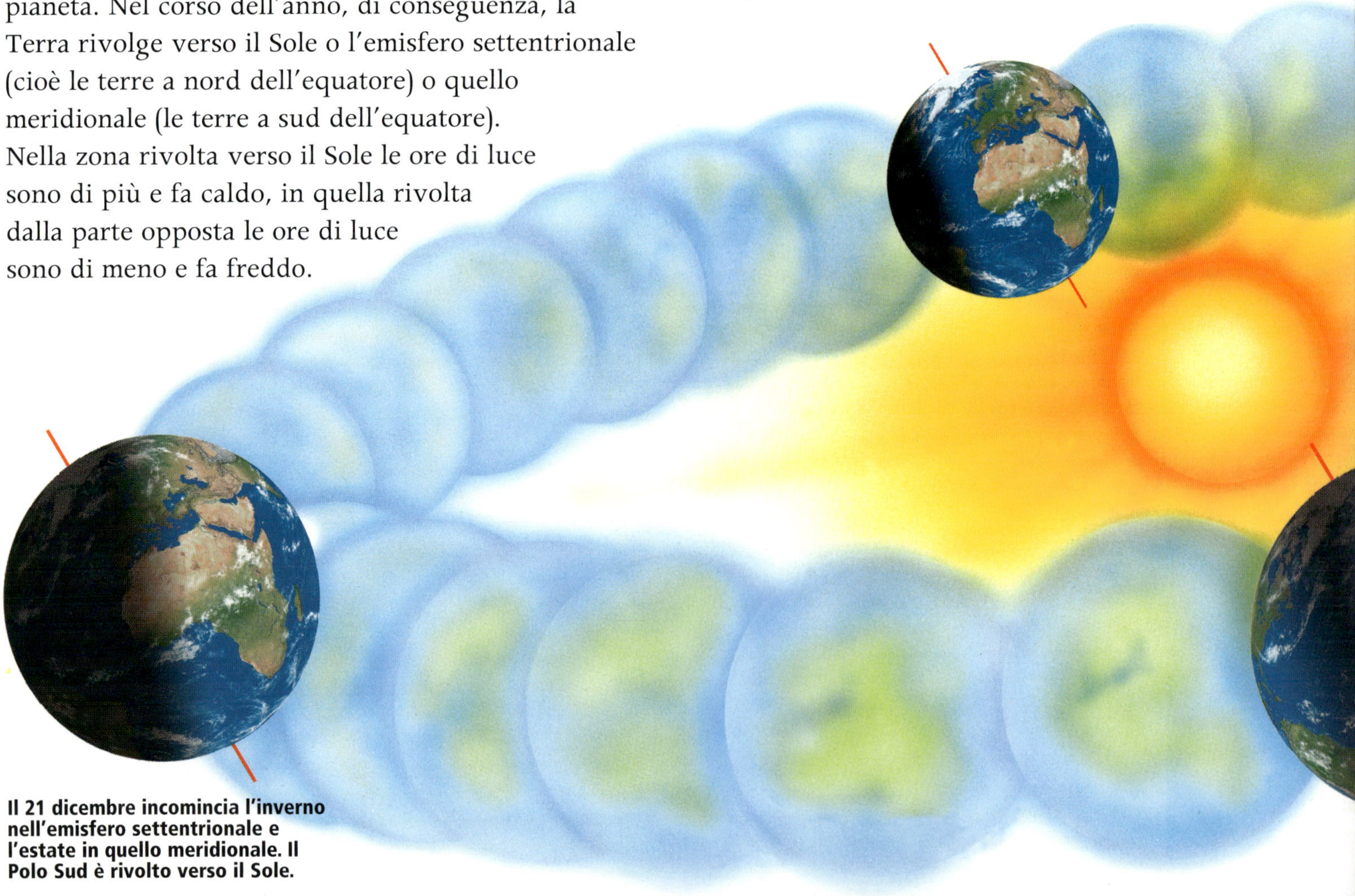

Il 21 dicembre incomincia l'inverno nell'emisfero settentrionale e l'estate in quello meridionale. Il Polo Sud è rivolto verso il Sole.

Nel mondo vengono adottati diversi tipi di calendario. Il calendario più diffuso è quello gregoriano che comprende 365 giorni. Dato però che la Terra percorre la propria orbita in un tempo leggermente più lungo, in alcuni anni (quelli divisibili per 4 e detti bisestili) bisogna conteggiare 366 giorni.

Che cosa sono le eclissi?

Mentre la Terra percorre la propria orbita intorno al Sole, la Luna ruota intorno alla Terra. Può accadere così che i tre corpi celesti si trovino allineati. In alcuni casi la Luna si trova esattamente tra la Terra e il Sole e il disco solare risulta in questi casi nascosto (eclissi solare). Quando la Terra si trova tra il Sole e la Luna può oscurare il nostro satellite con la sua ombra e si ha un'eclissi lunare.

Il 21 giugno incomincia l'estate nell'emisfero settentrionale e l'inverno in quello meridionale. Il Polo Nord è rivolto verso il Sole.

Il 21 marzo incomincia la primavera nei paesi a nord dell'equatore (il piano immaginario che taglia a metà la Terra) e l'autunno in quelli a sud. Né il Polo Nord né quello Sud sono rivolti verso il Sole.

Perché esistono la notte e il giorno?

La Terra è sferica e, dato che ruota intorno al proprio asse, non è mai completamente illuminata dal Sole: quando metà è illuminata, l'altra metà è al buio. Dove c'è luce è giorno, dove non c'è luce è notte.

La Luna

Intorno alla Terra viaggiano molti satelliti artificiali e un solo satellite naturale, la Luna. Questo corpo celeste si trova a circa 380.000 km da noi e, secondo gli astronomi, si è formato probabilmente dopo che un pianeta nano si è scontrato con la Terra causando una dispersione di materiali. Questi frammenti si sarebbero in seguito ricompattati dando origine alla Luna.

Sulla Luna l'attrazione gravitazionale è circa un sesto rispetto alla forza di gravità terrestre. Un uomo di 80 kg sulla Luna pesa circa 13 kg. Gli astronauti che sono atterrati sulla Luna hanno perciò usato scarpe appesantite per riuscire a camminare senza compiere salti troppo alti.

Perché la Luna cambia forma?

La Luna non emette luce propria ma riflette quella solare. Osservata dalla Terra la parte della Luna illuminata dal Sole si modifica nel corso di un mese circa (cioè nel tempo impiegato dalla Luna per compiere una rivoluzione intorno al nostro pianeta). La Luna ci appare allora tutta illuminata (Luna piena) o tutta al buio (Luna nuova) a seconda della posizione in cui si trova rispetto alla Terra e al Sole.

Perché vediamo sempre la stessa faccia della Luna?

Mentre si sposta intorno alla Terra, la Luna ruota anche intorno al proprio asse. Il tempo impiegato dalla Luna per percorrere la propria orbita è di circa 27 ore, in questo stesso tempo però il nostro satellite compie anche una rotazione intorno al proprio asse. Di conseguenza dalla Terra vediamo sempre la stessa faccia della Luna mentre la faccia opposta è indicata come "lato oscuro".

Che cosa c'entra la Luna con le maree?

La Luna esercita una forza di attrazione gravitazionale sei volte meno intensa di quella esercitata dalla Terra. Questa forza tuttavia è sufficiente per attirare l'acqua degli oceani terrestri. Così ogni giorno abbiamo un'alta marea (nei corpi d'acqua rivolti verso la Luna) e una bassa marea (nei corpi d'acqua che si trovano sul lato opposto rispetto alla Luna).

alta marea

bassa marea

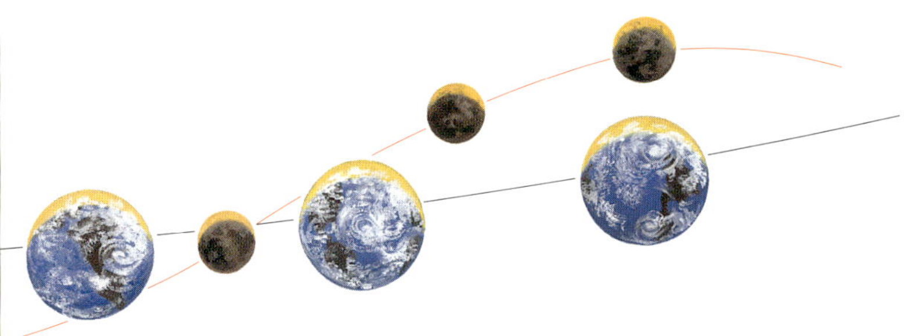

ultimo quarto

Luna nuova

Com'è fatta la Luna?

La Luna è priva di atmosfera e quindi ha la superficie costellata da crateri formati dall'impatto di meteoriti grandi e piccoli. I crateri più grandi e profondi sono detti "mari" perché, visti dalla Terra, appaiono più scuri e in passato venivano considerati veri e propri bacini d'acqua. Sulla Luna l'acqua è presente ma non in forma liquida, inoltre mancano anche le piogge e il vento: ecco perché la superficie lunare non cambia mai aspetto e le impronte lasciate dagli astronauti nel 1969 sono ancora intatte.

I pianeti esterni

I pianeti esterni si trovano oltre Marte e la fascia degli asteroidi e vengono anche indicati come giganti gassosi. Giove, Saturno, Urano e Nettuno sono infatti corpi celesti giganteschi costituiti da un piccolo nucleo centrale di roccia e ghiaccio avvolto da un'atmosfera molto spessa formata principalmente da idrogeno gassoso. Tutti i pianeti esterni hanno numerosi satelliti.

Plutone è stato considerato per molto tempo il nono pianeta del Sistema Solare, ma oggi è classificato come pianeta nano, insieme al suo compagno Caronte (un tempo considerato un satellite).

Qual è il pianeta più grande?

Giove è il pianeta più grande del Sistema Solare, la sua massa è infatti molto maggiore di quella degli altri pianeti, dei satelliti e degli asteroidi insieme. Se avesse avuto una massa dieci volte più grande probabilmente Giove sarebbe diventato una stella. L'atmosfera di Giove, formata soprattutto da idrogeno ed elio, è in costante movimento a causa delle correnti generate dal calore proveniente dall'interno del pianeta.

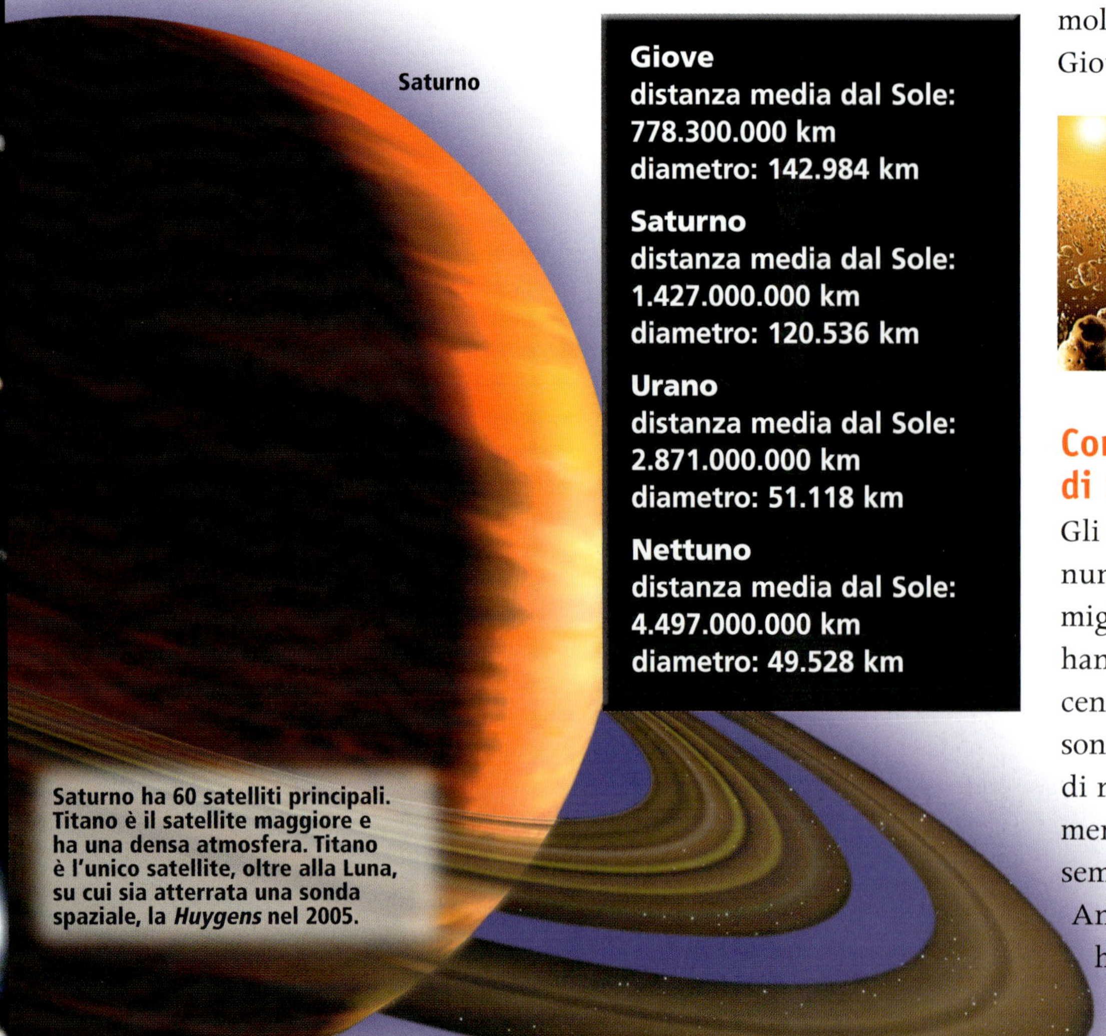

Giove
distanza media dal Sole: 778.300.000 km
diametro: 142.984 km

Saturno
distanza media dal Sole: 1.427.000.000 km
diametro: 120.536 km

Urano
distanza media dal Sole: 2.871.000.000 km
diametro: 51.118 km

Nettuno
distanza media dal Sole: 4.497.000.000 km
diametro: 49.528 km

Saturno ha 60 satelliti principali. Titano è il satellite maggiore e ha una densa atmosfera. Titano è l'unico satellite, oltre alla Luna, su cui sia atterrata una sonda spaziale, la *Huygens* nel 2005.

Perché i pianeti gassosi hanno tanti satelliti?

I satelliti sono corpi celesti che vengono attirati dalla forza di gravità dei pianeti intorno ai quali ruotano. I pianeti giganti, poiché esercitano una forte attrazione gravitazionale, hanno molti satelliti: Saturno oltre 60, Giove 63, Urano 27, Nettuno 13.

Come sono gli anelli di Saturno?

Gli anelli di Saturno sono molto numerosi e si estendono per migliaia di chilometri, anche se hanno uno spessore di appena un centinaio di metri. Queste strutture sono formate da polveri e particelle di roccia di varie dimensioni, mentre gli anelli più rarefatti sembrano costituiti da gas densi. Anche Giove, Urano e Nettuno hanno sistemi di anelli, ma meno estesi di quelli di Saturno.

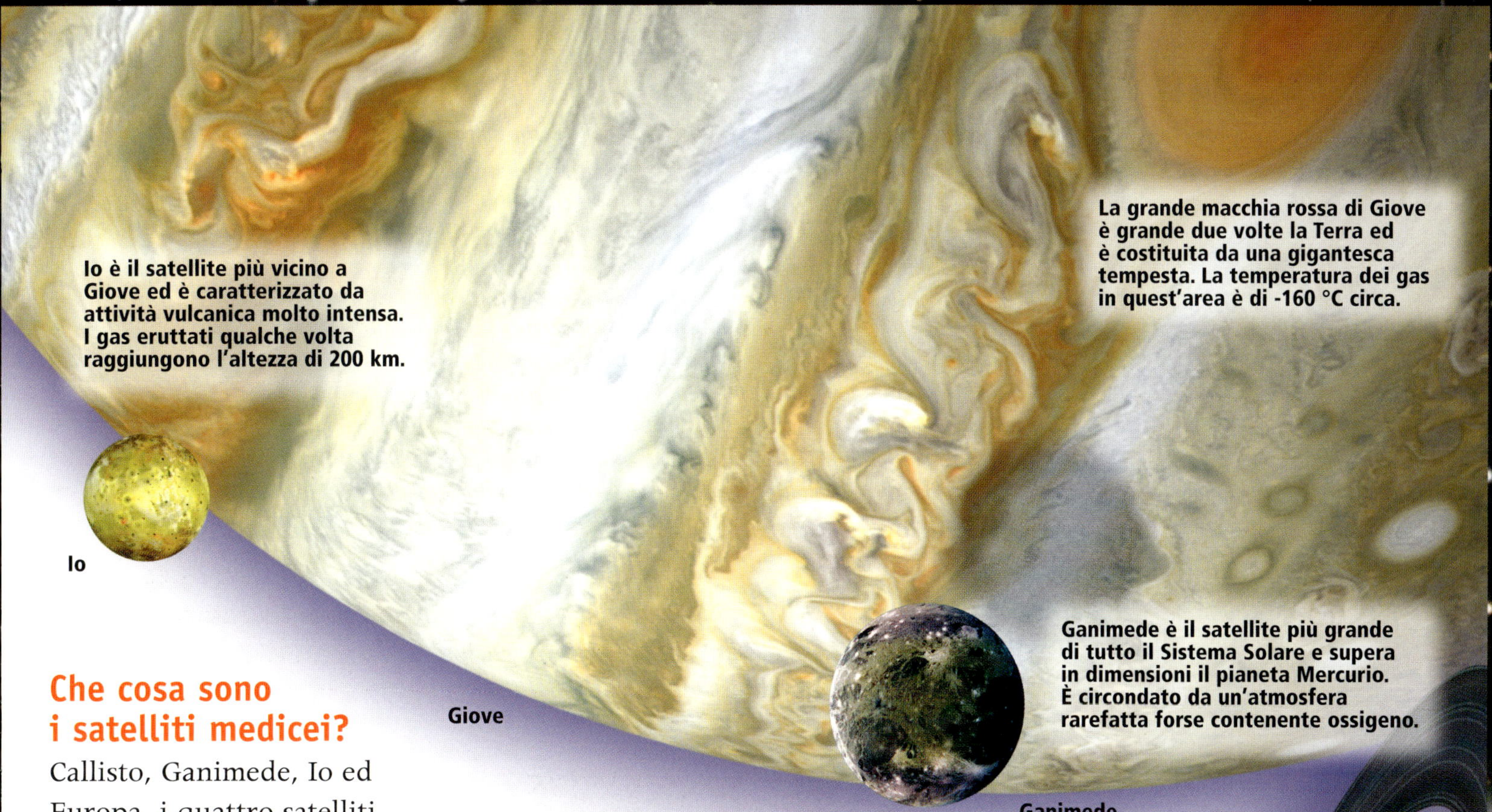

Io è il satellite più vicino a Giove ed è caratterizzato da attività vulcanica molto intensa. I gas eruttati qualche volta raggiungono l'altezza di 200 km.

La grande macchia rossa di Giove è grande due volte la Terra ed è costituita da una gigantesca tempesta. La temperatura dei gas in quest'area è di -160 °C circa.

Ganimede è il satellite più grande di tutto il Sistema Solare e supera in dimensioni il pianeta Mercurio. È circondato da un'atmosfera rarefatta forse contenente ossigeno.

Che cosa sono i satelliti medicei?

Callisto, Ganimede, Io ed Europa, i quattro satelliti maggiori di Giove, sono stati osservati per la prima volta da Galileo Galilei che li ha dedicati a Cosimo II de Medici, duca di Firenze. Gli astronomi ritengono che su Europa possa esistere un oceano liquido al di sotto dello strato superficiale di ghiaccio.

Perché Urano è così inclinato?

Gli astronomi pensano che Urano in origine ruotasse in modo normale ma, a un certo punto, avrebbe urtato contro un altro corpo celeste e si sarebbe "coricato". L'asse di rotazione di Urano oggi risulta disposto quasi parallelamente al piano dell'orbita del pianeta.

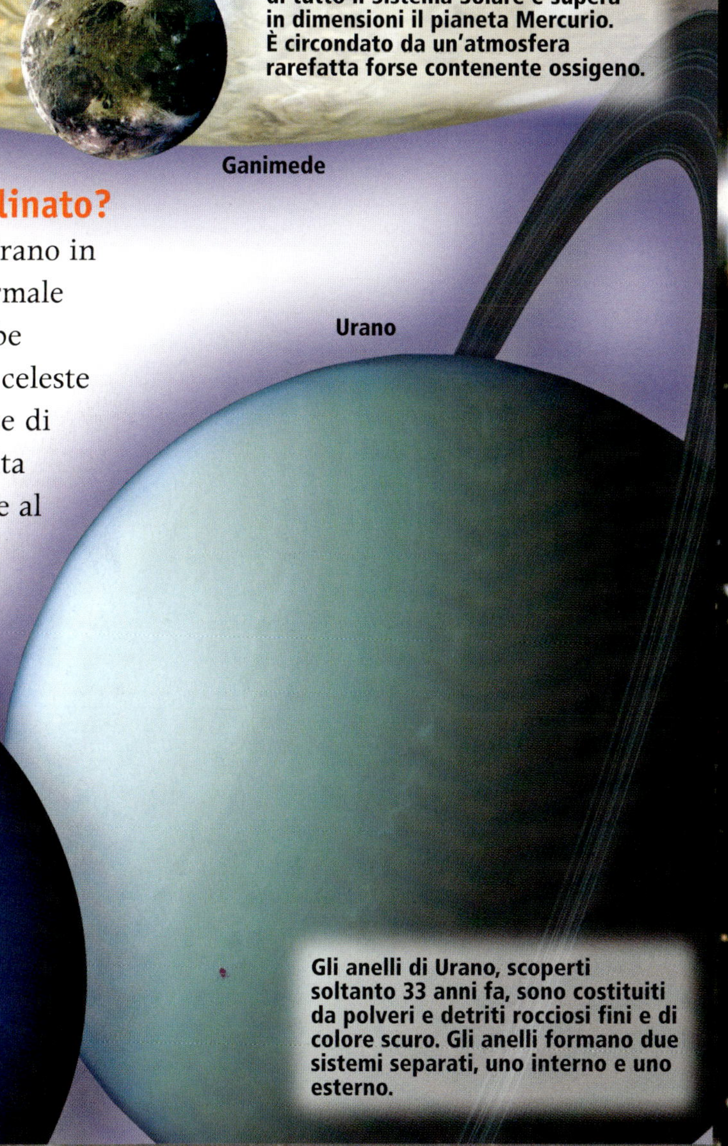

Nettuno ha un'atmosfera molto densa formata da nubi di metano ghiacciato che determinano il caratteristico colore blu del pianeta. Su Nettuno si vedono nubi in movimento e grandi tempeste.

Gli anelli di Urano, scoperti soltanto 33 anni fa, sono costituiti da polveri e detriti rocciosi fini e di colore scuro. Gli anelli formano due sistemi separati, uno interno e uno esterno.

Comete e asteroidi

Il Sistema Solare comprende, oltre ai pianeti e ai satelliti, anche moltissimi altri corpi celesti minori il cui diametro varia da pochi centimetri fino a centinaia di chilometri. Questi corpi celesti prendono il nome di asteroidi se sono formati da roccia e metalli, mentre sono detti comete se contengono anche ghiaccio ed elementi volatili. I più grandi sono infine indicati come pianeti nani.

Dove si trovano gli asteroidi?

Gli asteroidi sono corpi celesti costituiti da frammenti rocciosi condensati insieme, che rappresentano molto probabilmente gli "avanzi" della grande nebulosa da cui è nato il Sistema Solare. Di solito hanno forma irregolare. Un'eccezione è rappresentata da Cerere, l'asteroide più grande, che ha forma sferica e, con il suo diametro di 940 km, è oggi considerato da molti astronomi un pianeta nano. Gli asteroidi sono particolarmente concentrati in una fascia dello spazio situata tra Marte e Giove.

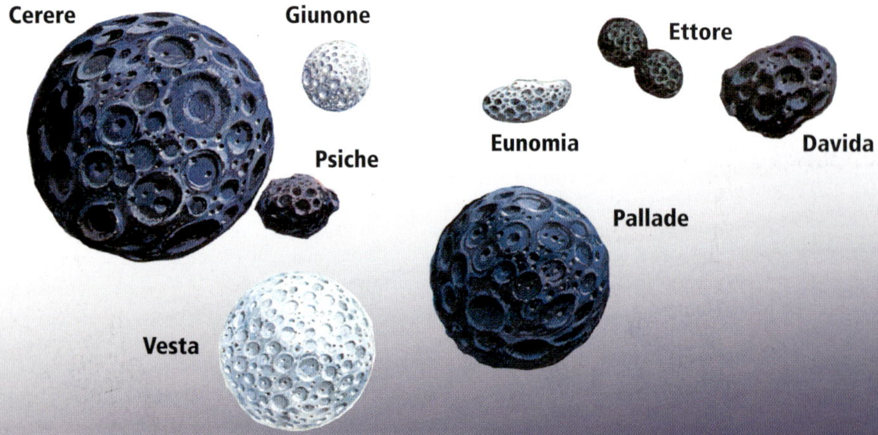

Essendo formati da materiali condensati insieme, gli asteroidi hanno di solito una bassa densità e un aspetto poroso. Molti asteroidi hanno un nome tratto dalla mitologia greca o romana.

Che differenza c'è tra meteore e meteoriti?

I più piccoli tra gli asteroidi sono detti meteoroidi. Ogni tanto questi corpi rocciosi entrano in collisione con il nostro pianeta e, attraversando l'atmosfera, si consumano bruciando prima di toccare il suolo. La scia che si può osservare nel cielo in questa occasione è detta meteora (o stella cadente), la parte di meteoroide che, in rari casi, raggiunge il suolo è chiamata meteorite.

Quando entrano nell'atmosfera terrestre, le meteore si riscaldano superficialmente a causa dell'attrito, tanto da incendiarsi. Ogni anno la Terra attraversa sciami meteorici rappresentati dai detriti abbandonati dalle comete.

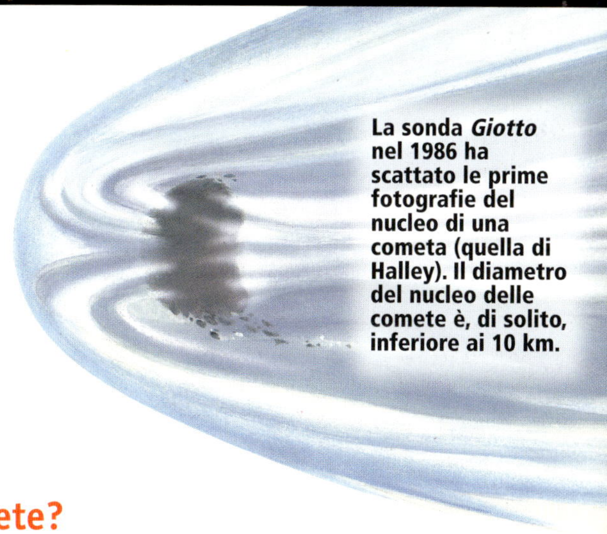

La sonda *Giotto* nel 1986 ha scattato le prime fotografie del nucleo di una cometa (quella di Halley). Il diametro del nucleo delle comete è, di solito, inferiore ai 10 km.

Perché le comete hanno la coda?

Quando le comete si avvicinano al Sole, il loro nucleo si riscalda e il ghiaccio presente evapora lasciando una scia dietro il corpo celeste. Alcune comete percorrono la propria orbita in qualche secolo e sono state quindi viste dalla Terra più volte nel corso della storia umana. Altre comete impiegano invece centinaia di migliaia di anni.

Come sono fatte le comete?

Le comete sono formate da un nucleo di roccia e ghiaccio seguito da una scia (chioma) di polveri e gas (soprattutto vapore acqueo e idrogeno) lunga anche migliaia di chilometri. I gas e le polveri della chioma riflettono la luce solare e, di conseguenza, risplendono. A causa della loro composizione le comete sono state definite "palle di neve sporca".

I grandi asteroidi cadono sulla Terra?

Di solito gli asteroidi bruciano prima di toccare la superficie terrestre. Qualche asteroide molto grande però non si consuma del tutto e, cadendo, producc caratteristici crateri da impatto. Uno dei più famosi è il Cratere di Barringer, o Meteor Crater, che si trova in Arizona, ha un diametro di 1200 m e una profondità di 170 m.

La coda (chioma) delle comete è sempre diretta dalla parte opposta rispetto al Sole. Quando la cometa si allontana dal Sole, si raffredda e perde la coda.

Le comete provengono dalla fascia di Kuiper, situata oltre l'orbita di Nettuno, e dalla più vasta nube di Oort che circonda l'intero Sistema Solare. Nella polvere di alcune comete sono state trovate tracce di molecole organiche, alcuni studiosi ritengono perciò possibile che la vita sia giunta sulla Terra dallo spazio.

La conquista dello spazio

Appena 50 anni fa nessun uomo era mai stato nello spazio. Oggi un gruppo di astronauti occupa stabilmente la Stazione Spaziale Internazionale in orbita a circa 350 km dalla Terra. All'inizio la conquista dello spazio ha visto contrapporsi gli Stati Uniti e l'ex Unione Sovietica, oggi invece molti paesi collaborano per portare a termine importanti missioni e per costruire e lanciare sonde spaziali.

Sputnik 1

Quali animali hanno raggiunto lo spazio?

Gli animali hanno partecipato a molte missioni spaziali. La cagnetta Laika ha per prima raggiunto lo spazio con la sonda *Sputnik 2* nel 1957. Poi è venuto il turno di Ham, uno scimpanzé inviato nello spazio sulla sonda *Mercury*. In seguito sono stati lanciati con le sonde anche due ragni. Oggi nella Stazione Spaziale Internazionale vivono alcune piante e vermi nematodi oggetto di interessanti studi genetici e biologici.

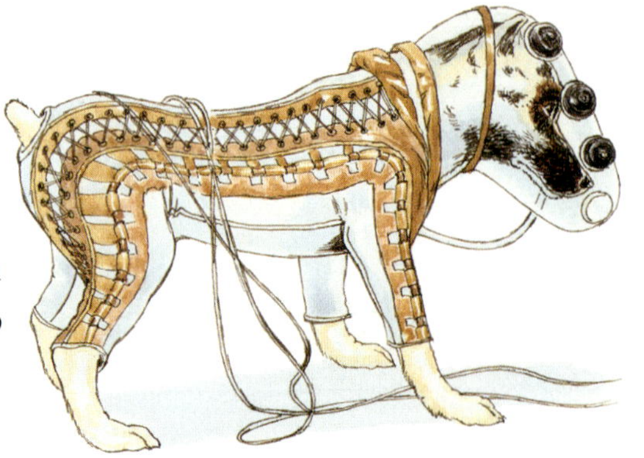

La capsula *Sputnik 2* che ha portato Laika, il primo essere vivente, nello spazio era dotata di sistemi per monitorare le condizioni vitali della cagnetta (pulsazioni, battito cardiaco, velocità della respirazione) e provvista di cibo e acqua.

Qual è stato il primo satellite artificiale?

Lo *Sputnik 1* è stato il primo satellite artificiale e ha raggiunto l'orbita terrestre nel 1957. Questo dispositivo, formato da una sfera cava di alluminio, pesava 84 kg, aveva quattro antenne lunghe 2,5 m e conteneva un trasmettitore radio. Dopo aver percorso 1400 orbite in 57 giorni, il satellite è rientrato sulla Terra prendendo fuoco nell'atmosfera.

Chi è stato il primo uomo a raggiungere lo spazio?

La corsa allo spazio tra gli Stati Uniti e l'ex Unione Sovietica è stata in un primo tempo vinta dai sovietici che, il 12 aprile 1961, hanno inviato in orbita il cosmonauta Yuri Gagarin a bordo della navicella *Vostok 1*. Durante il volo, osservando per primo la Terra dallo spazio, disse: "La Terra è bellissima!". Dopo aver compiuto una rotazione intorno al nostro pianeta in poco meno di 2 ore, il cosmonauta è rientrato sulla Terra.

Yuri Gagarin

Chi abita nello spazio?

La Stazione Spaziale Internazionale, costruita con il contributo di varie agenzie spaziali (canadese, europea, italiana, giapponese, brasiliana, russa e statunitense) è un insieme di laboratori in orbita intorno alla Terra, alimentati dall'energia solare. Questa stazione, la cui costruzione è ancora in corso, ospita stabilmente 6-7 astronauti. I diversi pezzi per realizzare la struttura vengono portati nello spazio, insieme ai rifornimenti, con lo space shuttle.

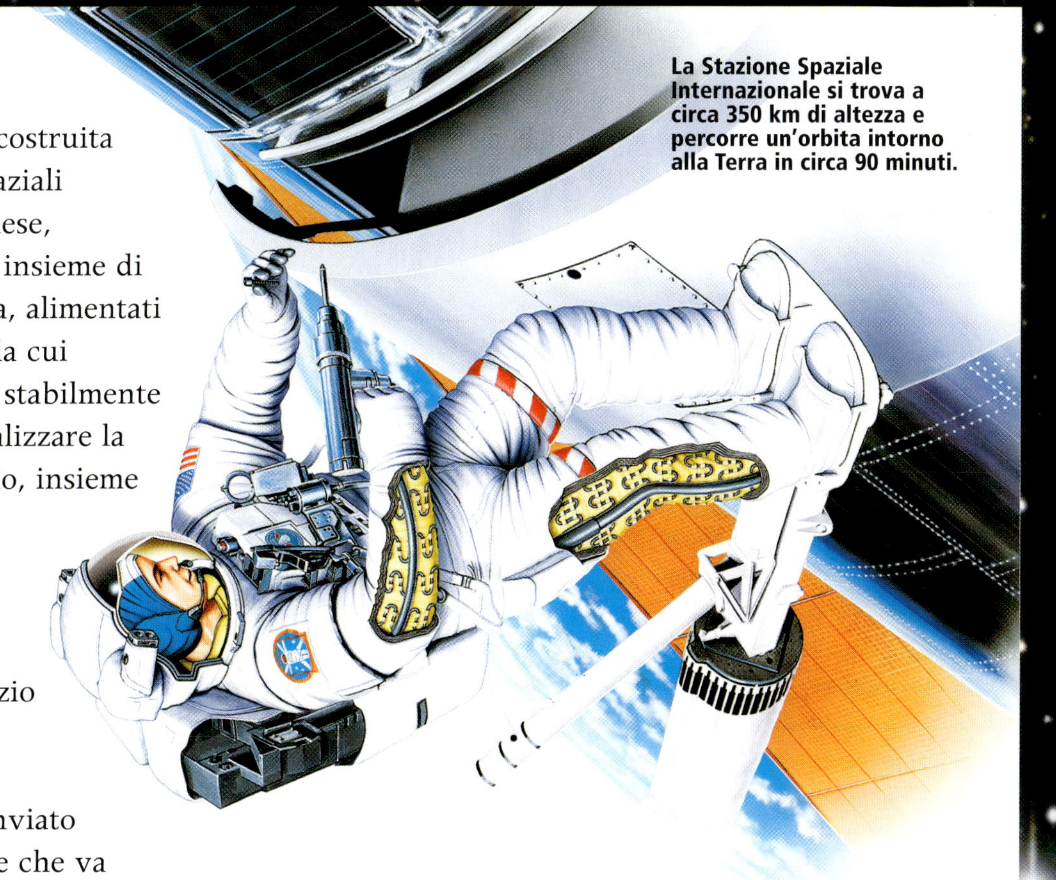

La Stazione Spaziale Internazionale si trova a circa 350 km di altezza e percorre un'orbita intorno alla Terra in circa 90 minuti.

Che cos'è lo space shuttle?

I razzi che sono stati utilizzati in passato per portare l'uomo nello spazio erano molto costosi anche perché potevano essere usati una volta sola. Lo space shuttle invece può essere inviato più volte nello spazio. L'unica parte che va distrutta è il grande serbatoio centrale, mentre i razzi ausiliari, dopo che sono stati sganciati, vengono recuperati. Lo space shuttle può trasportare fino a dieci astronauti e 28 t di materiali. Quando rientra dalla missione, la navetta atterra su una pista come un normale aereo. Il primo lancio è avvenuto il 12 aprile 1981; le missioni effettuate sono oltre 130 e l'ultima risale al 2010.

Che cos'è il Programma Apollo?

L'agenzia spaziale statunitense NASA ha avviato alla fine degli anni Sessanta del secolo scorso un programma finalizzato a raggiungere la Luna. Le missioni Apollo furono undici. Il 16 luglio 1969 l'*Apollo 11* ha portato i primi uomini sulla Luna, poi sono seguite altre missioni che hanno coinvolto mezzi più sofisticati (come gli automezzi rover per spostarsi sulla Luna). Per portare l'uomo sulla Luna gli scienziati hanno dovuto affrontare enormi problemi progettando e sviluppando molte invenzioni che usiamo ancora oggi, come i computer.

Sulla Luna esiste acqua in forma di ghiaccio ma l'assenza di atmosfera impedisce che ci sia vapore acqueo. Questa scoperta è stata compiuta dalla NASA grazie a un nuovo tipo di sonda in grado di raccogliere campioni lunari. La presenza di acqua potrebbe essere l'elemento chiave per stabilire sul nostro satellite una stazione di studio permanente per gli astronauti.

Le esplorazioni spaziali

Per studiare lo spazio oggi si utilizzano vari strumenti. Le osservazioni vengono compiute da Terra grazie ai telescopi che analizzano la luce e le altre radiazioni provenienti dai corpi celesti. Il telescopio spaziale *Hubble* è particolarmente utile perché è in orbita intorno alla Terra e le sue osservazioni non sono disturbate dalla presenza dell'atmosfera. Studi ancora più approfonditi si effettuano grazie alle sonde spaziali che viaggiano nel Sistema Solare.

il telescopio *Hubble*

Che cosa fanno le sonde spaziali?

L'invio di sonde nello spazio risale al 1959. Le sonde spaziali, sempre più sofisticate, ci hanno permesso di fotografare e studiare la composizione di tutti i pianeti, di molti satelliti e perfino del Sole. Su Marte sono stati inviati diversi rover, speciali robot che possono spostarsi avanti e indietro sulla superficie del pianeta, raccogliendo campioni e analizzandoli.

Che cos'è il telescopio Hubble?

Il telescopio spaziale *Hubble* è in orbita da vent'anni a circa 600 km dalla superficie terrestre e può osservare oggetti 50 volte meno luminosi di quelli rilevabili dai più potenti telescopi terrestri. Per funzionare sfrutta i grandi pannelli solari e può esaminare corpi celesti che emettono radiazioni nel campo della luce visibile, dell'infrarosso e dell'ultravioletto. Queste ultime osservazioni non sono possibili dalla Terra perché l'atmosfera del nostro pianeta filtra le radiazioni ultraviolette.

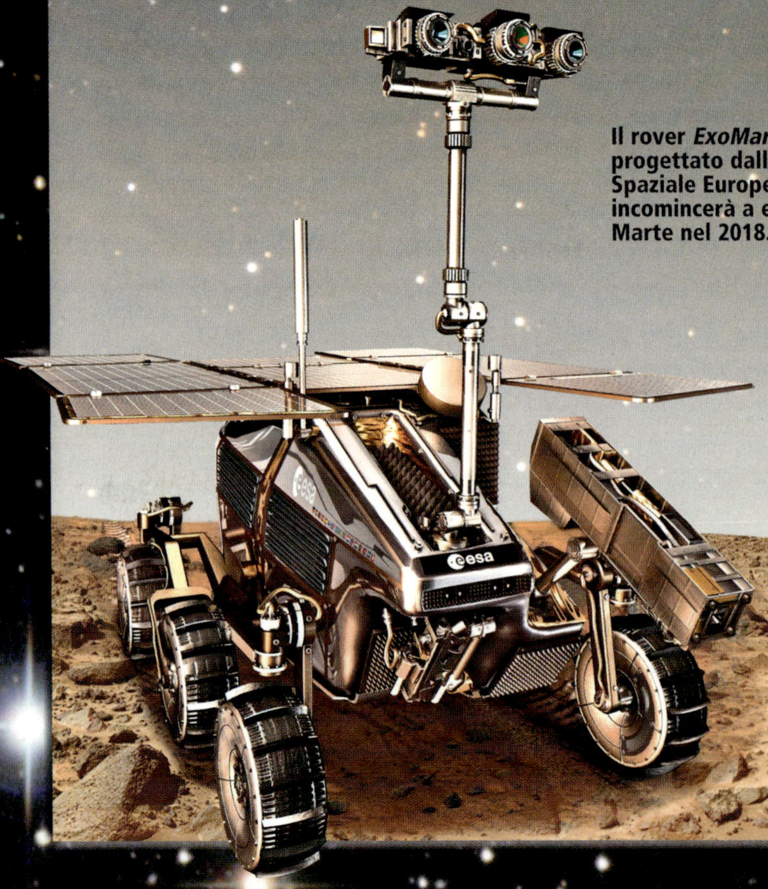

Il rover *ExoMars* è stato progettato dall'Agenzia Spaziale Europea (ESA) e incomincerà a esplorare Marte nel 2018.

la sonda *Cassini*

Le sonde spaziali hanno mai raggiunto Saturno?

La prima sonda entrata nell'orbita di Saturno è la *Cassini-Huygens* che è stata lanciata nel 1997 e ha raggiunto il grande pianeta nel 2004. Mentre la *Cassini* è rimasta in orbita, la *Huygens* si è staccata e ha attraversato l'atmosfera di Titano, il satellite maggiore di Saturno. Su Titano la sonda ha scoperto ampi laghi formati da idrocarburi.

Fino a oggi gli astronomi hanno scoperto oltre 400 pianeti al di fuori del Sistema Solare e in orbita attorno ad altre stelle. Questi pianeti sono soprattutto giganti gassosi simili a Giove.

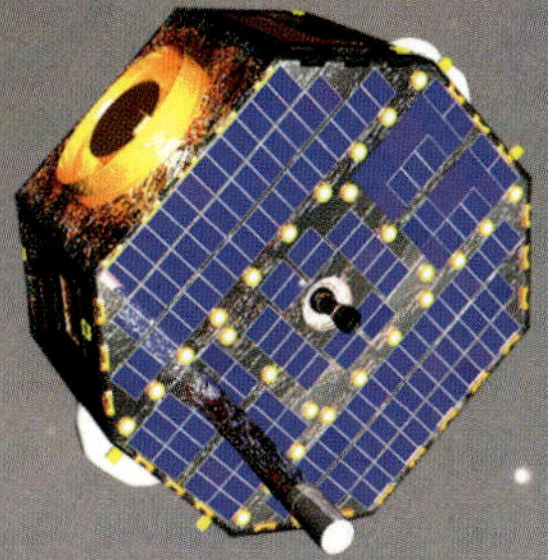

il satellite *Ibex*

I satelliti artificiali servono per studiare lo spazio?

Tra i numerosi satelliti artificiali in orbita intorno alla Terra, alcuni sono dedicati allo studio dello spazio. Il satellite *Ibex* è stato lanciato nel 2008 per analizzare il vento solare, cioè il flusso di particelle prodotte dal Sole che forma l'eliosfera, una sorta di bolla grazie alla quale la Terra è protetta dalle radiazioni dannose provenienti dall'universo.

Come funzionano i radiotelescopi?

I radiotelescopi sono telescopi speciali che, invece di osservare la luce visibile, captano le onde radio emesse dai corpi celesti. Questi telescopi sono dotati di una o più antenne paraboliche collegate. Il diametro dell'antenna è compreso tra 25 e 300 m.

L'antenna dei radiotelescopi è grande perché deve captare anche le più deboli emissioni radio provenienti dallo spazio.

Esistono altre forme di vita nell'universo?

Ci sono molti sistemi planetari simili al Sistema Solare nell'universo, non si può quindi escludere che anche su altri pianeti esistano forme di vita. Gli astronomi hanno pertanto collocato nelle sonde *Pioneer 10* e *Pioneer 11* una targa metallica che presenta il genere umano e indica la posizione della Terra e della nostra galassia. Chi dovesse mai trovarla potrà sapere che esistiamo e dove abitiamo!

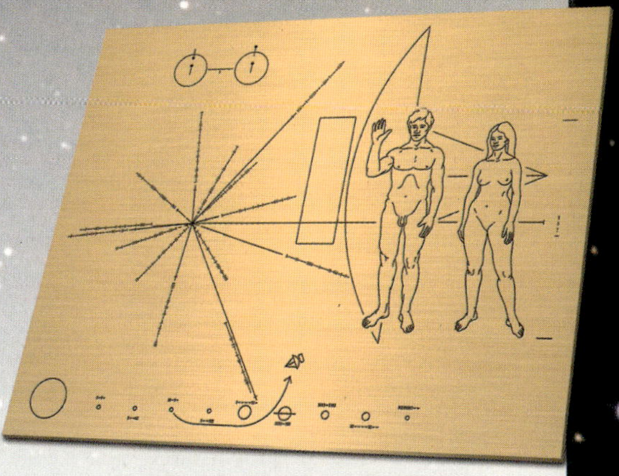

La struttura della Terra

La Terra è il terzo pianeta del Sistema Solare ed è l'unico che ospita la vita. Il nostro pianeta è formato da più strati: quelli esterni sono rocciosi, il nucleo interno è molto caldo ed è costituito da ferro e nichel.

Quanto è grande la Terra?

La Terra ha un raggio di circa 6400 km. La crosta terrestre su cui viviamo è una sottile "pellicola" rocciosa spessa in media 30 km. Al di sotto c'è il mantello (2900 km), poi il nucleo esterno (2200 km) e il nucleo interno (1280 km).

Com'è fatto l'interno della Terra?

Al di sotto della crosta terrestre rocciosa si trova il mantello, formato da roccia praticamente fusa e ricca di silice, alluminio e magnesio. Il nucleo esterno è liquido mentre quello interno è solido. La crosta e la parte superiore del mantello formano la litosfera, una pellicola rocciosa che "galleggia" sul mantello sottostante.

Com'è nata la Terra?

Il nostro pianeta si è formato con il Sistema Solare circa 4,6 miliardi di anni fa. La materia che forma la Terra ha incominciato a condensare e a scaldarsi tanto che gli elementi più pesanti (metalli) sono migrati verso il centro del pianeta formando il nucleo metallico.

La densità interna della Terra aumenta avvicinandosi al centro del pianeta. Sotto la crosta, la densità è di circa 3,3 g/cm³, nel nucleo è di 13 g/cm³.

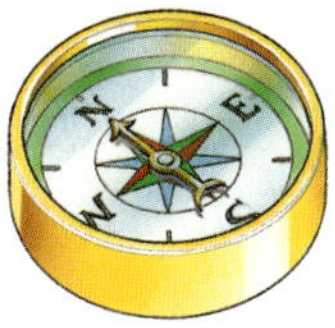

Perché la bussola indica il nord?

Nel nucleo esterno, ricco di elementi metallici, la materia si muove e, così facendo, genera il campo magnetico terrestre. Le linee di forza del campo magnetico convergono verso i poli, per questo l'ago della bussola, che è metallico, punta verso il nord.

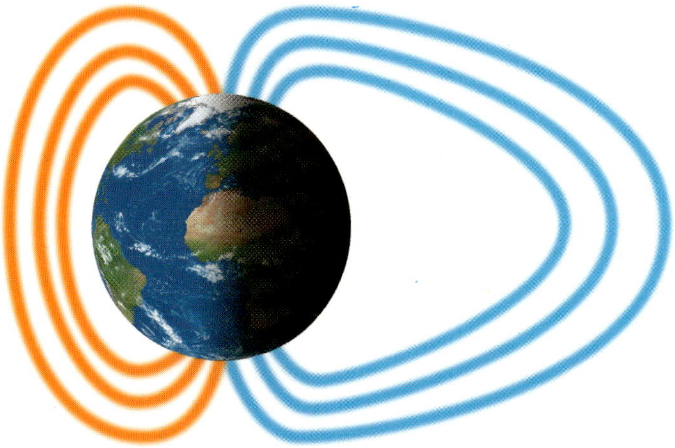

Il campo magnetico terrestre avvolge il nostro pianeta e si estende per circa 60.000 km nello spazio. Deviando le particelle dannose del vento solare, il campo magnetico terrestre protegge gli esseri viventi sul nostro pianeta.

Quanto è caldo il nucleo?

La temperatura della Terra aumenta spostandosi dalla superficie verso l'interno. Nella miniera più profonda, a Carletonville in Sudafrica, a oltre 3500 m di profondità, la temperatura delle rocce raggiunge i 60 °C. Si stima che la temperatura del nucleo terrestre sia di 5000 °C.

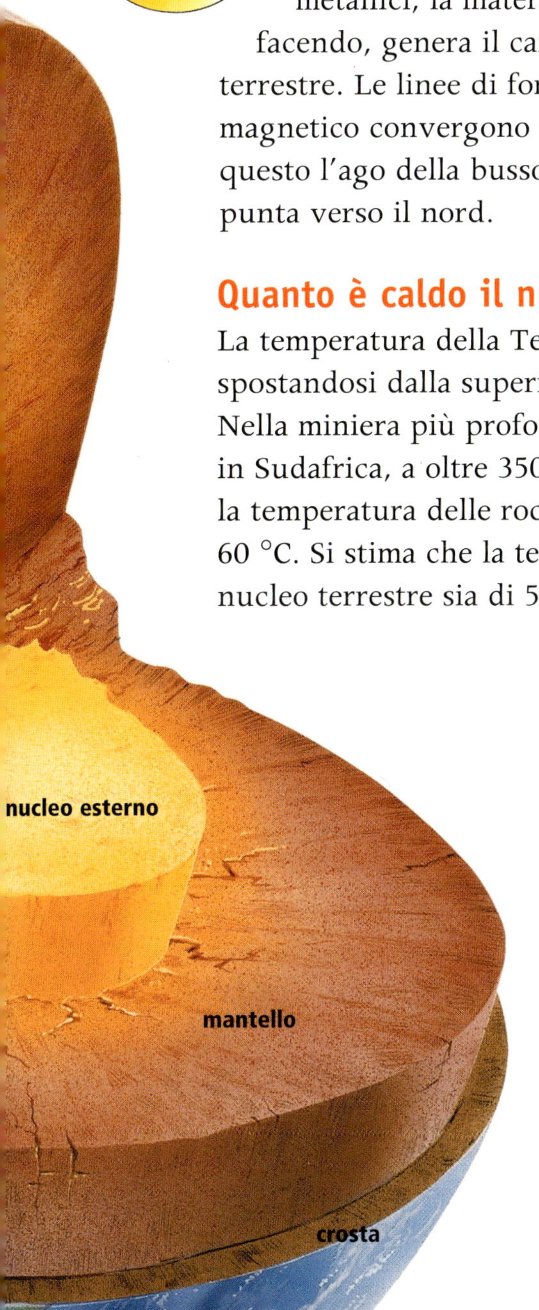

Per studiare l'interno della Terra si usano le onde sismiche. Generando piccole scosse e osservando come le onde si muovono si possono dedurre le caratteristiche fisiche degli strati interni.

Quali sono le rocce più antiche della Terra?

La Terra ha circa 4,6 miliardi di anni, ma le prime rocce che si sono formate su questo pianeta ormai non esistono più perché sono state completamente erose o si sono fuse e trasformate in altre rocce. In Canada sono state scoperte rocce contenenti minerali databili, come gli zirconi, che risalgono a circa 4,3 miliardi di anni fa.

Si può scavare un pozzo fino al centro della Terra?

Pur essendo sottile rispetto agli altri strati, la crosta terrestre non può essere perforata completamente perché con l'aumentare della profondità aumenta anche la pressione.
Il sondaggio geologico più profondo è un buco di 12.261 m scavato nella penisola di Kola in Russia. Gli scienziati dovettero sospendere le trivellazioni perché le temperature a quello profondità erano maggiori di quelle previste.

Continenti e montagne

La litosfera è lo strato più superficiale della Terra e comprende la crosta e il mantello superiore. Questo strato roccioso appoggia sul mantello inferiore, più plastico, ed è frantumato in tante placche. Le placche litosferiche si muovono una rispetto all'altra dando origine a montagne e vulcani e generando i terremoti.

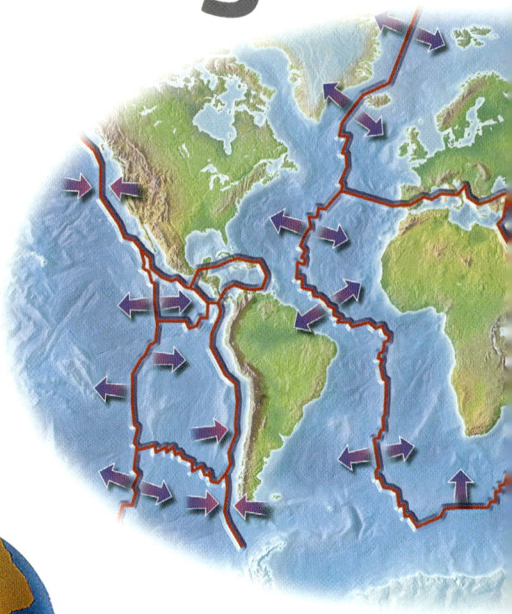

La crosta terrestre è uno strato compatto?

I geologi distinguono due tipi di crosta terrestre. La crosta continentale può raggiungere i 40 km di spessore sotto le montagne ed è costituita da rocce antiche (da 600 milioni a 3,5 miliardi di anni). La crosta oceanica forma i fondali oceanici, vale a dire circa il 60% della superficie terrestre, e ha mediamente 200 milioni di anni. Lo spessore della crosta oceanica è di circa 8 km. Lungo i margini dei continenti le placche formate da crosta oceanica tendono a scivolare al di sotto di quelle, meno dense, costituite da crosta continentale, generando grandi catene montuose.

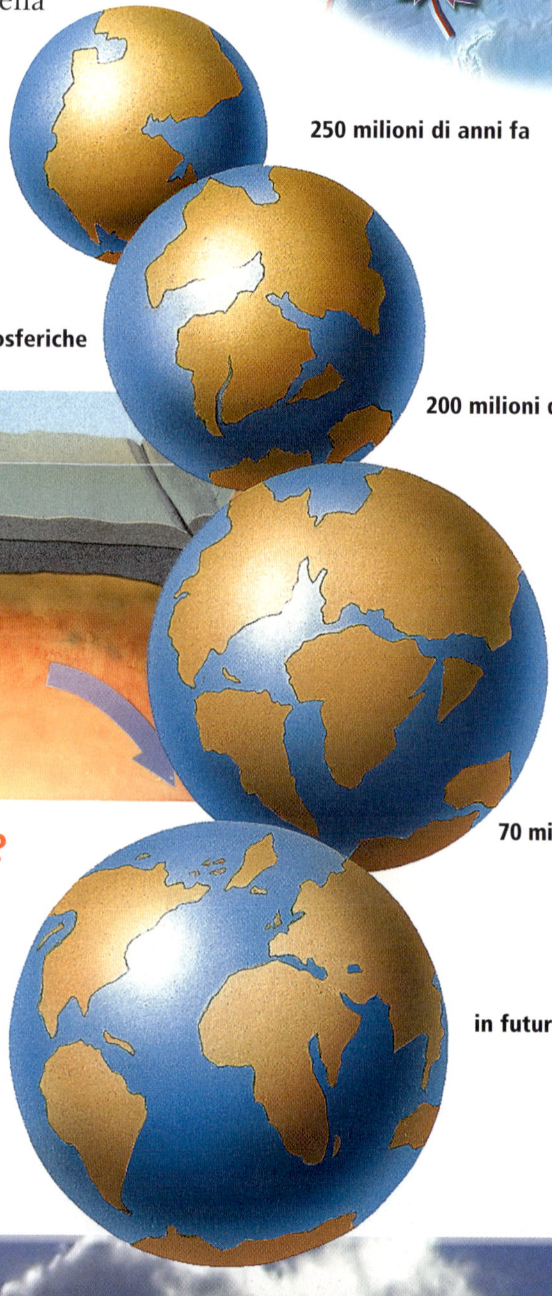

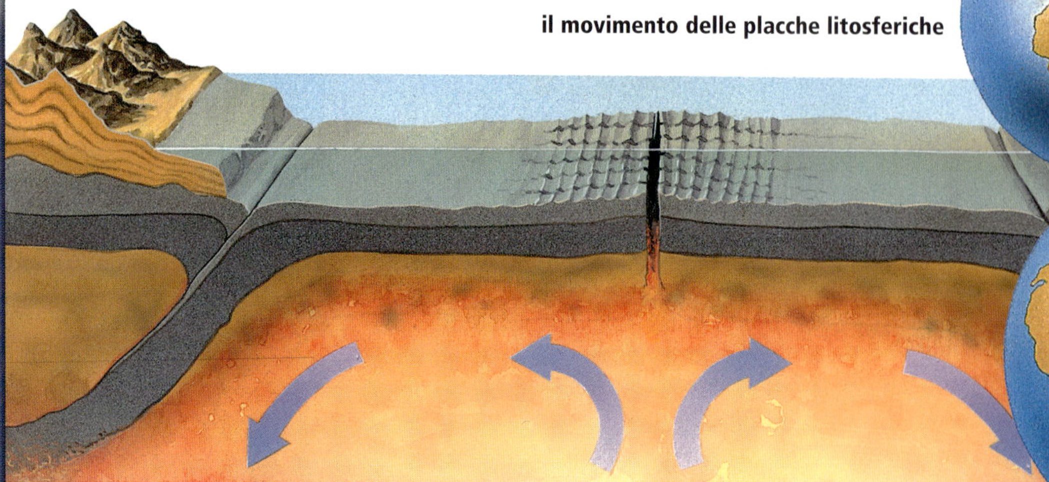

il movimento delle placche litosferiche

I continenti sono sempre stati uguali ad adesso?

La posizione dei continenti è variata durante la storia della Terra a causa del movimento delle placche litosferiche. Dove le placche divergono, i continenti si allontanano e si formano oceani, dove le placche convergono i continenti si avvicinano e si formano catene montuose. Il movimento delle placche è dovuto alla presenza di correnti convettive nel mantello inferiore fluido, al di sotto della litosfera.

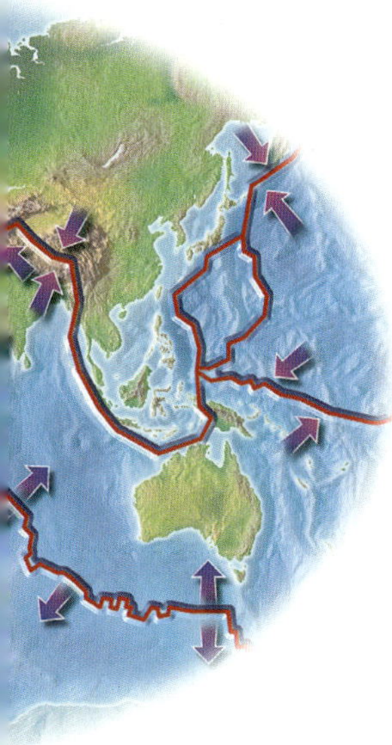

Quali prove ci sono del movimento delle placche?

Il movimento delle placche è dimostrato da varie prove e dal fatto che i continenti sui due lati dell'Oceano Atlantico hanno margini che si incastrano come i pezzi di un puzzle. Questa idea è confermata anche dal ritrovamento dei medesimi fossili e delle stesse catene montuose nei continenti ai due lati dell'Atlantico.

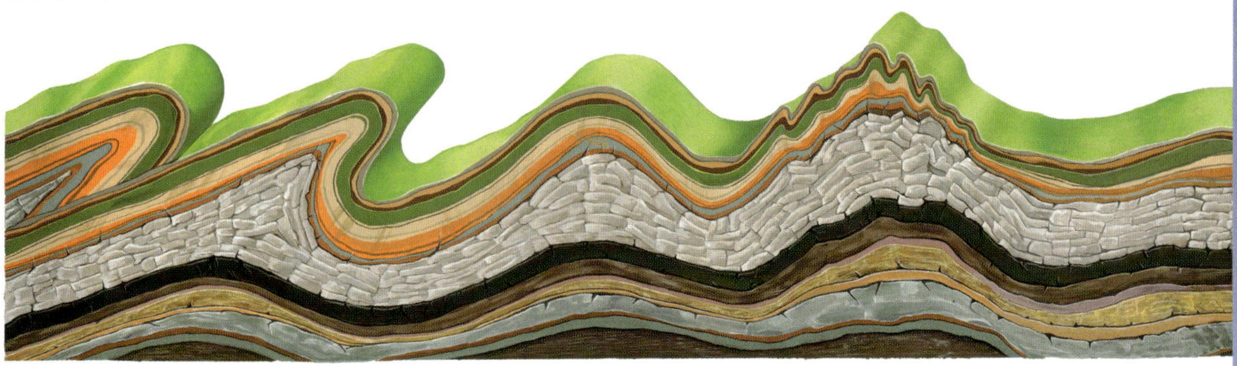

La catena dell'Himalaya-Karakorum comprende 18 montagne che superano gli 8000 m di altezza.

Come si sono formate le catene montuose?

Le catene montuose nascono dove le placche litosferiche convergono e due lembi di crosta continentale entrano in contatto. La spinta di una placca verso l'altra determina il corrugamento della roccia e il suo ispessimento e culmina nella formazione di una catena montuosa. L'Himalaya, per esempio, si è formato a causa della convergenza tra placca indiana e placca eurasiatica; le Alpi derivano invece dalla convergenza tra placca africana e placca eurasiatica.

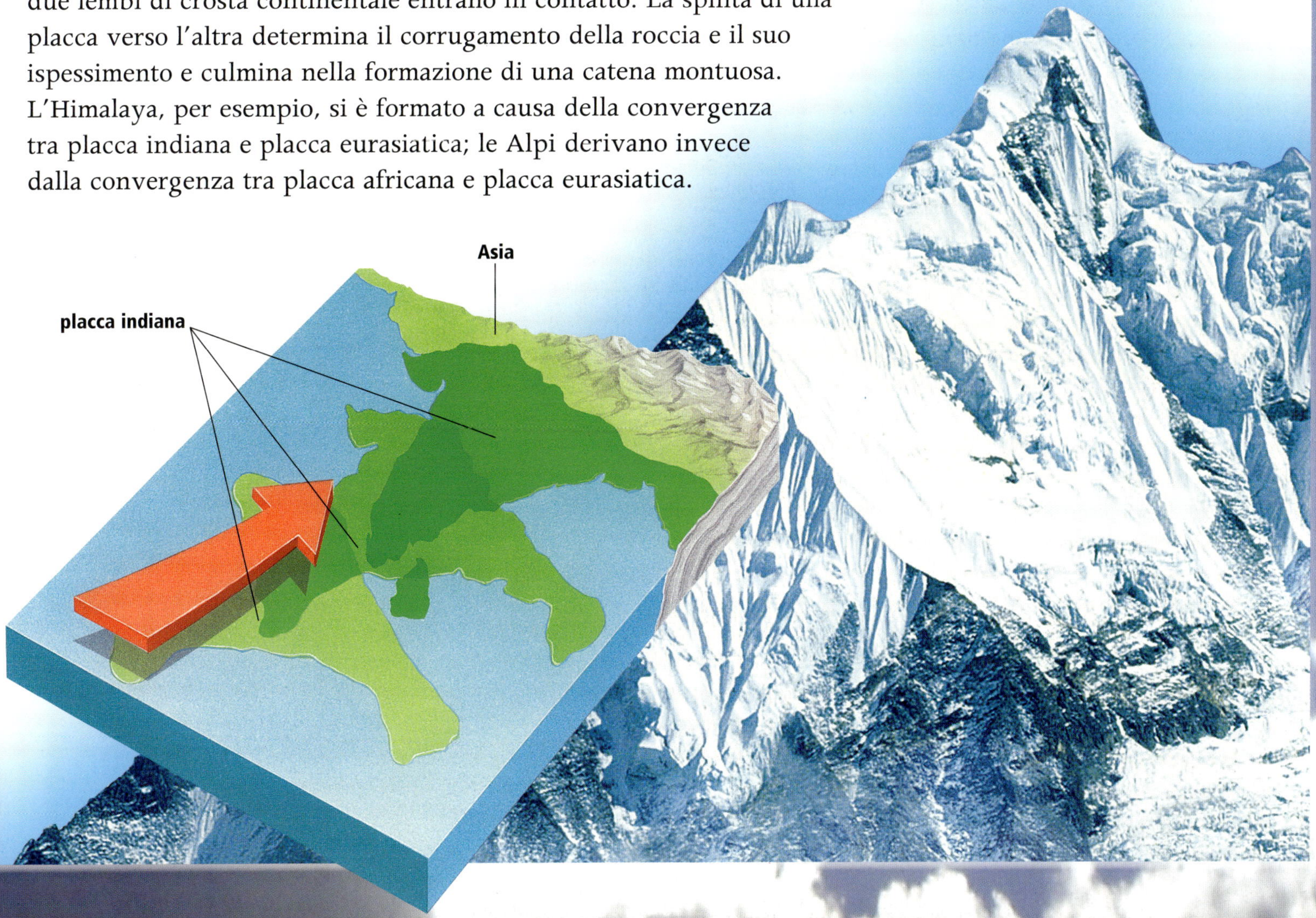

I terremoti

Le rocce sono corpi solidi e resistenti. Quando però vengono sottoposte per tempi molto lunghi a tensioni intense, le rocce possono deformarsi e, infine, fratturarsi, liberando all'improvviso tutta l'energia accumulata. Questo subitaneo rilascio di energia determina la vibrazione del terreno, cioè il terremoto, chiamato anche sisma.

Dove si verificano i terremoti?

Le regioni più colpite dai terremoti sono quelle geologicamente "giovani", in cui è in atto la formazione di catene montuose e l'apertura di nuovi oceani. In queste aree le rocce sono sottoposte a grandi tensioni e possono fratturarsi di colpo rilasciando ingenti quantità di energia. Per avere un'idea, un terremoto di media intensità (magnitudo 5) rilascia una quantità di energia pari a quella di una bomba atomica.

Come si propagano le onde sismiche?

L'energia dei terremoti si libera sotto forma di onde sismiche che si propagano da un punto centrale (ipocentro) verso l'esterno, come le onde sulla superficie di un laghetto in cui si butti un sasso. Il punto in superficie al di sopra dell'ipocentro è detto epicentro. Le onde sismiche più superficiali sono le più dannose perché percorrono grandi distanze e disperdono l'energia più lentamente delle onde profonde.

Le onde sismiche si propagano longitudinalmente (dal basso verso l'alto) e trasversalmente facendo vibrare il terreno in senso orizzontale.

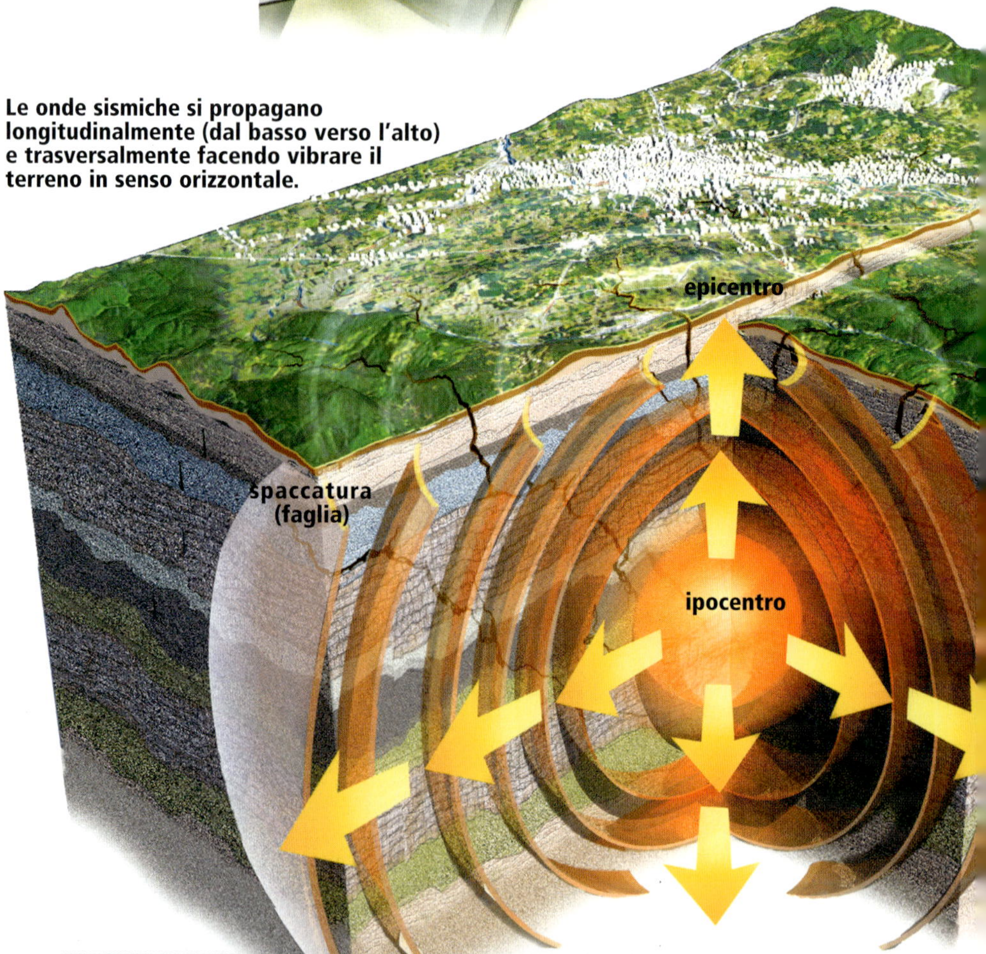

Per misurare l'intensità dei terremoti si usano due scale. La scala Mercalli ha 12 gradi e determina l'intensità di un sisma in base ai danni prodotti; la scala Richter misura la quantità di energia liberata. Un terremoto del 5° grado Mercalli fa vibrare i vetri, un 5° grado Richter corrisponde all'8° grado Mercalli (e causa il crollo di interi edifici).

Si possono prevedere i terremoti?

Studiando le caratteristiche e i movimenti delle rocce, i geologi possono stabilire quali zone rischiano di essere interessate da un terremoto. Grazie a queste informazioni vengono costruite mappe che indicano il rischio sismico delle diverse regioni. Anche se possiamo sapere quali aree sono a rischio, non è però possibile stabilire esattamente quando l'energia verrà rilasciata.

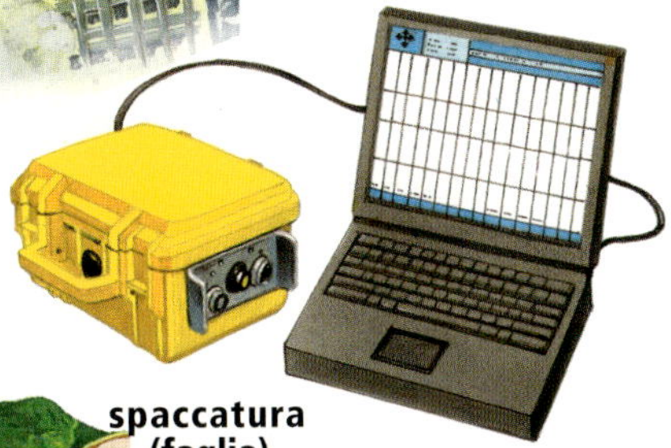

Come si misurano i terremoti?

Per misurare le scosse sismiche si usano i sismografi, strumenti molto sensibili dotati di un braccio oscillante e di una punta scrivente su un cilindro rotante di carta. Più le oscillazioni scritte sulla carta (sismogramma) sono ampie, maggiore è l'intensità del terremoto. Oggi i sismografi sono collegati al computer e le stazioni di rilevamento sono connesse tra loro via Internet.

I terremoti avvengono anche sotto il mare?

Quando i movimenti dei blocchi rocciosi si verificano sott'acqua, le vibrazioni prodotte si trasmettono alla superficie generando un maremoto (o *tsunami*). Le onde dei maremoti possono viaggiare a una velocità di 800 km/h e, se si abbattono sulle coste, hanno effetti devastanti.

maremoto lontano dalla costa

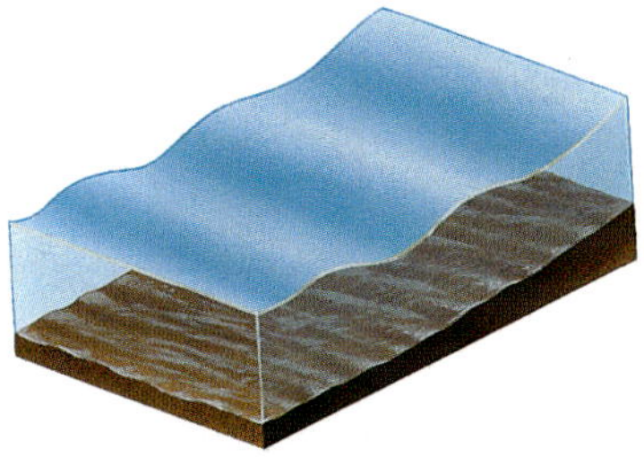

le onde possono essere più o meno ravvicinate

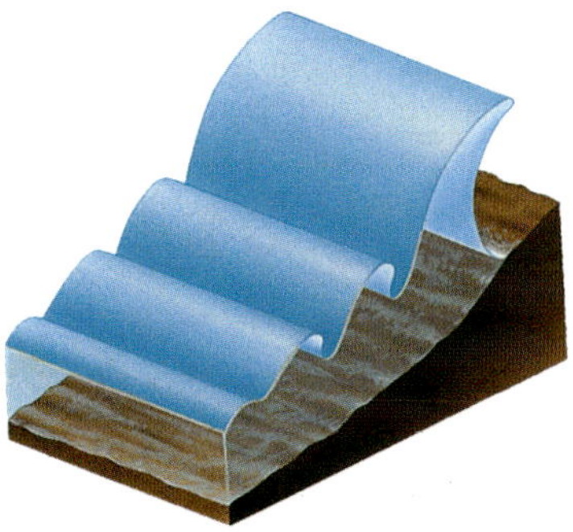

vicino alla costa la massa d'acqua forma un'onda altissima

Dove l'acqua è molto profonda le onde dei maremoti sono difficili da riconoscere, perché hanno un'altezza di 30-60 cm, e sono molto distanziate. Quando però raggiungono la costa, le onde possono avere un'altezza di 50 m, quanto la Torre di Pisa.

I vulcani

La roccia fusa che forma il mantello risale talvolta verso la superficie e si riversa all'esterno attraversando fratture della crosta terrestre dette vulcani. La lava, le ceneri e i diversi materiali rocciosi eruttati da un vulcano tendono ad accumularsi e a formare apparati vulcanici di vario tipo. Le eruzioni vulcaniche possono essere più o meno esplosive, in base alle caratteristiche del materiale emesso.

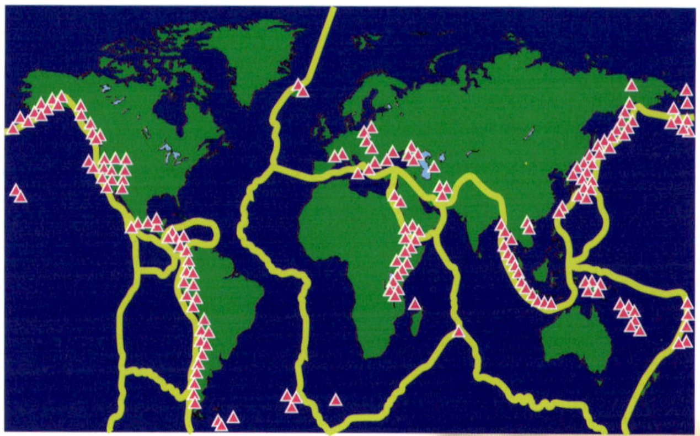

Che cosa esce dal vulcano durante l'eruzione?

Nelle eruzioni vulcaniche vengono emessi materiali solidi, fluidi e gas. I solidi possono essere fini come ceneri o più grandi come ciottoli (detti lapilli). La lava, che è roccia fusa, può essere molto fluida e formare fiumi di roccia, oppure più viscosa. I frammenti di lava viscosa scagliati in aria solidificano in volo e vengono chiamati bombe vulcaniche. I vulcani emettono infine grandi quantità di gas velenosi come diossido di carbonio e diossido di zolfo.

Dove si formano i vulcani?

I vulcani si formano dove il magma può risalire in superficie. Lungo i margini dei continenti la crosta oceanica scivola al di sotto della crosta continentale e molto magma risale in superficie alimentando i vulcani attraverso le fratture della roccia. Tutto intorno all'Oceano Pacifico si trova una "cintura di fuoco" formata da numerosi vulcani allineati lungo i margini delle placche litosferiche.

Che cosa sono i vulcani spenti?

L'attività di un vulcano dura fino a quando il magma trova uno sbocco verso la superficie. Se i condotti vulcanici si intasano, i vulcani diventano quiescenti. Se il "tappo" viene rimosso o si formano nuove bocche vulcaniche, l'attività riprende. I vulcani molto antichi non sono più alimentati dal magma e risultano quindi definitivamente spenti.

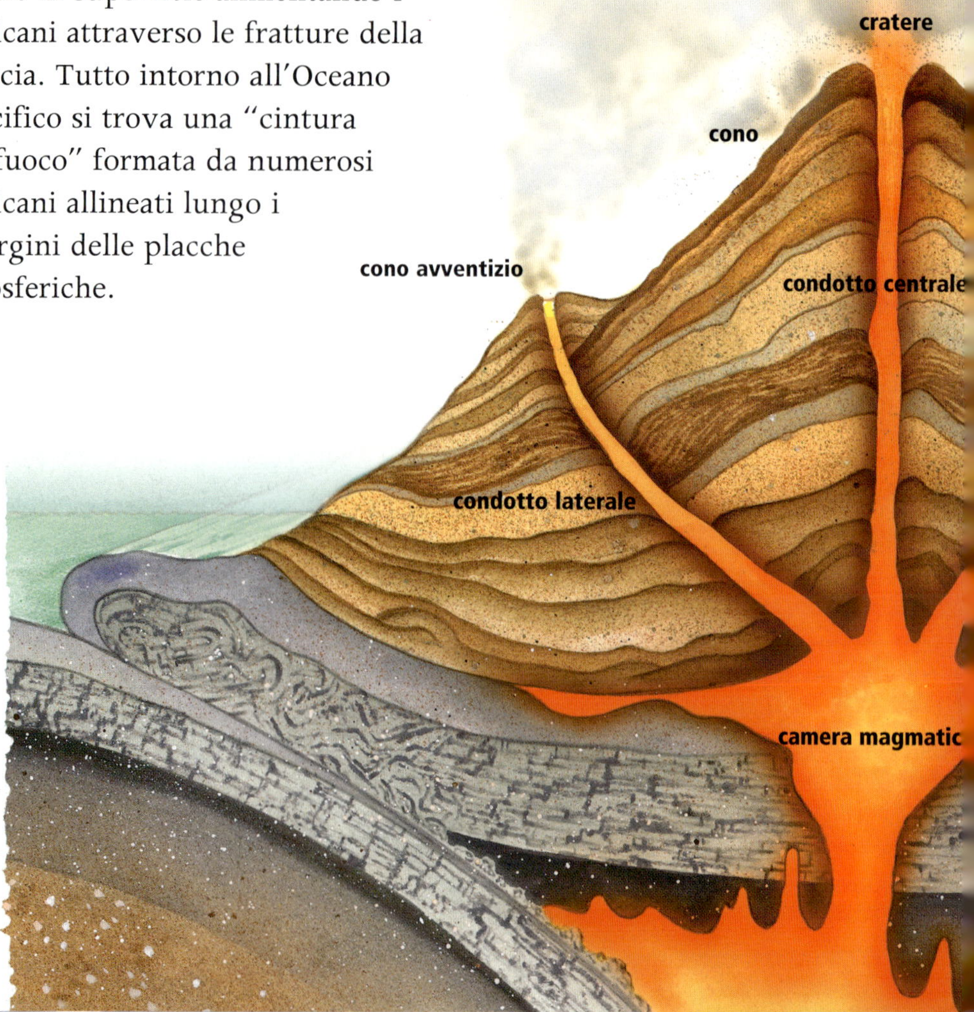

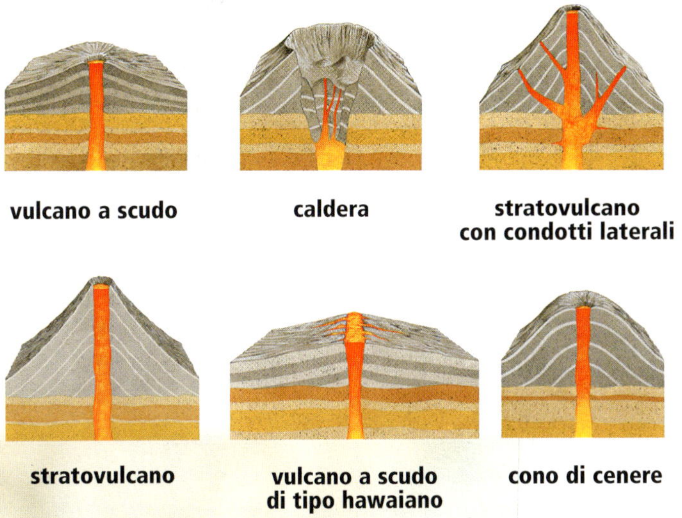

Che forma hanno i vulcani?

La forma di un vulcano dipende dai materiali che erutta. Se la lava emessa è molto fluida, l'apparato vulcanico è piatto (vulcano a scudo). Tipici vulcani a scudo si trovano nelle Hawaii. Gli stratovulcani sono costituiti dall'accumulo di lava densa, ceneri e altri materiali. L'Etna in Sicilia è lo stratovulcano più grande d'Europa. La forma può cambiare anche in seguito a violente esplosioni.

Studiando la composizione dei gas vulcanici si può scoprire che cosa accade dentro il vulcano.

Che cos'è un geyser?

Il movimento del magma incandescente che alimenta l'attività vulcanica riscalda le rocce sotterranee. Scorrendo tra queste rocce anche l'acqua si riscalda. Quando riesce a penentrare in una spaccatura tra le rocce e a raggiungere la superficie, l'acqua molto calda e ricca di gas viene spinta fuori con forza e genera un getto chiamato geyser.

Molti vulcani si trovano sotto la superficie del mare e talvolta emergono in seguito all'intensificarsi dell'attività eruttiva per poi scomparire di nuovo. Nel Canale di Sicilia, non lontano dall'isola di Pantelleria, è emersa a metà del XIX secolo una bocca vulcanica battezzata Isola Ferdinandea. Oggi l'isola è a circa 8 m di profondità.

Minerali e rocce

La crosta terrestre è formata da rocce che, a loro volta, sono miscugli di minerali. I minerali sono composti chimici naturali, quasi sempre solidi. Esistono centinaia di minerali, ma quelli che formano la maggior parte delle rocce sono appena una ventina.

Come vengono classificate le rocce?

Per classificare le rocce i geologi studiano il modo in cui si sono formate. Le rocce ignee derivano dalla solidificazione della lava (rocce effusive) o del magma (rocce intrusive). Le rocce sedimentarie si formano quando frammenti di rocce preesistenti si accumulano, di solito dopo essere stati trasportati dall'acqua o dal vento, e si compattano (litificazione). Quando le rocce vengono sottoposte a pressioni e temperature altissime possono trasformarsi e cambiare aspetto diventando rocce metamorfiche.

Che differenza c'è tra lava e magma?

Il magma è la roccia fusa che si trova sotto la superficie terrestre. Quando risale in superficie e perde i gas che contiene, la roccia fusa prende il nome di lava. Dalla solidificazione rapida della lava derivano rocce caratteristiche, spesso molto leggere, come la pomice. Una tipica roccia che deriva dalla solidificazione del magma è invece il granito.

Che cos'è il ciclo delle rocce?

Con il passare del tempo le rocce tendono a trasformarsi. Nelle regioni in cui si formano le montagne, i minerali presenti nelle rocce si ridistribuiscono o si modificano, per esempio dove gli strati rocciosi si piegano o vengono sottoposti ad alta pressione. Di conseguenza la roccia originaria cambia aspetto e viene indicata come "metamorfica".

Che cosa sono i cristalli?

Ogni minerale è costituito da specifici atomi o ioni in proporzioni ben definite, che si uniscono uno all'altro formando strutture regolari (cristalli). A ogni minerale corrisponde una precisa formula chimica e, di solito, una sola struttura cristallina che dipende dal modo in cui gli atomi si organizzano nello spazio.

L'acqua può sciogliere la roccia?

Alcuni tipi di minerali sono solubili in acqua. La pioggia e le acque sotterranee, per esempio, sciolgono il calcare e scavano grotte e gallerie spesso imponenti. Quando i minerali disciolti si separano dall'acqua e si ridepositano, formano caratteristici "ghiaccioli" di roccia detti stalattiti e stalagmiti.

Che cosa sono le gemme?

Tutti i minerali che possono essere tagliati e lucidati sono considerati gemme. Più una gemma è rara, più è preziosa. La brillantezza delle gemme viene esaltata tagliando i cristalli in modo che riflettano maggiormente la luce. I colori dipendono dalla composizione chimica del minerale o da impurezze (come le bollicine d'aria).

Come si classificano i minerali?

I minerali sono classificati in base alla loro composizione chimica. I gruppi di minerali più comuni sono i silicati (come il quarzo, che è un ossido di silicio) e gli ossidi (come l'ematite, che è un ossido di ferro). Alcuni minerali sono formati da un solo elemento chimico (è il caso, ad esempio, dello zolfo o dell'oro).

La storia della Terra è scritta nelle rocce?

Gli strati rocciosi accumulatisi in centinaia di milioni di anni contengono molte informazioni sul passato della Terra. Studiando i fossili racchiusi nelle rocce o altre tracce, come le increspature prodotte dal vento e ancora leggibili nelle rocce sedimentarie, i geologi risalgono all'aspetto degli antichi paesaggi e ricostruiscono la storia della Terra.

Mari e oceani

Visto dallo spazio, il nostro pianeta appare blu perché è coperto dall'acqua. Circa il 70% della superficie terrestre infatti è occupata dagli oceani. I fondali oceanici sono formati da crosta oceanica e non sono lisci e uniformi, ma presentano numerosi rilievi, i monti sottomarini, e avvallamenti, le fosse abissali, in parte ancora da esplorare.

Com'è il fondo del mare?

Vicino ai continenti si trova un'area pianeggiante e sommersa detta piattaforma continentale. Procedendo verso il largo, la piattaforma è seguita da una forte pendenza (scarpata continentale) che la collega alla piana abissale. Ai piedi della scarpata continentale si accumulano i sedimenti trasportati nell'oceano dai fiumi.

I monti sottomarini sono comuni sui fondali. Quando spuntano dall'acqua danno origine a scogli isolati o a isole vere e proprie.

Perché l'acqua del mare è salata?

L'acqua dei mari e degli oceani è salata perché contiene molti sali disciolti (fino a 35 g per litro). Il più abbondante è il cloruro di sodio, cioè il sale da cucina. I mari meno salati sono quelli che ricevono più acqua dai fiumi; quelli più salati sono specchi d'acqua presenti in regioni molto calde, dove scarseggia la pioggia e l'evaporazione è molto intensa.

Che differenza c'è tra mari e oceani?

Insieme, i mari e gli oceani coprono circa 360 milioni di kmq (mentre i continenti e le isole si estendono complessivamente per 150 milioni di kmq). Gli oceani sono i corpi d'acqua più vasti e profondi e hanno un fondale formato da crosta oceanica; i mari sono meno estesi e profondi degli oceani e spesso hanno un fondale costituito da crosta continentale.

Quanta acqua c'è sulla Terra?

L'insieme di tutte le acque della Terra è indicato come idrosfera. Nel complesso l'idrosfera comprende circa 1,36 miliardi di km^3 d'acqua. Gli oceani e i mari costituiscono oltre il 97% dell'idrosfera mentre le acque dolci sono soltanto il 3%. Le acque dolci sono in gran parte solide e intrappolate nelle calotte polari, per questo l'acqua è un bene tanto raro e prezioso!

Le isole sono tutte uguali?

Le isole che emergono dai mari e dagli oceani possono avere origini diverse. Alcune si formano quando il livello del mare si abbassa e vengono indicate come isole continentali. Altre sono costituite dagli scheletri dei coralli accumulatisi in centinaia di milioni di anni (atolli corallini), oppure derivano dall'attività di vulcani sottomarini (isole vulcaniche).

In mezzo agli oceani si trovano le dorsali oceaniche, che corrispondono alle zone in cui le placche litosferiche divergono via via che si forma nuova crosta oceanica.

Per studiare gli abissi marini si usano speciali sommergibili (batiscafi), con equipaggio o guidati a distanza.

Le coste

La costa è la parte di terraferma che viene bagnata dal mare. Le coste hanno un aspetto diverso che dipende dalla roccia da cui sono formate e dall'azione, più o meno intensa, delle onde. Mentre i fiumi tendono ad accrescere le coste accumulando nuovo materiale al margine del continente, le onde tendono a consumarle e a modificarne continuamente la forma.

Che cos'è l'erosione?

L'erosione è un processo che determina la disgregazione della roccia ed è prodotto dall'azione del vento e dell'acqua. Lungo le coste le onde del mare, muovendosi avanti e indietro, sgretolano la roccia delle coste e trasportano i detriti lontano. Quando l'energia delle onde diminuisce, i sedimenti vengono depositati e formano le spiagge.

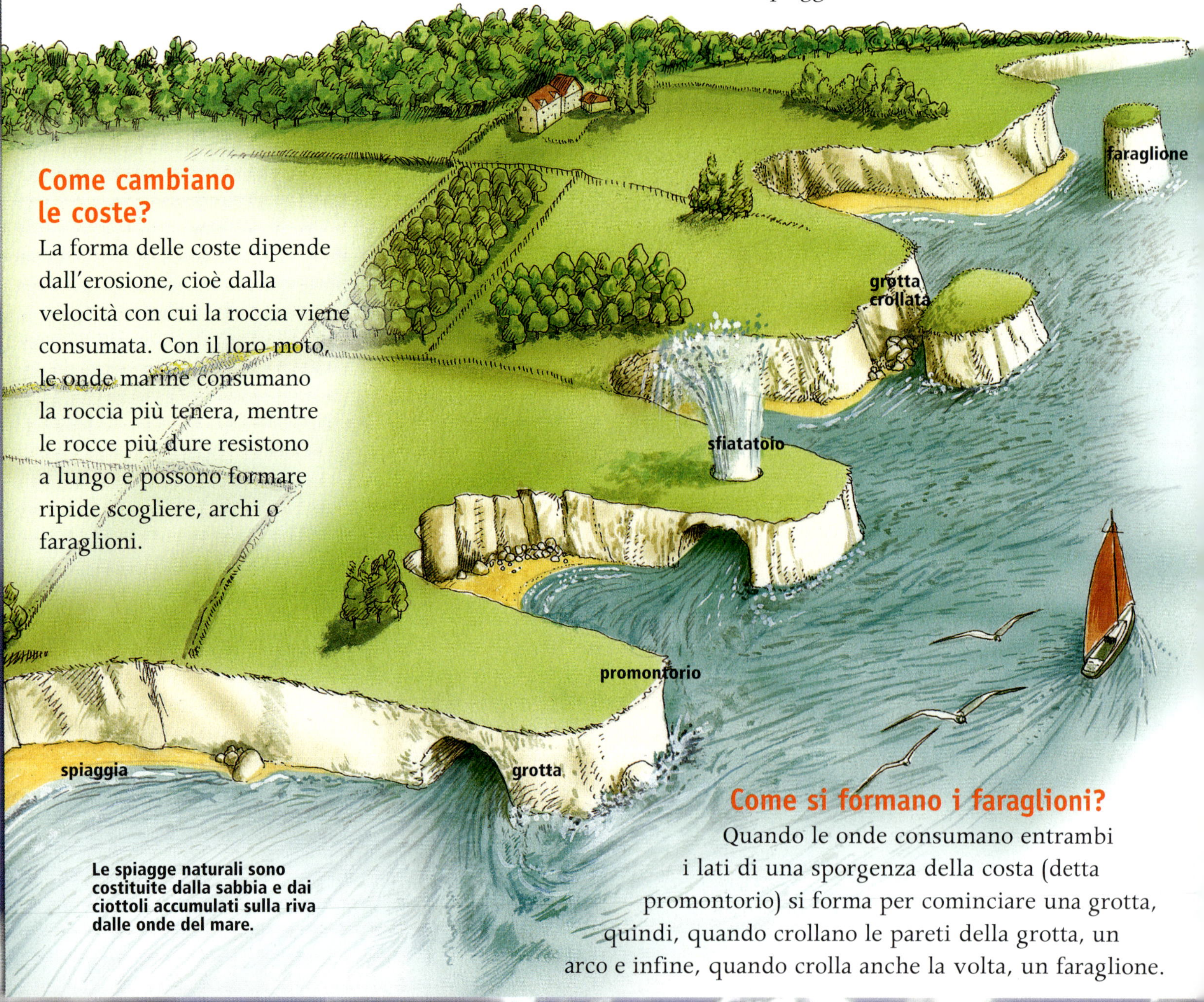

Come cambiano le coste?

La forma delle coste dipende dall'erosione, cioè dalla velocità con cui la roccia viene consumata. Con il loro moto, le onde marine consumano la roccia più tenera, mentre le rocce più dure resistono a lungo e possono formare ripide scogliere, archi o faraglioni.

Le spiagge naturali sono costituite dalla sabbia e dai ciottoli accumulati sulla riva dalle onde del mare.

Come si formano i faraglioni?

Quando le onde consumano entrambi i lati di una sporgenza della costa (detta promontorio) si forma per cominciare una grotta, quindi, quando crollano le pareti della grotta, un arco e infine, quando crolla anche la volta, un faraglione.

A che cosa servono i frangiflutti?

Le onde che si muovono parallelamente alla costa tendono a spostare la sabbia formando lunghe lingue arenose dette barre. Per proteggere le spiagge dall'erosione si possono collocare frangiflutti di cemento o legno perpendicolarmente alla costa.

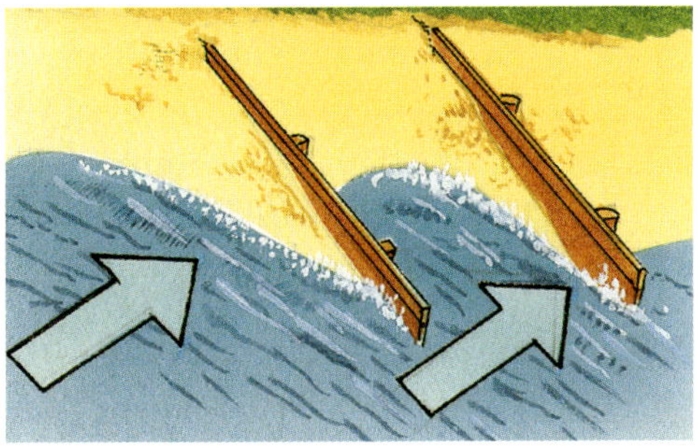

Come si formano le onde?

Le acque degli oceani si muovono costantemente perché il vento spinge le particelle d'acqua e fa increspare la superficie dei mari dando origine alle onde. Al largo le particelle d'acqua si spostano dall'alto al basso con movimento circolare. Vicino alla costa cadono invece in avanti e bagnano la spiaggia.

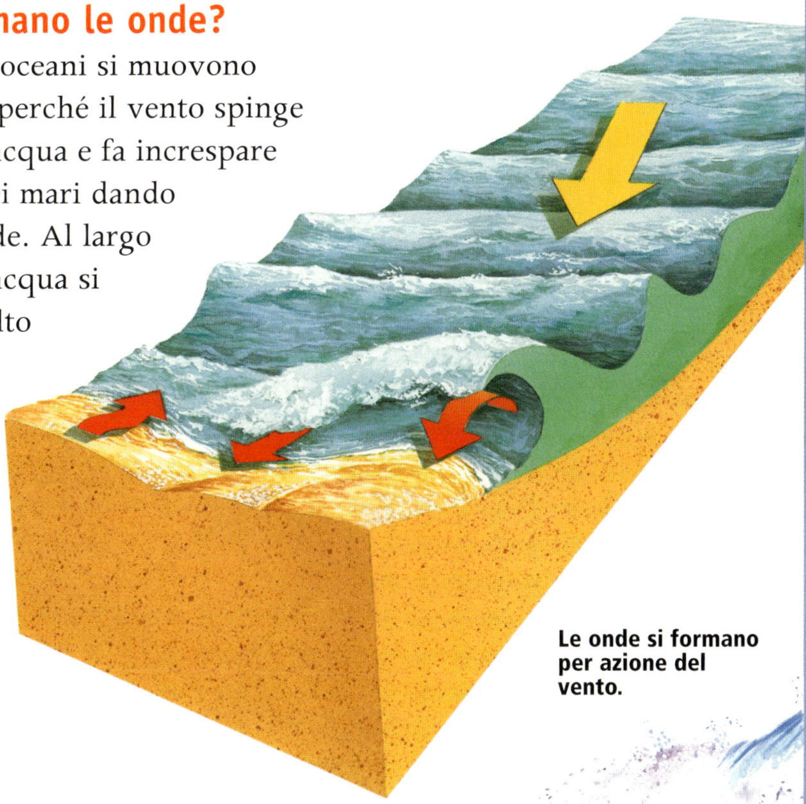

Le onde si formano per azione del vento.

Che cosa sono le correnti?

Le correnti sono veri e propri fiumi d'acqua che si spostano nel mare. Ai poli infatti l'acqua si raffredda e, diventando più densa, tende a sprofondare; nelle regioni calde invece l'acqua si riscalda, diventa meno densa e tende a salire. Questi movimenti di acqua calda e fredda influenzano il clima dei continenti.

Le onde si formano in mare aperto e possono avere altezze diverse a seconda dalla forza del vento. Esiste una scala che mette in relazione l'altezza delle onde con la forza del vento.

Scala Beaufort		Vento (m/sec)	onde (m)
0	Calma	0 - 0,2	0
1	Bava di vento	0,3 - 1,5	0,1
2	Brezza leggera	1,6 - 3,3	0,2
3	Brezza tesa	3,4 - 5,4	0,6
4	Vento moderato	5,5 - 7,9	1,0
5	Vento teso	8,0 - 10,7	2,0
6	Vento fresco	10,8 - 13,8	3,0
7	Vento forte	13,9 - 17,1	4,0
8	Burrasca	17,2 - 20,7	5,5
9	Burrasca forte	20,8 - 24,4	7,0
10	Tempesta	24,5 - 28,4	9,0
11	Tempesta violenta	28,5 - 32,6	11,5
12	Uragano	oltre 32,7	14,0

Le acque superficiali

Durante la stagione calda, la neve che si accumula sulla cima delle montagne si scioglie e incomincia a scorrere verso valle dando origine ai corsi d'acqua. Dapprima si formano sottili ruscelli, che man mano si ingrossano diventando torrenti e, in alcuni casi, fiumi. I fiumi più grandi ricevono l'acqua da altri fiumi più piccoli detti affluenti. I corsi d'acqua sfociano poi nel mare o, più di rado, in un grande lago.

Perché i fiumi non scorrono dritti?

Scivolando per effetto della gravità da monte a valle, i fiumi erodono la roccia su cui scorrono scavando un "letto" (alveo) che può avere un andamento più o meno tortuoso. I fiumi giovani che scorrono su pendenze accentuate hanno di solito un percorso relativamente diritto; i fiumi più vecchi scorrono in aree più pianeggianti depositando molto materiale, perciò il loro corso è interessato da numerose sinuosità (meandri).

Il fiume porta a valle grandi quantità di sabbia e ciottoli.

Che cosè un bacino fluviale?

I fiumi influenzano le caratteristiche del paesaggio circostante. L'insieme di un fiume e di tutti i suoi affluenti è indicato come bacino fluviale o bacino idrografico e comprende una vasta area, da cui proviene l'acqua che alimenta il fiume principale. Il bacino idrografico del Po ha una superficie di quasi 75.000 kmq.

Come si formano le paludi?

Le paludi si formano quando i terreni vicino a un fiume o a un lago si impregnano d'acqua. A differenza dei laghi, le paludi contengono molta vegetazione anche al loro interno. Vicino al mare si possono formare paludi d'acqua salata.

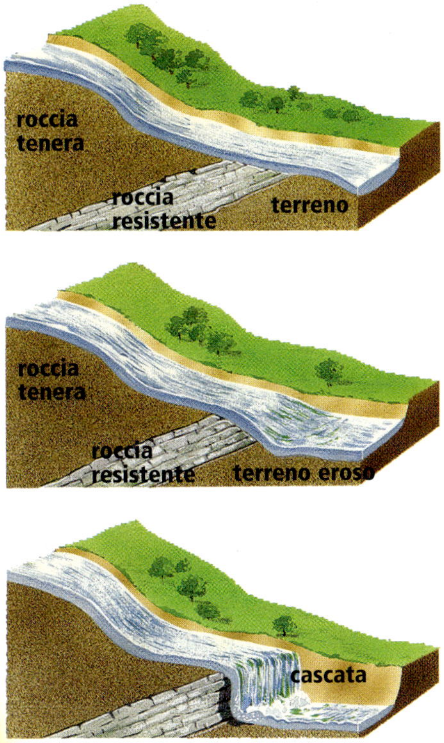

Come nascono le cascate?

La roccia più tenera viene erosa più velocemente rispetto agli strati rocciosi più duri e resistenti. Un fiume può quindi consumare e asportare la roccia tenera lungo un versante mentre la roccia dura forma una sorta di "gradino" sporgente. Cadendo oltre il gradino di roccia, l'acqua del fiume dà così origine a una cascata.

Che cos'è una lanca?

Qualche volta durante le piene il fiume acquista velocità e, oltre ad allagare le rive, può "saltare" un meandro accorciando in tal modo il proprio corso. I meandri abbandonati formano così caratteristici laghetti a forma di mezzaluna che prendono il nome di "lanche".

Come si è formato il Grand Canyon?

I fiumi possono trasformare completamente l'aspetto di una regione scavando il proprio alveo nella roccia e dando origine a valli dalla caratteristica forma a "V". Le valli molto profonde si chiamano canyon. Il Grand Canyon del fiume Colorado ha pareti alte 1600 m ed è lungo oltre 400 m.

Quando si riversano nel mare, i fiumi abbandonano molti sedimenti che si accumulano dando origine a strutture grossolanamente triangolari dette "delta". I fiumi più grandi hanno delta frastagliati che ricordano la zampa di un'anatra.

L'atmosfera

L'atmosfera è lo strato di gas che circonda il nostro pianeta. Diversamente da quella di tutti gli altri pianeti, l'atmosfera terrestre è molto ricca di azoto e, soprattutto, di ossigeno, un gas indispensabile per la sopravvivenza degli organismi. L'atmosfera si può considerare suddivisa in più strati sovrapposti che variano in base alla composizione e alla temperatura.

Quando attraversano l'atmosfera terrestre, le meteore bruciano consumandosi e lasciando una scia luminosa (stella cadente) visibile nel cielo notturno.

Perché il cielo è azzurro?

La luce bianca del Sole è formata da tutti i colori dell'arcobaleno. Attraversando l'atmosfera le diverse lunghezze d'onda, corrispondenti ai vari colori, vengono intercettate dalle particelle solide e dal vapore acqueo e deviate. L'azzurro e il blu vengono deviati di più e giungono ai nostri occhi da qualunque direzione dandoci l'impressione che il cielo sia blu; il rosso, invece, giunge quasi rettilineo fino a noi.

Che cos'è lo strato di ozono?

Nella stratosfera le molecole di ossigeno (O_2) tendono a reagire una con l'altra generando ozono (O_3). Questo gas forma uno strato che impedisce alle dannose radiazioni ultraviolette provenienti dal Sole di raggiungere la superficie terrestre e di danneggiare ogni forma di vita.

Per spostarsi più in fretta, gli aerei di linea volano a una quota di circa 10.000 m, dove la pressione atmosferica è più bassa. All'interno dell'aereo la pressione è mantenuta più alta di quella esterna per non creare disagio ai passeggeri.

Le nubi sono costituite da vapore acqueo e vengono indicate con nomi diversi in base alla loro forma e all'altitudine.

La Stazione Spaziale Internazionale è in orbita intorno alla Terra a circa 350 km di altezza e, per non cadere a causa dell'attrazione gravitazionale, deve mantenere costantemente una velocità di circa 28.000 km/h.

L'interazione tra le particelle cariche elettricamente del vento solare e della ionosfera (una parte della termosfera) danno origine ai fenomeni luminosi noti come aurore polari.

Com'è fatta l'atmosfera?

L'atmosfera è divisa in cinque strati. La troposfera, sede dei fenomeni meteorologici, si estende fino a 17 km dalla superficie terrestre. Nella stratosfera (fino a circa 50 km) si trova lo strato di ozono; nella mesosfera (fino a 80 km) la temperatura scende fino a -80 °C; nella termosfera (fino a 500 km circa) la temperatura aumenta e supera i 1000 °C. L'esosfera è l'ultimo strato, ha temperature di 2000 °C e gas molto rarefatti.

I palloni sonda stratosferici raggiungono quote molto elevate e sono usati per simulare le condizioni di lavoro di dispositivi che verranno installati sui satelliti artificiali.

Le intense radiazioni solari determinano la formazione all'interno della termosfera di uno strato ionizzato (ionosfera) costituito da particelle cariche elettricamente. Questo strato riflette verso il basso le onde emesse da stazioni radio sulla superficie terrestre e permette le trasmissioni a lunga distanza.

Quanto è alto il cielo?

L'atmosfera è delimitata inferiormente dalla superficie terrestre e, verso l'alto, dallo spazio interstellare. I gas atmosferici diventano sempre più rarefatti via via che ci si sposta verso l'alto e il confine tra lo strato più esterno dell'atmosfera (esosfera) e lo spazio coincide con la regione in cui la densità dei gas atmosferici eguaglia quella dello spazio. Convenzionalmente, questo limite è posto a oltre 2000 km di altitudine.

I fenomeni atmosferici

L'atmosfera terrestre è caratterizzata da continui cambiamenti che, nello strato più vicino alla superficie terrestre (troposfera), generano i fenomeni atmosferici. Il tempo atmosferico (o meteorologico) è determinato soprattutto da variazioni di temperatura e di pressione dell'aria. Questi cambiamenti sono alimentati dall'energia solare e vengono influenzati anche dalla rotazione terrestre.

Che cos'è il ciclo dell'acqua?

L'energia proveniente dal sole riscalda mari e oceani sulla Terra, facendo evaporare l'acqua. Ad alta quota, dove la temperatura è più bassa, il vapore acqueo condensa dando origine a minuscole goccioline che generano le nubi. Dalle nubi l'acqua cade in forma di pioggia e neve alimentando i corsi d'acqua. Questi riportano l'acqua ai mari chiudendo così il ciclo.

Come si formano gli uragani?

Nelle regioni tropicali, a cavallo dell'equatore, le temperature sono molto elevate. Sui mari le masse d'aria ricche di umidità tendono a risalire molto in fretta, a spirale, dando origine ai cicloni tropicali, più noti come uragani. Intorno al centro dell'uragano (occhio), dove il tempo è sereno, piove a dirotto e soffiano venti che superano i 280 km/h. Quando raggiunge le coste, l'uragano può causare danni ingenti prima di dissiparsi.

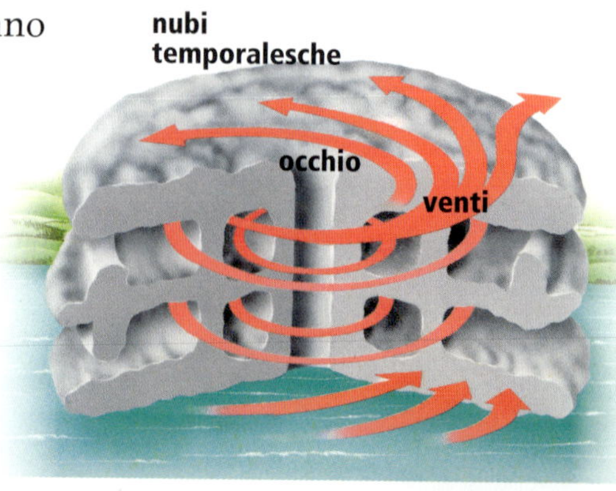

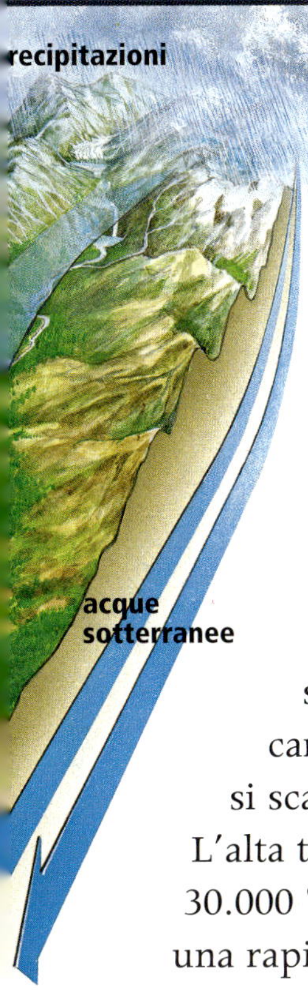

Che cosa sono tuoni e fulmini?

Nelle grandi nubi temporalesche minuscoli cristalli di ghiaccio si urtano e acquistano una carica elettrica. Le cariche negative si accumulano alla base della nube, quelle positive alla sommità. Quando l'accumulo di carica è molto elevato, l'elettricità si scarica a terra in forma di fulmini. L'alta temperatura della scarica (circa 30.000 °C) riscalda l'aria e ne determina una rapida dilatazione associata a un forte boato (il tuono).

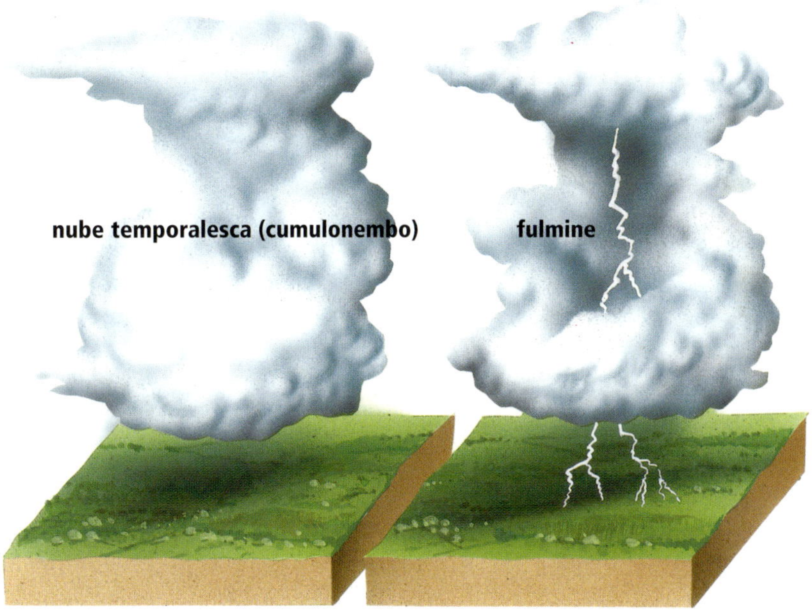

Che cos'è un tornado?

Dove le temperature sono elevate, la rapida risalita di aria calda dà origine a nubi temporalesche da cui può derivare un tornado, cioè un vortice di vento. Il tornado si sposta con una velocità di 500 km/h e risucchia ogni cosa, perfino tetti e automobili. Quando il vento perde velocità gli oggetti ricadono pesantemente a terra, spesso a grande distanza da dove sono stati "raccolti".

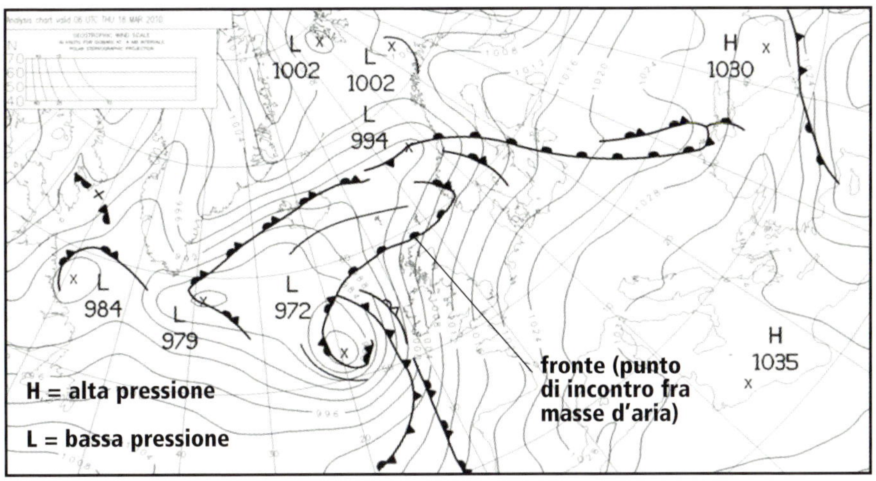

Che cosa indicano le carte meteorologiche?

Le carte meteorologiche indicano le variazioni della pressione atmosferica e lo spostamento delle masse d'aria. Le masse d'aria calda tendono a salire, quelle di aria fredda, essendo più dense, tendono a scendere. Dove l'aria sale, la pressione è più bassa, dove scende è più alta. Le masse d'aria si spostano dalle zone di alta pressione (dove è sereno) a quelle di bassa pressione (dove è nuvoloso). Quando si incontrano, le masse d'aria non si mescolano, ma si dispongono una sopra l'altra dando origine al tempo variabile.

Il clima

Il clima è rappresentato dalle condizioni atmosferiche generali che caratterizzano una determinata regione geografica per un lungo periodo di tempo. I fattori che si considerano per determinare qual è il clima di una data area sono: temperatura, umidità, pressione atmosferica, vento, precipitazioni, ma anche copertura nuvolosa e irraggiamento del sole. In base a queste caratteristiche sono state individuate sulla Terra diverse zone climatiche associate a biomi (cioè a fauna e flora) specifici.

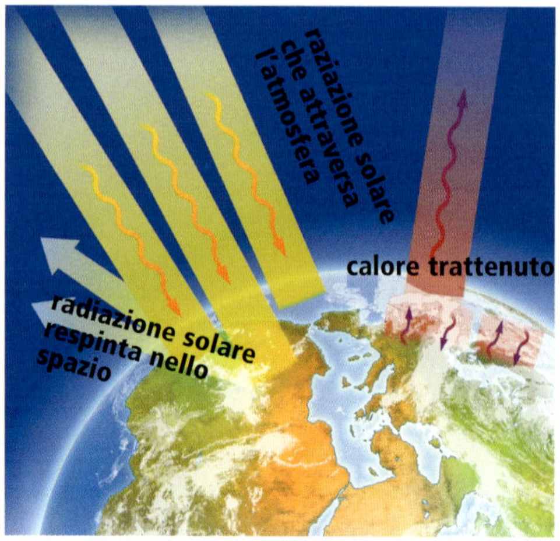

Che cosa sono i cambiamenti climatici?

Ogni regione della Terra è caratterizzata da un determinato tipo di clima. I climi dipendono da vari fattori naturali, ma sono profondamente influenzati anche dall'attività dell'uomo. L'immissione nell'atmosfera di grandi quantità di gas serra, per esempio, sta determinando un innalzamento delle temperature e trasformando gradualmente i climi a livello mondiale.

Che cosa sono i gas serra?

La principale causa del riscaldamento globale sono i gas serra (soprattutto diossido di carbonio e vapore acqueo) che agiscono come il vetro di una serra, lasciando filtrare le radiazioni solari provenienti dall'esterno ma impedendo alle stesse di disperdersi nello spazio. Il risultato è un innalzamento globale della temperatura vicino alla superficie terrestre.

La neve che cade in montagna si scioglie nella stagione calda e, con le piogge, alimenta i fiumi che scorrono fino al mare. A causa del riscaldamento globale, i ghiacciai delle montagne si riducono e molta più acqua scorre nei fiumi, aumentando il rischio di inondazioni e innalzando, alla fine, il livello dei mari.

Il riscaldamento globale ha causato una riduzione delle precipitazioni in molte regioni. Dove cade meno pioggia i corsi d'acqua minori si prosciugano e si riduce la disponibilità di acqua potabile e per l'irrigazione dei campi.

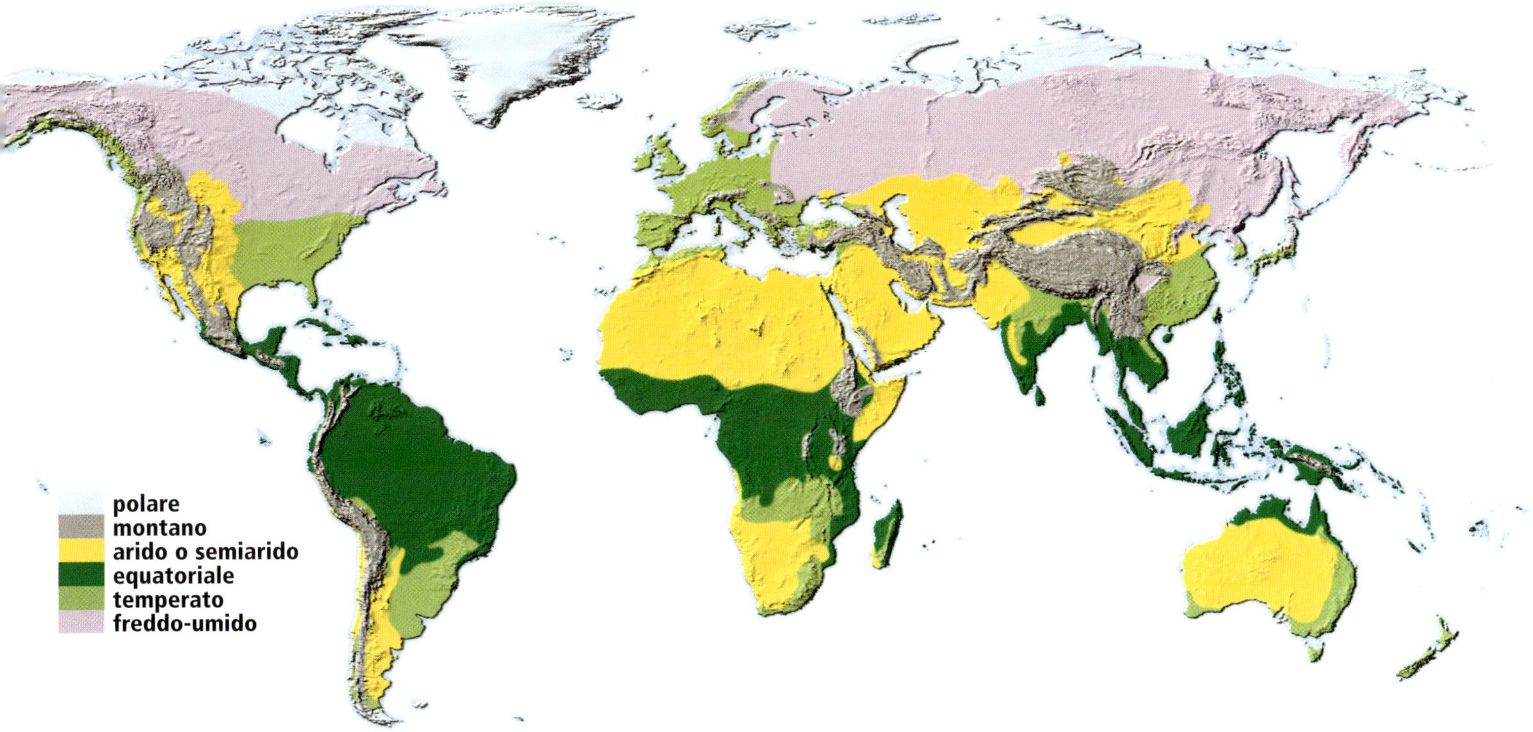

Che cosa sono le zone climatiche?

I climi esistenti sulla Terra sono moltissimi, tuttavia è possibile individuare grandi zone climatiche che accomunano più climi con caratteristiche simili. Nei climi polari, per esempio, anche in estate la temperatura media annuale non supera i 10 °C; nei climi equatoriali la temperatura media annuale supera sempre i 18 °C; i climi temperati hanno una stagione estiva e una invernale ben distinte; nei climi aridi l'acqua che evapora è sempre più abbondante di quella che cade con le precipitazioni; nei climi freddo-umidi in inverno la temperatura scende sempre sotto i -3 °C. In montagna convivono più climi: alla base il clima può essere equatoriale o temperato, in cima è freddo-umido o polare.

Circa un terzo delle terre emerse è coperto da deserti, dove cadono meno di 25 cm di pioggia all'anno. Oggi i principali deserti si stanno espandendo a causa del riscaldamento globale e altri nascono dove l'uomo sfrutta troppo la terra per le coltivazioni, abbandonandola poi quando è ormai secca e sterile.

Le risorse della Terra

La Terra ci offre preziose risorse: fonti energetiche, cibo, acqua, suolo, spazio per vivere. Queste risorse sono a disposizione di tutti gli esseri viventi e non soltanto dell'uomo. Il nostro comportamento influenza però la disponibilità delle risorse più di quello degli altri esseri viventi. L'uomo deve quindi imparare a tutelare questi beni preziosi perché non si esauriscano in fretta e per salvaguardare l'ambiente.

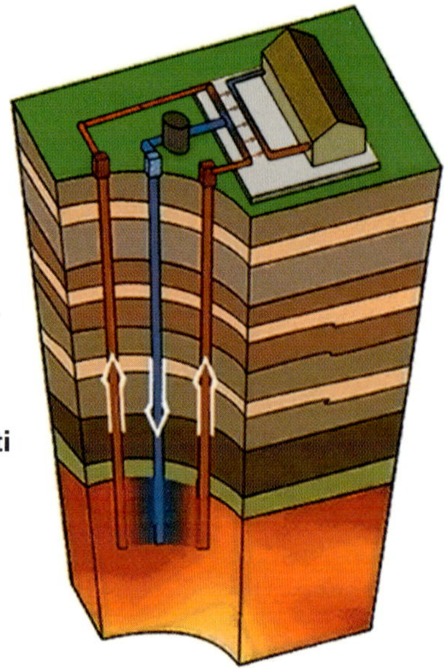

Alcuni impianti geotermici raggiungono i 3000 m di profondità.

Che cosa sono le risorse rinnovabili?

Vengono definite rinnovabili le risorse che si possono utilizzare senza consumarle definitivamente perché, dopo un periodo di tempo relativamente breve, sono di nuovo disponibili. Esempi di risorse naturali sono le piante che, dopo essere state tagliate, possono ricrescere e anche l'energia ottenuta sfruttando il movimento dell'acqua o del vento. Anche queste risorse però vanno sfruttate in modo da rispettarne i tempi di ripristino, altrimenti possono diventare non rinnovabili.

A che cosa serve l'uranio?

L'uranio è il principale elemento usato per alimentare i reattori nucleari. Se si bombarda un nucleo di uranio radioattivo con neutroni, si ottiene un nucleo più piccolo e stabile e moltissima energia. Attualmente l'energia nucleare soddisfa circa il 7% della domanda energetica a livello mondiale. Le centrali nucleari non emettono gas inquinanti ma i residui radioattivi prodotti dall'uso dell'uranio sono molto pericolosi per l'uomo e per l'ambiente e non si possono smaltire.

In caso di incidente, una centrale può disperdere materiale radiattivo per centinaia di chilometri causando danni incalcolabili all'ambiente.

Che cos'è l'energia geotermica?

Nelle località vulcaniche le acque sotterranee e quelle delle falde sono spesso molto calde. Questo calore può essere sfruttato per produrre energia, alimentando una centrale, oppure per riscaldare gli ambienti (come avviene in Islanda).

Che cos'è l'energia eolica?

L'energia cinetica legata allo spostamento delle masse d'aria può essere convertita in energia elettrica utilizzando speciali pale eoliche collegate a generatori. In Europa i paesi che producono più energia eolica sono attualmente Danimarca, Spagna, Portogallo e Germania.

Che cosa sono i combustibili fossili?

Carbone, petrolio e gas naturale sono sostanze che derivano dalla lentissima trasformazione della materia organica (resti di piante e animali) che diventa fossile in centinaia di milioni di anni. Bruciando questi combustibili si possono alimentare le centrali elettriche e produrre energia, ma il loro impiego determina la dispersione di molti gas serra. Questi combustibili, inoltre, non sono rinnovabili.

Le piattaforme petrolifere sono impianti che estraggono il petrolio dai fondali oceanici.

Quali sono i minerali più preziosi?

Esistono vari tipi di minerali: alcuni sono preziosi perché da essi si possono estrarre metalli, come oro, argento, rame, mercurio, piombo, platino e nichel. Altri importanti minerali sono quelli da costruzione (gesso, argilla, calcare) e poi lo zolfo (usato per produrre acido solforico), il salgemma (o sale alimentare) e il litio (usato nelle batterie e oggi diventato rarissimo).

L'acqua è una risorsa che risulta sempre più importante sulla Terra sovraffollata. Ogni anno si consumano 4000 miliardi di metri cubi d'acqua, che però non è distribuita in modo uniforme in tutti i paesi. Nei paesi sviluppati il consumo pro capite di acqua può essere cinque volte maggiore di quello dei paesi in via di sviluppo.

Come si estraggono i minerali?

I minerali sono dispersi in tutta la crosta terrestre; in alcune località, però, risultano più concentrati e si possono pertanto estrarre con profitto. Se i minerali sono concentrati a grande profondità è necessario scavare gallerie per raggiungerli ed estrarli. In altre località, dove il minerale è più superficiale, si aprono enormi miniere a cielo aperto.

La vita sulla Terra

La Terra brulica di vita. In ogni ambiente, dalle profondità marine fino alle vette delle montagne più alte si possono trovare piante e animali. Alcuni organismi sono piccolissimi, altri, come le balene, sono giganteschi. Tutti gli esseri viventi, per quanto appaiano diversi, hanno bisogno di nutrimento, crescono, si riproducono e muoiono.

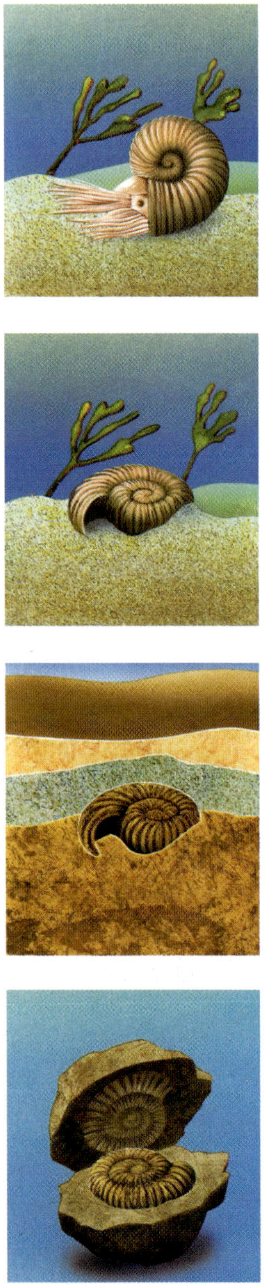

Che cosa sono i fossili?

I fossili sono i resti o le tracce (per esempio le piste di impronte di dinosauro) di organismi vissuti in passato e conservatisi fino a oggi. Di solito nel processo di fossilizzazione si conservano, trasformandosi in roccia, le parti dure come ossa, denti o conchiglie. Studiando i fossili si ricostruisce l'aspetto di organismi che oggi non esistono più.

Come vengono classificati gli animali?

Per classificare gli esseri viventi, gli studiosi si basano sulle caratteristiche che li accomunano. Nella classificazione si considerano aspetti anatomici, come la struttura dello scheletro o la presenza di pelo negli animali, e anche le modalità di riproduzione (se vengono deposte le uova o partoriti piccoli vivi, per esempio). Gli organismi più strettamente imparentati hanno più caratteristiche in comune perché derivano da un antenato che condividono. Oggi gli studiosi hanno classificato circa 2 milioni di specie ma qualcuno pensa che ne esistano 10 milioni!

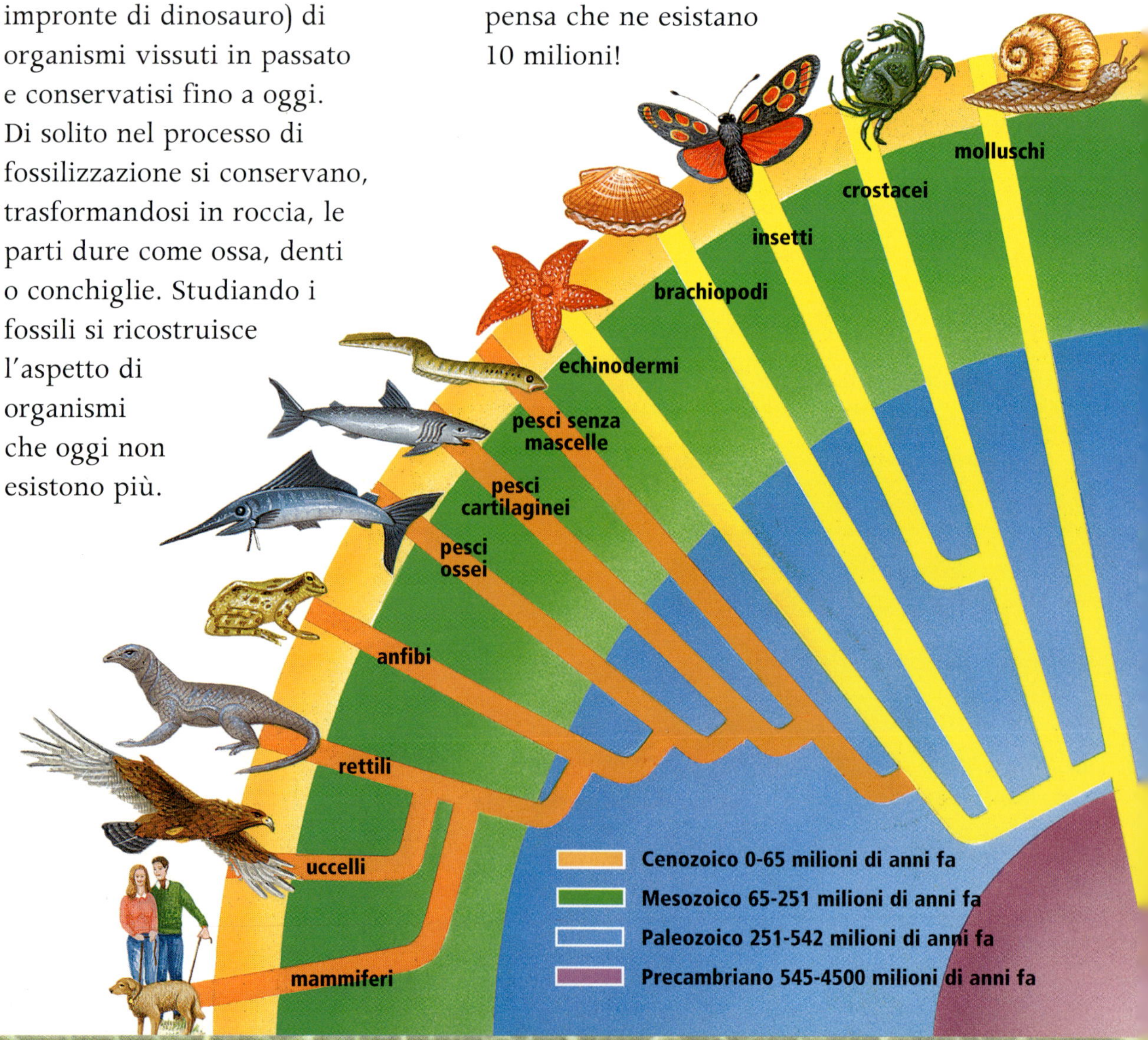

Studiando la variazione degli animali domestici, la distribuzione delle specie viventi sulla Terra e i fossili, Charles Darwin è riuscito a dimostrare che le specie non sono rimaste sempre uguali ma si sono evolute e diversificate nel tempo.

Come evolvono le specie?

Gli organismi presentano particolari adattamenti grazie ai quali possono vivere e prosperare in un determinato ambiente. Se l'ambiente si modifica, soltanto alcuni organismi, quelli che hanno caratteristiche adatte, sopravvivono, gli altri invece sono destinati a estinguersi. Con il passare del tempo, quindi, le specie evolvono, trasformandosi e dando origine a nuove specie.

Studiando i fossili dei cavalli si può ricostruire l'evoluzione di questo animale nel tempo.

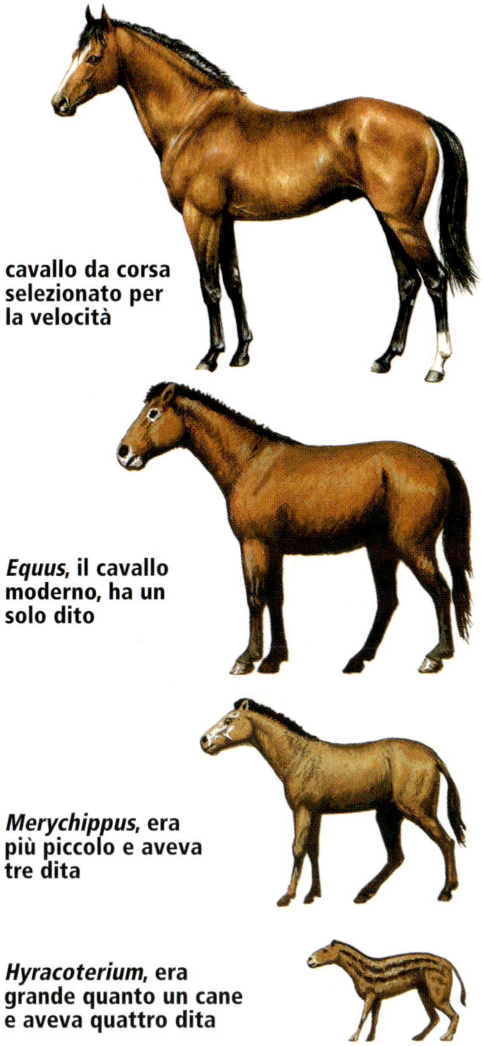

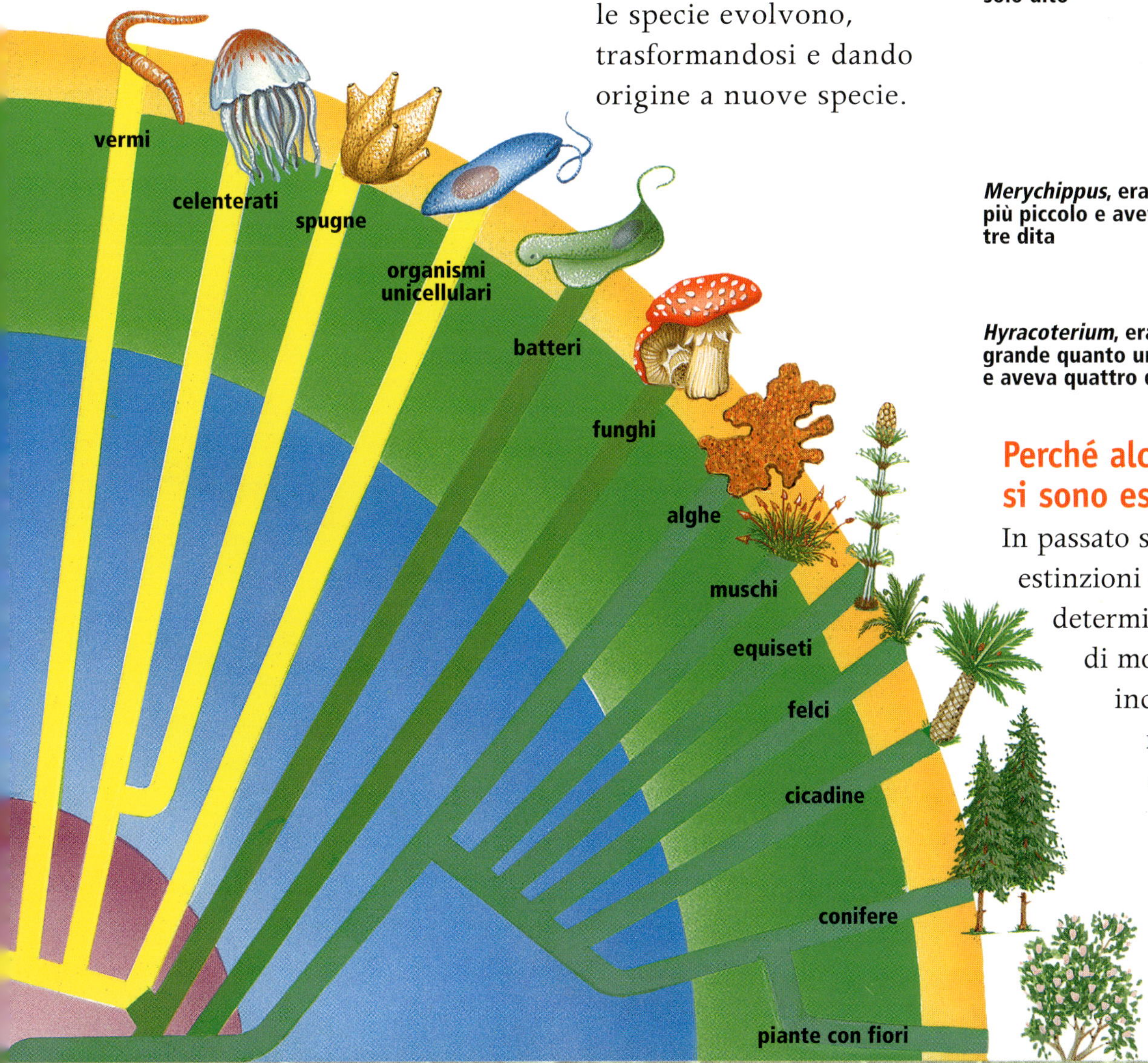

Perché alcuni organismi si sono estinti?

In passato si sono verificate cinque estinzioni di massa che hanno determinato la scomparsa di molti organismi incapaci di adattarsi ai radicali mutamenti dell'ambiente in tempi brevi. Oggi molte specie si estinguono per colpa dell'uomo che inquina, caccia e distrugge gli ambienti naturali.

Gli ecosistemi

Un ecosistema comprende tutti gli organismi che vivono in una determinata area e tutte le componenti non viventi della stessa area, come il suolo e il clima. Un esempio di ecosistema può essere quindi un bosco o un corso d'acqua. Considerati tutti insieme gli ecosistemi della Terra costituiscono la biosfera, letteralmente la "sfera della vita".

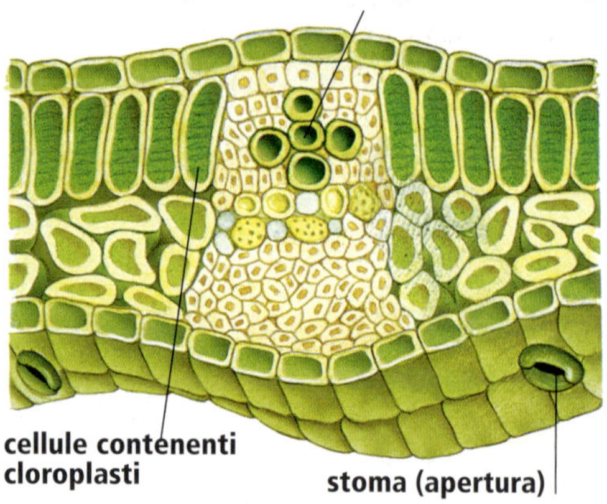

Che differenza c'è tra un animale e una pianta?

Gli esseri viventi si distinguono dalla materia non vivente perché possono assorbire e utilizzare energia, crescere e riprodursi. Le piante, le alghe e alcuni microrganismi ricavano energia direttamente dal sole e vengono detti autotrofi ("mangio da solo"). Gli animali sono invece eterotrofi ("mangio altro") perché si procurano l'energia mangiando altri organismi.

Com'è fatta una foglia?

Le foglie sono formate da vari tipi di cellule sovrapposte. Sulle pareti esterne si trovano piccole aperture (stomi) che permettono il passaggio dei gas (diossido di carbonio e ossigeno); nella parte interna sono presenti cellule ricche di organuli, detti cloroplasti, che contengono la clorofilla indispensabile per svolgere la fotosintesi.

Come fanno le piante a fabbricarsi il cibo?

Le piante, e tutti gli organismi autotrofi, utilizzano l'energia solare per trasformare semplici sostanze (acqua e diossido di carbonio) in zuccheri ricchi di energia mediante la fotosintesi clorofilliana. Il nome del processo indica che la sintesi degli zuccheri avviene grazie alla luce (in greco *photós* significa "luce") e alla clorofilla, uno speciale composto capace di trasformare l'energia luminosa nell'energia chimica che tiene uniti gli atomi degli zuccheri. Uno dei prodotti di scarto della fotosintesi è l'ossigeno, che viene disperso nell'atmosfera.

La fotosintesi clorofilliana trasforma l'energia solare in cibo per la pianta.

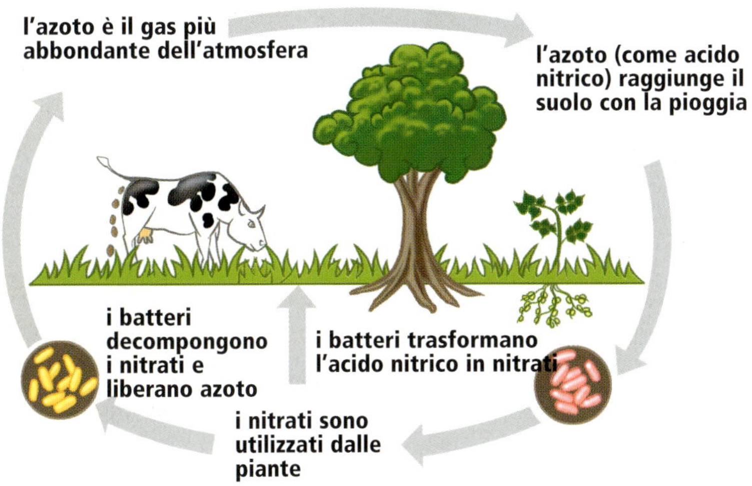

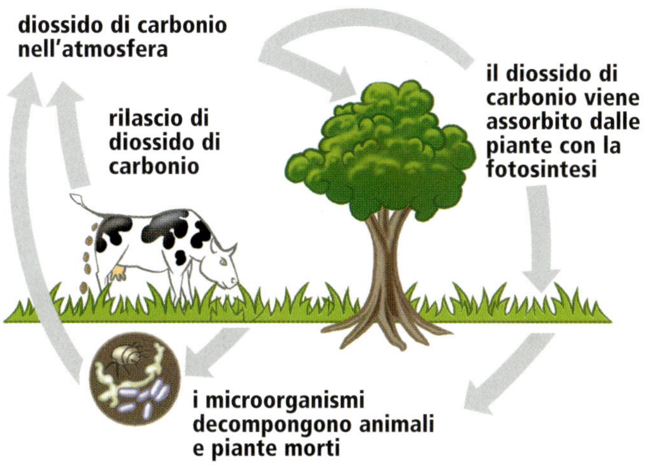

Che cos'è il ciclo dell'azoto?

L'azoto serve agli organismi per formare le proteine. Questo gas però può essere utilizzato direttamente soltanto da alcuni batteri del suolo che lo trasformano in composti (nitrati) assimilabili dalle piante e dagli animali. Altri batteri decompongono le feci e i resti delle piante liberando nuovo azoto gassoso nell'atmosfera.

Che cos'è il ciclo del carbonio?

Gli esseri viventi sono formati principalmente da composti di carbonio. Il gas diossido di carbonio viene assorbito dalle piante con la fotosintesi e usato per produrre zuccheri (carboidrati). Gli animali mangiano le piante e riutilizzano il carbonio. Decomponendo le feci e i resti degli animali morti, i batteri liberano il diossido di carbonio che torna all'atmosfera.

Che cos'è la catena alimentare?

In un ecosistema l'energia si muove continuamente da un organismo all'altro. Le piante, che producono energia con la fotosintesi, vengono mangiate dagli erbivori, i quali, a loro volta, sono predati dai carnivori. Questa sequenza di organismi forma una "catena alimentare". I resti degli organismi vengono infine decomposti in sostanze più semplici che tornano in circolo.

Gli ambienti naturali

Il clima di una data regione dipende da fattori diversi come la temperatura, la piovosità e la vicinanza del mare. Le caratteristiche climatiche determinano il tipo di vegetazione e di animali che vivono nelle varie zone della Terra. Sul nostro pianeta si distinguono vari biomi, tutti caratterizzati da una particolare associazione di piante e animali.

Perché alcuni animali sono rari?

Gli animali che oggi vediamo sulla Terra si sono evoluti in tempi lunghissimi, adattandosi per vivere in determinati ambienti. Alcuni animali hanno esigenze molto particolari e pertanto sopravvivono soltanto in pochi ambienti. Il panda, per esempio, vive soltanto in Cina, l'unico paese in cui trova in abbondanza il suo nutrimento esclusivo, i germogli di bambù. Altri animali, come il ratto, si adattano facilmente a differenti condizioni di vita e sono molto più diffusi.

Perché l'uomo può vivere in tutti gli ambienti?

La specie umana è comparsa sulla Terra circa 100.000 anni fa, eppure oggi è la più diffusa al mondo. Gli esseri umani infatti hanno imparato a modificare i luoghi in cui vivono per renderli abitabili. Riscaldando gli ambienti freddi o portando l'acqua dove non c'è, tagliando foreste, costruendo case, allevando animali e cucendosi vestiti adatti a ogni clima, l'uomo ha conquistato tutto il pianeta e ora deve sforzarsi, con il massimo impegno, per non distruggerlo.

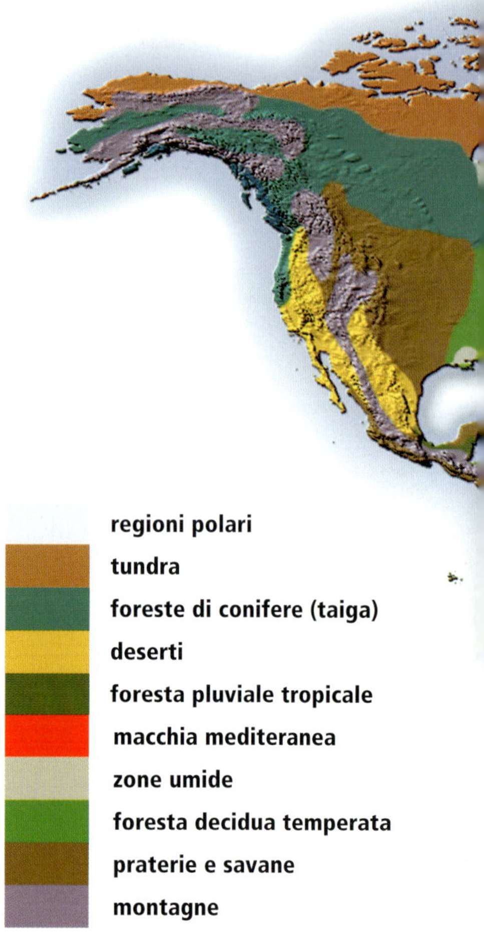

Che cos'è l'adattamento?

Tutti gli esseri viventi, con il passare del tempo, evolvono, cioè si modificano. Un organismo ben adattato possiede tutte le caratteristiche utili per vivere e proliferare in un determinato ambiente e riesce pertanto a fare più figli. Gli individui meno adattati invece lasciano meno discendenti e sono destinati a estinguersi.

I fringuelli delle Galápagos hanno evoluto becchi adatti a consumare vari tipi di cibo

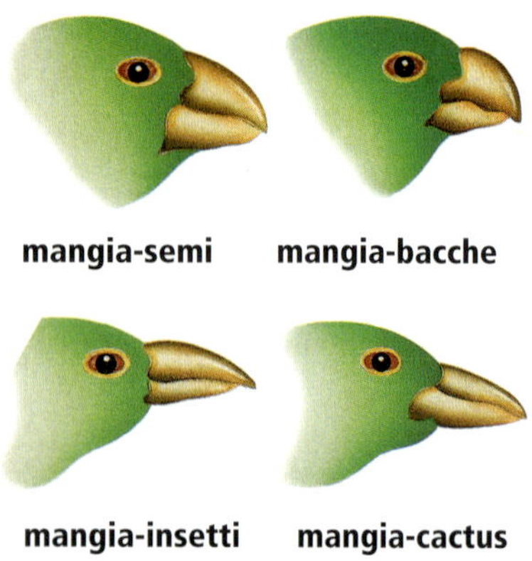

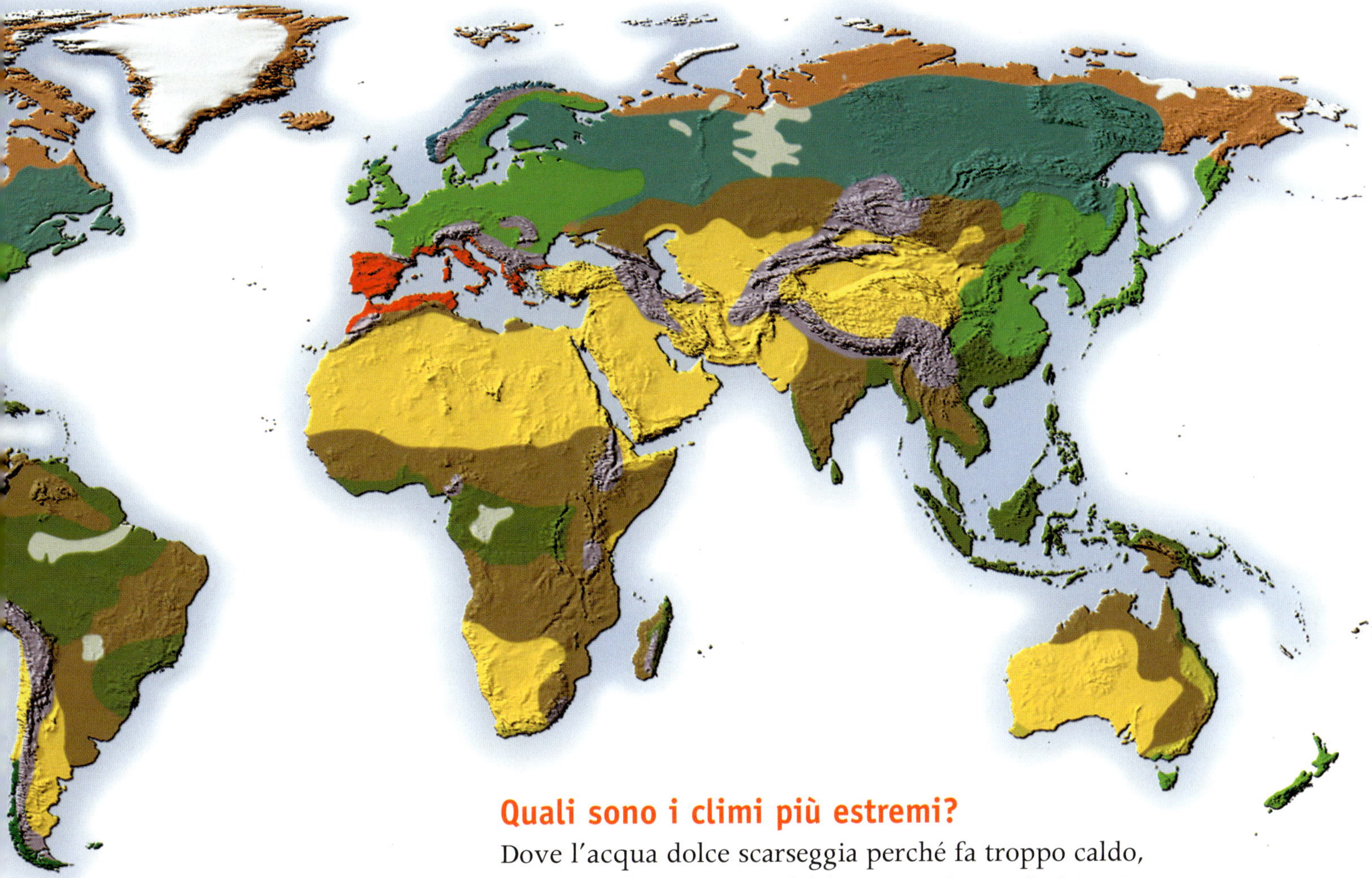

Che cosa sono i biomi?

La biosfera terrestre comprende diversi biomi, ciascuno caratterizzato da un clima e da particolari specie di vegetali e animali. Nei climi molto caldi e umidi crescono le foreste pluviali, dove fa più freddo si sviluppano i boschi (di latifoglie e conifere), la scarsa piovosità favorisce invece la formazione di praterie. Nei luoghi troppo caldi (deserti) o freddi (regioni polari) la vegetazione è quasi assente.

Quali sono i climi più estremi?

Dove l'acqua dolce scarseggia perché fa troppo caldo, come nei deserti, o perché è intrappolata nel ghiaccio, come nelle regioni polari, la vegetazione stenta a crescere e, di conseguenza, anche le specie animali presenti sono poco numerose. In questi ambienti difficili sopravvivono principalmente animali carnivori, come l'orso bianco.

Le regioni polari

Per la loro posizione geografica le regioni polari sono le più fredde della Terra. In queste regioni si alternano sei mesi di luce a sei mesi di buio e, anche quando è giorno, il Sole è molto basso sull'orizzonte. Insieme ai deserti e alle vette montuose, i poli sono i luoghi più asciutti del pianeta, perché l'acqua dolce non è direttamente utilizzabile e infatti in queste regioni la vegetazione è scarsa o assente.

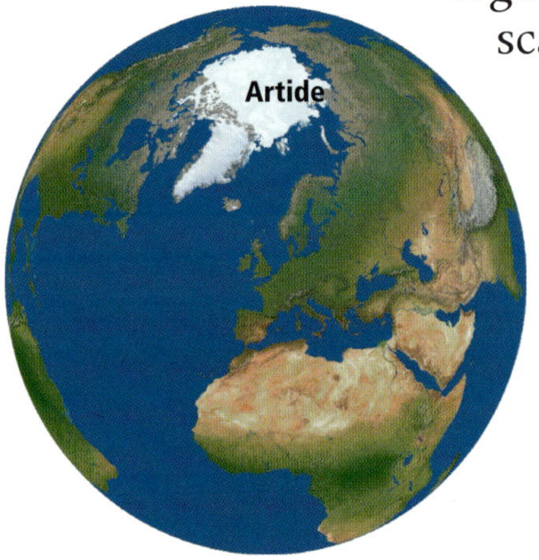

un inuit

Si può vivere ai poli?

A differenza dell'Antartide, dove vivono soltanto gruppi di ricercatori provenienti da varie nazioni, la regione artica, che comprende tutte le terre affacciate sul Mar Glaciale Artico, è da sempre abitata, soprattutto lungo le coste. La popolazione locale in passato era formata da cacciatori e pescatori nomadi che si spostavano seguendo le prede su slitte trainate da cani. Oggi gli inuit e gli altri gruppi di nativi vivono soprattutto in città e usano mezzi a motore per muoversi sul ghiaccio.

Che cosa mangiano gli animali polari?

Nelle regioni polari crescono poche piante e quindi la maggior parte degli animali si nutre di pesce e carne. La tipica catena alimentare del Polo Nord parte dal plancton marino, che viene mangiato dai pesci, predati dalle foche, a loro volta cacciate dagli orsi bianchi. Nella tundra (bioma compreso tra l'Artide e le aree temperate fredde dove crescono radi alberi, muschi e licheni) vivono la renna e il bue muschiato. In Antartide mancano grandi erbivori e predatori di terraferma.

Fa più freddo al Polo Nord o al Polo Sud?

La regione artica e quella antartica sono diverse: al Polo Nord i ghiacci si formano sul mare e sono spessi pochi metri, al Polo Sud si estendono su un continente (l'Antartide) e raggiungono i 4 km di spessore. Nella regione antartica, inoltre, soffiano continuamente venti gelidi. In Antartide la temperatura massima estiva è di - 20°C, mentre nella regione artica può anche superare i 10 °C.

Dove vivono i pinguini?

I pinguini sono uccelli non volatori che vivono in Antartide. Il pinguino imperatore, che raggiunge i 120 cm di altezza, compie migrazioni sul ghiaccio di oltre 350 km per raggiungere le coste dove nidifica. La femmina depone un solo uovo e il maschio lo cova per tutto l'inverno quando le temperature scendono anche a - 60 °C.

pinguini imperatore

Nell'Artide la superficie dei ghiacci si è ridotta del 33% in un secolo. I ghiacci della Terra si stanno sciogliendo a causa del riscaldamento globale causato dall'uomo che immette nell'atmosfera gas, come il diossido di carbonio, in grado di intrappolare il calore vicino alla superficie terrestre.

Che cosa sono gli iceberg?

Un iceberg è un grande blocco di ghiaccio che galleggia nel mare andando alla deriva dopo essersi staccato dalla calotta polare. In Antartide gli iceberg sono più piatti, in Artide sono invece più appuntiti. La parte che emerge dall'acqua costituisce appena il 10% del volume dell'iceberg. Pur galleggiando in acque marine, gli iceberg sono composti di acqua dolce.

Mari e oceani

Gli oceani e i mari coprono oltre il 70% della superficie terrestre e rappresentano pertanto il più grande ecosistema del mondo. Le specie marine sono più concentrate vicino alle coste e nei pressi della superficie. I freddi abissi marini non sono raggiunti dalla luce e ospitano pochissime specie.

I pesci sono tutti uguali?

I pesci si possono suddividere in due grandi gruppi: pesci con scheletro osseo, che sono i più diffusi nei mari e nelle acque dolci, e pesci con scheletro di cartilagine, cioè squali, razze e mante. Tutti i pesci respirano l'ossigeno disciolto nell'acqua attraverso le branchie.

Che cosa sono i coralli?

I coralli sono minuscoli animaletti parenti delle meduse e si nutrono filtrando il cibo dall'acqua. Questi animaletti vivono in grandi colonie e si costruiscono uno scheletro esterno di calcare. L'insieme di tutti gli scheletri forma la barriera corallina, un ambiente coloratissimo e ricco di specie.

Come nuotano le meduse?

Le meduse fanno parte, con i coralli e gli anemoni di mare, del gruppo dei celenterati (o cnidari), animali gelatinosi dotati di cellule urticanti. Le meduse possono nuotare attivamente contraendo il corpo e sono predatrici di pesci.

Perché molti pesci sono striati?

Le righe chiare e scure che caratterizzano molti pesci hanno la stessa funzione delle strisce delle zebre. Quando i pesci si muovono tutti insieme in gruppo, i predatori non riescono a localizzare un particolare individuo e quindi spesso il loro attacco non ha successo.

Che animale è il cavalluccio marino?

Anche se dall'aspetto non si direbbe, il cavalluccio marino è un pesce la cui anatomia si è modificata per adattarsi a vivere tra le alghe. Il cavalluccio infatti si aggrappa con la coda prensile alla vegetazione marina e filtra il cibo dall'acqua con la minuscola bocca.

Le foreste pluviali

Nelle regioni tropicali, dove il clima è caldo e umido tutto l'anno, le piante crescono rigogliose formando le più grandi foreste del pianeta. Dato che ai tropici piove molto spesso, queste foreste sono dette pluviali. Nelle foreste pluviali vive una varietà di specie straordinariamente elevata.

Nelle foreste pluviali gli alberi possono superare i 50 m di altezza.

Perché gli alberi delle foreste pluviali sono molto alti?

Nelle foreste pluviali gli alberi crescono in fretta e, dato che tutti hanno bisogno di luce, raggiungono altezze considerevoli. In Amazzonia, nella volta degli alberi vivono moltissimi uccelli; sotto le chiome, dove c'è meno luce, ci sono bradipi, scimmie, rettili e anfibi. Alla base degli alberi abbondano gli insetti e si incontrano giaguari e pecari (mammiferi simili a cinghiali).

Che cos'è la biodiversità?

La biodiversità è la varietà degli organismi che abitano la Terra. Le foreste pluviali ospitano oltre la metà delle specie viventi del pianeta. Per questo le ricche foreste delle regioni tropicali sono ambienti da proteggere e preservare.

Molte specie di vegetali, insetti e microrganismi che vivono nelle foreste pluviali non sono state ancora classificate dagli scienziati.

Il Rio delle Amazzoni è lungo circa 6930 km.

Qual è la più estesa foresta pluviale?

La più grande foresta pluviale è la Foresta Amazzonica, che si sviluppa nel bacino fluviale del Rio delle Amazzoni, il più grande fiume del mondo. Inizialmente questa foresta aveva un'estensione di oltre 6 milioni di kmq. Oggi, a causa della deforestazione, si è già ridotta di oltre un quinto.

Nelle foreste pluviali piove tutti i giorni?

Nelle regioni dove cresce la foresta pluviale piove praticamente tutti i giorni e, in un anno, possono cadere oltre 4 m d'acqua. L'elevata umidità, che scivola sulle foglie e cade lungo i tronchi, permette ad alcune piante (dette epifite) di crescere anche senza radici, direttamente sul fusto degli alberi più alti.

Che cosa sono le piante carnivore?

L'elevata temperatura delle foreste tropicali fa sì che tutto quanto cade a terra venga decomposto e consumato molto rapidamente. Per procurarsi le sostanze nutritive necessarie che non trovano nel terreno, alcune piante sono diventate carnivore: attirano e catturano gli insetti e poi li "digeriscono".

La *Cephalotus follicularis* ha un bordo spinoso che impedisce agli insetti intrappolati di fuoriuscire.

Perché le foreste tropicali sono considerate le "farmacie del mondo"?

Il principio attivo di molti medicinali (come anestetici, calmanti, antinfiammatori) è costituito da sostanze chimiche presenti in natura in specie vegetali che vivono nelle foreste pluviali. Questi ambienti, pertanto, sono considerati le più grandi farmacie naturali del mondo.

Per procurarsi il legno e liberare terreni da edificare e usare come pascoli, l'uomo continua ad abbattere gli alberi. Le grandi foreste pluviali rappresentano però una sorta di polmone gigante che assorbe il diossido di carbonio e libera l'ossigeno. Se continueremo a distruggerle, la Terra non potrà sopravvivere a lungo.

Le praterie

Le praterie sono ambienti asciutti in cui crescono principalmente piante erbacee, mentre gli alberi sono più rari e dispersi. Nel mondo esistono praterie calde, come la savana africana e la pampa argentina e praterie fredde come le steppe asiatiche e le praterie alpine. In questi ambienti vivono gli erbivori più grandi della Terra.

I cani della prateria sono roditori nordamericani che formano grandi colonie. A turno alcuni individui fanno la guardia e avvisano i compagni con un fischio acuto in caso di pericolo.

Quali animali vivono nelle praterie?

Le specie animali che vivono nelle praterie variano da continente a continente. Quelle nordamericane sono abitate da bisonti, falchi, coyote e cani della prateria. Nelle praterie australiane intervallate da boscaglie (*bush*) vivono canguri, koala, emù e kookaburra. Nelle savane africane ci sono elefanti, antilopi, giraffe e grandi felidi.

Perché le praterie sono ottimi pascoli?

Le piante erbacee sono specie vegetali molto resistenti che, anche se le loro foglie vengono strappate, non muoiono, ma sviluppano nuove foglie nella stagione seguente. Per questo motivo le praterie di tutto il mondo sono usate dall'uomo per allevare il bestiame con metodi estensivi. Questa abitudine ha però ridotto lo spazio a disposizione dei grandi erbivori selvatici, che stanno diventando sempre più rari nei propri ambienti naturali.

Perché alcune praterie diventano deserti di polvere?

Le praterie si sviluppano nei luoghi in cui le piogge sono concentrate in un'unica stagione dell'anno. Se non piove a sufficienza le piante non riescono a germogliare e le praterie gradualmente si trasformano in deserti di polvere. Anche l'eccessivo sfruttamento agricolo delle praterie favorisce la desertificazione. Negli Stati Uniti centrali, per esempio, dove c'erano grandi pascoli si è formata all'inizio del XX secolo l'area desertica indicata come "ciotola di polvere".

Quali animali vivono nella savana africana?

La savana africana ospita una notevole varietà di animali, a partire dai piccoli insetti fino ai giganteschi elefanti e rinoceronti. Grandi predatori delle praterie sono leoni, leopardi e ghepardi. Numerose sono anche le specie di roditori che scavano tane e gallerie sottoterra per sfuggire al caldo durante il giorno.

Di giorno i leoni non cacciano e possono riposarsi a poca distanza dalle loro prede abituali.

Che cosa mangiano gli animali della savana?

Nella savana africana vivono molti animali che hanno sviluppato diete specializzate. Tra gli erbivori, antilopi, gnu e zebre mangiano l'erba, mentre elefanti e giraffe strappano le foglie dagli alberi. In questo modo il cibo è sufficiente per tutti. Le mandrie di erbivori sono seguite da predatori carnivori, come i leoni, i ghepardi e i leopardi, che attaccano gli individui malati o più giovani.

Perché l'uomo brucia le praterie?

Una delle più antiche tecniche di coltivazione della Terra sviluppata dall'uomo è quella del "taglia e brucia". Bruciando l'erba si produce infatti cenere che rende i terreni molto fertili. Questa abitudine però rende i terreni sempre più poveri fino a ridurli a deserti.

I deserti

Le regioni desertiche sono aree dove non piove quasi mai. Non tutti i deserti sono uguali: alcuni sono rocciosi, altri sabbiosi; alcuni (come quello del Gobi in Mongolia) sono freddi, altri (come il deserto del Sahara in Africa), sono caldi. L'estrema aridità fa sì che soltanto piante molto specializzate, come i cactus, possano sopravvivere in un deserto.

Quali piante vivono nei deserti?

Per procurarsi l'acqua e conservarla, molte piante desertiche hanno radici lunghissime e fusto o foglie "grassi" e coriacei, in grado di trattenere i liquidi. Nei cactus le foglie sono ridotte a spine per non disperdere inutilmente liquidi. Nei deserti le piante fioriscono per pochi giorni, o addirittura per poche ore, non appena l'umidità dell'aria aumenta.

Come sopravvivono gli animali nei deserti?

Nel deserto gli animali devono sopravvivere con pochissima acqua e resistere agli sbalzi di temperatura. Anche nei deserti più caldi di notte la temperatura è infatti prossima a 0 °C. Nei deserti sono comuni i rettili che vivono anche senza bere e molti insetti. I mammiferi predatori (come il coyote americano e il fennec, la volpe africana) vanno a caccia soprattutto di notte. I roditori vivono in tane scavate sottoterra. Nei grandi cactus nordamericani scavano la propria tana civette e picchi.

Perché le volpi del deserto hanno grandi orecchie?

Pur non essendo strettamente imparentate, la volpe pigmea dei deserti nordamericani e il fennec, la piccola volpe dei deserti africani, hanno sviluppato grandissime orecchie che servono per disperdere rapidamente il calore e abbassare la temperatura del corpo. Il fennec e la volpe pigmea cacciano di notte roditori, rettili, cavallette e altri insetti.

Per comunicare con i membri del proprio branco i coyote abbaiano e ululano.

Come si formano le dune dei deserti?

Le dune si formano quando il vento accumula grandi quantità di sabbia. La morfologia e l'altezza delle dune dipende dalla direzione e dalla forza dei venti. Nei deserti molto ventosi la sabbia viene del tutto spazzata via e rimangono soltanto le rocce nude.

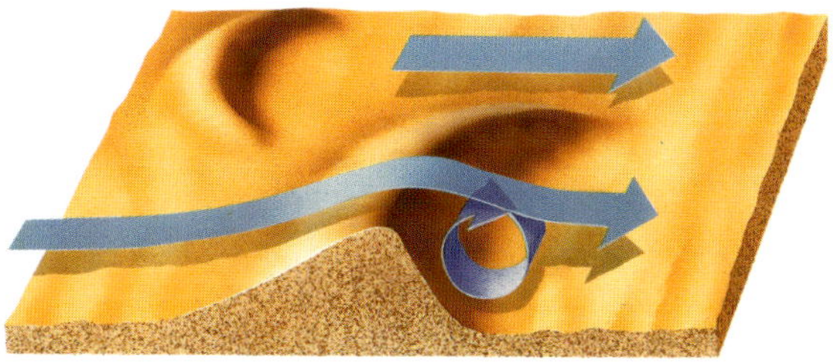

La maggior parte delle dune ha la forma di una mezzaluna.

Che cosa sono i funghi di roccia?

La sabbia trasportata dal vento del deserto erode le rocce consumandole e modellandole. Così, con il tempo, possono formarsi archi, rilievi rocciosi alti centinaia di metri e dalla cima piatta (chiamati *mesa*, un termine che significa "tavolo" in spagnolo) e curiose strutture come i funghi di roccia.

Nel deserto ci sono animali velenosi?

Molti animali del deserto, come serpenti, rettili e aracnidi, usano il veleno per cacciare e difendersi dai predatori. L'eloderma sospetto, o mostro di Gila, dei deserti nordamericani segnala la propria presenza grazie ai colori sgargianti, così i predatori lo evitano per non restare avvelenati.

L'eloderma sospetto, lucertola velenosa del Nordamerica, accumula liquidi e riserve nel grasso della coda.

L'uomo può vivere nel deserto?

In alcuni deserti, come quello del Cile, cadono solo pochi millimetri di pioggia all'anno ed è impossibile vivere. In altri deserti, come quelli asiatici e africani, vivono popoli nomadi che si spostano continuamente, abitano in tende e portano con sé gli animali che allevano.
I Tuareg del Sahara africano, per esempio, usano come cavalcature i dromedari, che sopravvivono molti giorni senza bere.

La natura in pericolo

Per vivere bene ogni organismo ha bisogo di cibo, acqua e di una casa. Lo stesso vale per gli esseri umani. Oggi però sulla Terra vivono quasi sette miliardi di persone. Per garantire cibo, acqua e una casa a tutti, senza distruggere il pianeta, è necessario compiere scelte sostenibili, bisogna cioè imparare a utilizzare le risorse dell'ambiente senza danneggiare gli organismi che dividono la Terra con noi.

Che cosa sono le coltivazioni biologiche?

Per ottenere raccolti sempre più abbondanti molti agricoltori preferiscono coltivare ampi terreni con lo stesso tipo di piante (monoculture) e utilizzare fertilizzanti chimici. Se si vuole inquinare di meno bisogna però coltivare a rotazione tipi diversi di piante (lasciando anche "riposare" alcuni appezzamenti) per non impoverire i suoli, e privilegiare l'uso di fertilizzanti naturali (come il letame).

Le città danneggiano l'ambiente?

Nelle grandi città vivono milioni di persone, che utilizzano le auto per spostarsi e riscaldano le case emettendo gas inquinanti. Per ridurre l'impatto delle città sull'ambiente bisogna incentivare l'uso dei mezzi pubblici e la raccolta differenziata (cioè lo smistamento e il riciclaggio dei rifiuti). In molte città gli edifici nuovi vengono costruiti con pannelli solari sui tetti, in modo da alimentare il riscaldamento e l'illuminazione senza inquinare.

La popolazione umana mondiale, diversamente da quanto avviene per le popolazioni degli altri organismi, cresce in modo esponenziale: nel 1930 eravamo 2 miliardi, oggi siamo quasi 7 miliardi. La popolazione, inoltre, non è distribuita in modo uniforme: in Cina e in India, paesi che hanno ciascuno oltre un miliardo di abitanti, vive oltre il 40% della popolazione della Terra; in Europa abitano circa 750 milioni di persone e negli Stati Uniti circa 300 milioni.

Perché le foreste sono in pericolo?

Le foreste e i boschi del mondo sono ambienti molto ricchi che gli esseri umani sfruttano da millenni. Il legno degli alberi, per esempio, è usato come combustibile, per costruire edifici e per produrre la carta. Le piante però hanno bisogno di un certo tempo per crescere, perciò occorre limitare gli abbattimenti di alberi e riciclare il più possibile il legno e la carta.

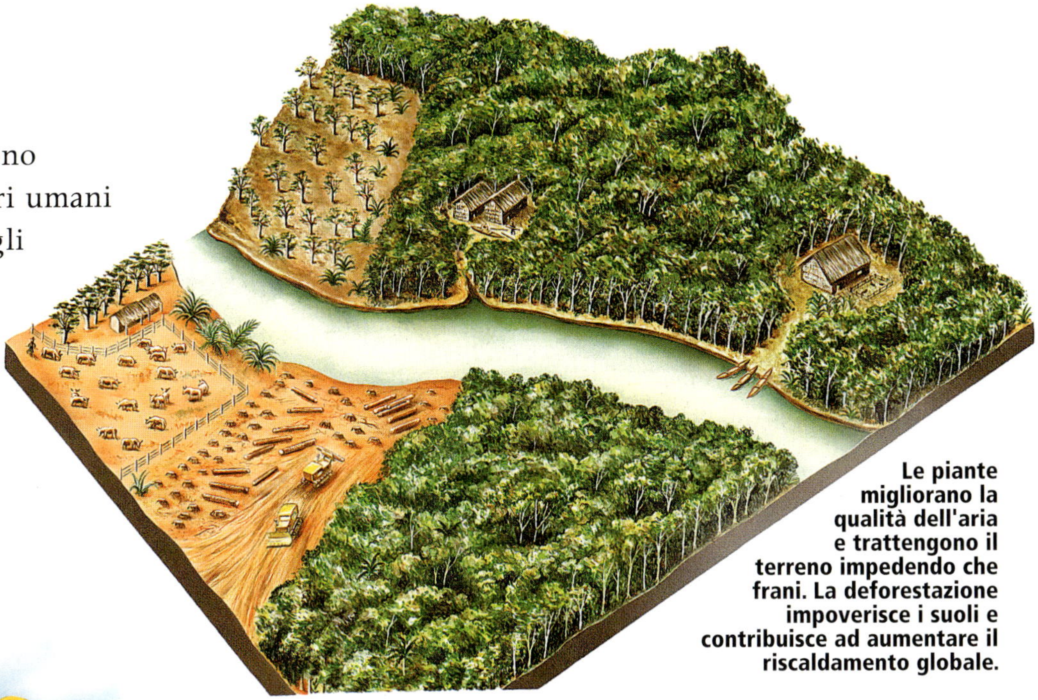

Le piante migliorano la qualità dell'aria e trattengono il terreno impedendo che frani. La deforestazione impoverisce i suoli e contribuisce ad aumentare il riscaldamento globale.

Che cos'è l'inquinamento?

L'inquinamento è l'immissione nell'ambiente di sostanze nocive che producono danni alla vita. Gli ambienti sono sistemi dinamici capaci di rispondere alla presenza di veleni, tuttavia, se i veleni sono troppi, non riescono più a "depurarsi" e finiscono per morire.

Il petrolio fuoriuscito dalle petroliere riempie le spiagge di catrame velenoso e difficile da eliminare.

Che cos'è la pesca sostenibile?

Se l'uomo pesca troppo pesce, le popolazioni naturali di pesci si impoveriscono e, pian piano, scompaiono. La pesca sostenibile invece prevede la cattura di soli esemplari adulti e non nella stagione riproduttiva, per garantire la nascita di nuovi pesci anno dopo anno.

La pesca a strascico è dannosa per l'ambiente perché distrugge le praterie marine.

L'ecologia

L'ecologia è lo "studio della casa", cioè dell'ambiente in cui viviamo. Il peso delle attività umane sull'ambiente viene detto "impronta ecologica". Se vogliamo salvare l'ambiente e noi stessi, la nostra impronta ecologica deve ridursi. Possiamo ridurla mangiando prodotti coltivati non troppo lontano da casa nostra, scegliendo mezzi di trasporto poco inquinanti e producendo meno rifiuti.

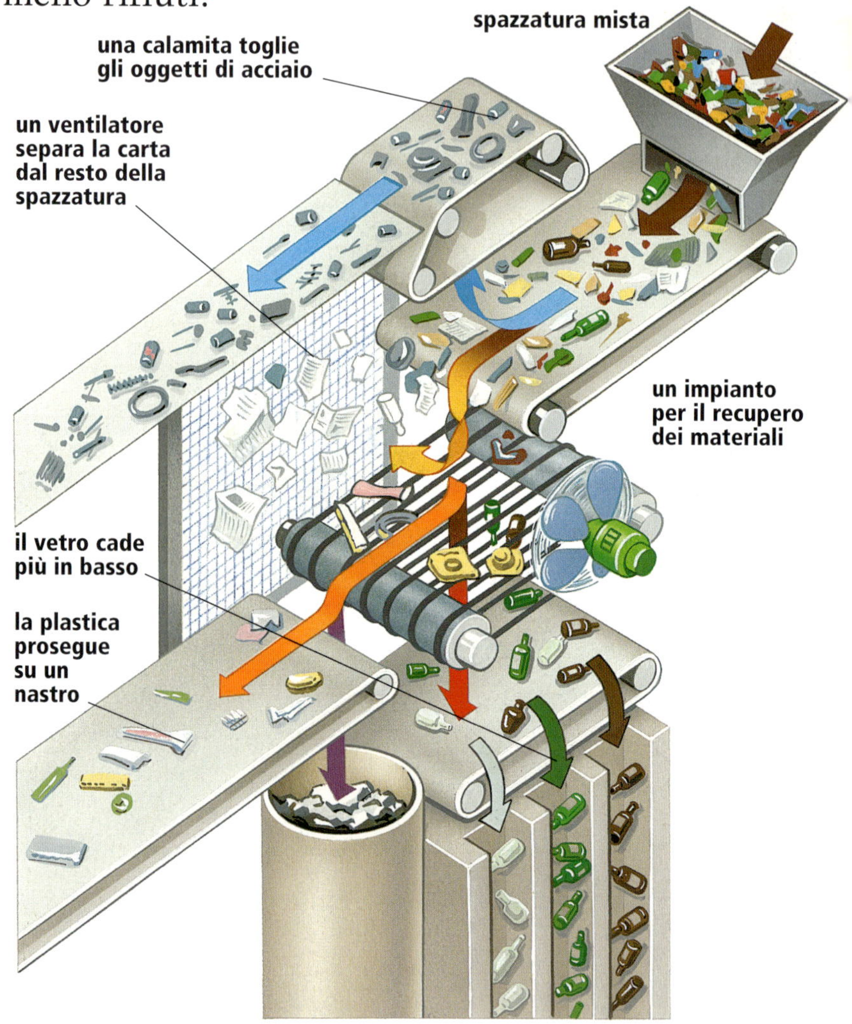

Come possiamo risparmiare energia?

Una delle più gravi fonti di inquinamento è rappresentata dai combustibili come carbone e petrolio, che usiamo soprattutto per alimentare gli autoveicoli e per produrre elettricità. Utilizzando meno l'automobile, spegnendo le luci che non usiamo, scegliendo lampadine a basso consumo, facendo andare lavatrice e lavastoviglie a pieno carico e abbassando il riscaldamento delle case, possiamo risparmiare moltissima energia quasi senza cambiare le nostre abitudini.

Che cos'è il consumo sostenibile?

Per vivere l'uomo sfrutta le risorse naturali dell'ambiente. Alcune di queste risorse, come il petrolio, non sono rinnovabili, perché una volta consumate non possono riformarsi, o almeno non nei tempi utili all'uomo. Altre risorse, come l'acqua o il legname, sono invece rinnovabili. Gli esseri umani devono imparare a rispettare i tempi di ripristino di queste risorse naturali: ecco che cosa significa consumo sostenibile.

Che cos'è il riciclaggio?

Ogni giorno produciamo enormi quantità di rifiuti. La carta, il vetro, la plastica e i resti di cibo si possono raccogliere separatamente per poterli poi riciclare, cioè trasformare in nuovi prodotti. Così facendo risparmiamo risorse e inquiniamo meno l'ambiente.

Le vecchie lampadine trasformavano in luce il 5% dell'energia che consumavano; le nuove lampadine a diodi LED trasformano in luce il 50% dell'energia.

Quali sono le energie rinnovabili?

Le energie rinnovabili sono quelle che sfruttano risorse come il vento, il Sole, l'acqua dei fiumi o del mare o il calore che proviene da sottoterra. A differenza del carbone e del petrolio, le fonti rinnovabili di energia non sono destinante a consumarsi e, inoltre, il loro utilizzo non comporta la dispersione nell'ambiente di gas inquinanti come il diossido di carbonio. Oggi molti paesi incentivano l'utilizzo delle fonti rinnovabili installando centrali eoliche e favorendo la diffusione di pannelli fotovoltaici che sfruttano direttamente l'energia solare.

Che cos'è il turismo sostenibile?

Anche i turisti possono contribuire con le loro scelte a tutelare l'ambiente. Per inquinare meno bisogna viaggiare in treno e non in aereo, per quanto possibile. Per mangiare è meglio cucinare da sé e scegliere i prodotti locali che non richiedono trasporti su grandi distanze. Visitando i parchi naturali si impara a conoscere le piante e gli animali e si contribuisce, pagando il biglietto d'ingresso, alla loro protezione.

Il vento era usato in passato per muovere le pale dei mulini e macinare il grano. Oggi le pale eoliche sono collegate a impianti speciali che trasformano l'energia del vento in energia elettrica.

Gli animali

Gli esseri viventi vengono suddivisi in base alle loro caratteristiche in cinque grandi regni: monere (batteri e altri organismi unicellulari), protisti (organismi unicellulari come le amebe), funghi, piante e animali. Gli animali sono formati da moltissime cellule, si procurano il cibo mangiando altri organismi (vegetali o animali) e, di solito, sono capaci di muoversi.

Che cos'è un animale?

Pur essendo tutti diversi, gli animali hanno in comune numerose caratteristiche. Per procurarsi il cibo molti si muovono usando i muscoli e lo scheletro che può essere interno (osseo) o esterno (come l'esoscheletro degli insetti). Per orientarsi, gli animali utilizzano diversi organi di senso (per esempio antenne o occhi).

femmina di orang-utan con cucciolo

Dove vivono gli animali?

Gli animali sono moltissimi e si possono incontrare praticamente in ogni ambiente: dalla cima delle montagne fino alle profondità degli abissi marini. I parassiti, poi, vivono sopra o dentro altri organismi. Ogni specie presenta adattamenti (cioè particolari caratteristiche del corpo o comportamenti), grazie ai quali può sfruttare al meglio le risorse dell'ambiente in cui vive.

Alcuni animali fanno molti figli, altri pochi. I primati, come l'orang-utan, partoriscono un piccolo ogni 3-4 anni e lo curano con attenzione. Molti pesci invece depongono migliaia di uova e le abbandonano, di conseguenza sono pochi i pesciolini che sopravvivono raggiungendo l'età adulta e perciò riescono a riprodursi.

Che cos'è un animale "a sangue caldo"?

Gli animali non hanno il sangue caldo o freddo. I cosiddetti animali a sangue caldo, più correttamente chiamati omeotermi, sono quelli capaci di regolare la propria temperatura corporea. Ne sono un esempio gli uccelli e i mammiferi. Quando hanno caldo, i mammiferi sudano o ansimano (come fanno i cani tenendo la lingua fuori) abbassando la propria temperatura corporea.

Chi sono i vertebrati?

Pesci, anfibi, rettili, uccelli e mammiferi hanno tutti una colonna vertebrale che costituisce l'asse corporeo. I vertebrati, oggi così diversi, si sono tutti evoluti a partire da un organismo simile a un pesciolino trasparente vissuto circa 500 milioni di anni fa.

Chi sono gli invertebrati?

Il gruppo degli invertebrati comprende animali come molluschi e insetti, molto diversi dunque, ma tutti privi di colonna vertebrale. Alcuni di questi organismi hanno uno scheletro esterno, come i granchi e gli insetti, altri invece proteggono il corpo molle con un guscio, come le chiocciole.

Gli anemoni da adulti vivono fissi al fondale, come molti altri invertebrati marini.

Perché i rettili sono attivi di giorno?

I rettili, gli anfibi e quasi tutti i pesci sono animali eterotermi (o "a sangue freddo"), infatti non regolano la propria temperatura corporea, che dipende da quella dell'ambiente. I rettili pertanto sono attivi soprattutto di giorno e non vivono in ambienti troppo freddi. Gli studiosi hanno però scoperto che i dinosauri, grazie alle loro grandi dimensioni, dovevano essere capaci di mantenere costante la propria temperatura.

Che cosa fanno i predatori?

I predatori sono animali che vanno a caccia di altri animali. Alcuni predatori, come il ghepardo, sono molto veloci e riescono a inseguire e catturare le prede. Altri invece si nascondono e colgono le prede di sorpresa. I rapaci notturni, come il barbagianni, hanno vista e udito molto sviluppati e possono percepire i movimenti delle prede anche a grande distanza.

Api e insetti

Gli insetti formano il più vasto gruppo di invertebrati. Le specie finora classificate sono oltre un milione, un numero enorme se si pensa che i mammiferi, come noi, sono appena 4500. Le api sono insetti sociali, come molte vespe, le formiche e le termiti, vivono cioè in grandi colonie dove ogni membro svolge un compito specifico.

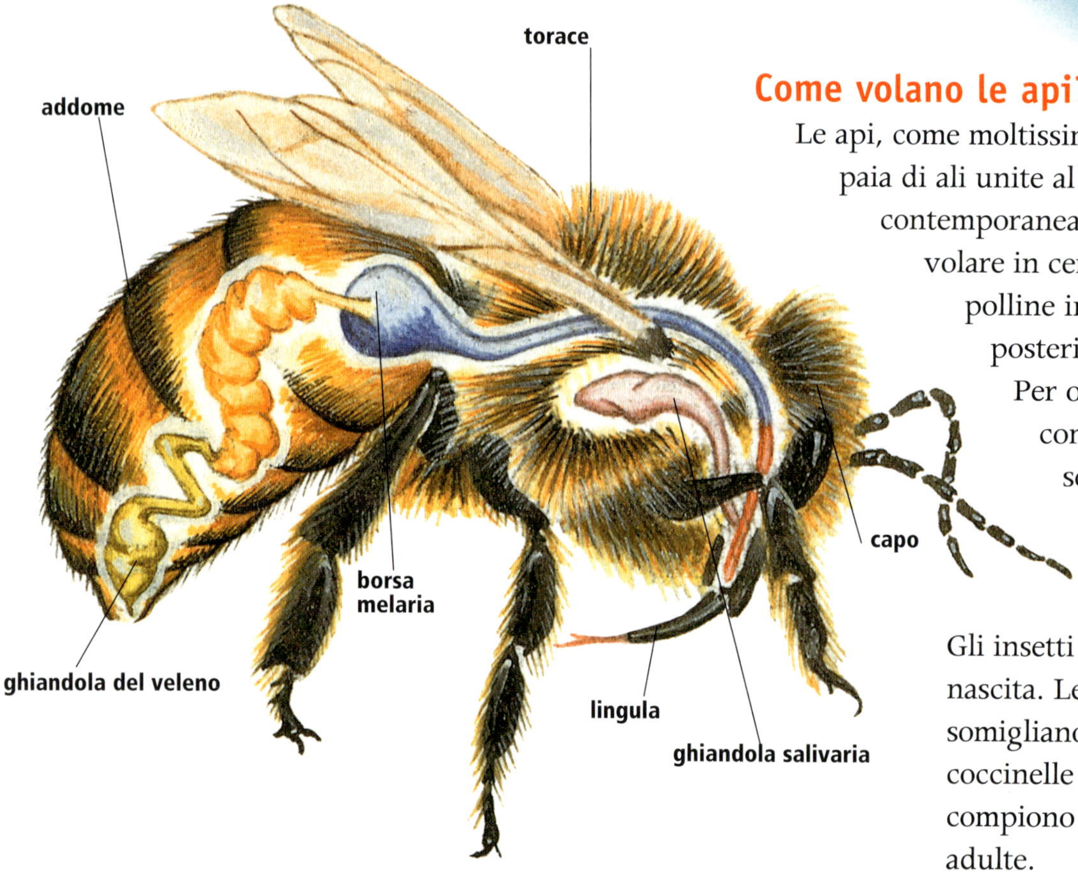

Come volano le api?

Le api, come moltissimi altri insetti, hanno due paia di ali unite al torace. Le ali battono contemporaneamente e permettono all'ape di volare in cerca di fiori. Le api raccolgono il polline in speciali "sacche" delle zampe posteriori e lo portano poi all'alveare. Per orientarsi usano i grandi occhi composti e le antenne con cui sentono gli odori.

Come nascono gli insetti?

Gli insetti non sono tutti uguali alla nascita. Le cavallette fin da subito somigliano agli adulti. Api, mosche e coccinelle nascono in forma di larve che compiono una metamorfosi per diventare adulte.

Come sono fatti gli insetti?

Gli insetti hanno il corpo diviso in tre parti. Il capo è dotato di antenne e di grandi occhi composti; il torace porta le ali (quando sono presenti) e tre paia di zampe articolate; l'addome contiene tutti gli organi. Le api hanno uno speciale ingrossamento dello stomaco (borsa melaria), in cui il nettare viene trasformato in miele. In fondo all'addome le femmine di ape hanno un pungiglione collegato a una ghiandola del veleno.

Che cosa mangiano le api?

Le api hanno una sorta di lingua cava con cui possono leccare e succhiare cibi liquidi. Le api si nutrono principalmente di nettare e, durante l'inverno, quando non ci sono fiori, di miele.

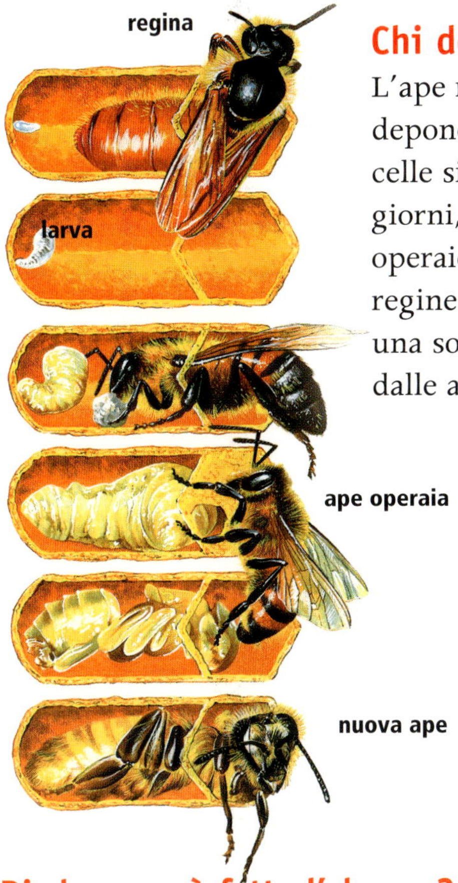

Chi depone le uova?

L'ape regina è l'unica ape dell'alveare che depone le uova, ben 200.000 all'anno in celle singole. L'uovo si schiude dopo tre giorni, e le larve vengono nutrite dalle operaie con polline e nettare. Le future regine vengono nutrite con la pappa reale, una sostanza prodotta dalle api operaie.

Di che cosa è fatto l'alveare?

Il nido delle api è fatto di cera che le api operaie producono con speciali ghiandole poste vicino alla bocca. La cera viene impastata e usata per realizzare cellette esagonali. Per rendere la cera più morbida, le api agitano l'addome e alzano la temperatura dell'ambiente fino a 30 °C. Le cellette servono per contenere polline, miele e larve.

Che cos'è il miele?

Il miele è un cibo molto energetico che soltanto le api producono. Nella loro saliva infatti sono presenti particolari sostanze (enzimi) capaci di trasformare gli zuccheri del nettare in zuccheri del miele. L'uomo alleva da millenni le api in alveari artificiali (arnie). L'apicoltore preleva una parte del miele ma ne lascia sempre a sufficienza per le api.

Quali sono gli insetti più numerosi?

Il gruppo di insetti più vasto è quello dei coleotteri che, da solo, comprende oltre 300.000 specie. I coleotteri, come coccinelle e scarabei, hanno il primo paio di ali trasformato in elitre, astucci rigidi spesso molto colorati che proteggono il secondo paio di ali trasparenti.

Tutti gli insetti hanno ali?

Le ali degli insetti possono essere trasparenti come nelle api o colorate come nelle farfalle. Molti insetti non hanno ali, per esempio le formiche (con l'eccezione delle regine e dei maschi "in viaggio di nozze") e anche gli insetti parassiti come i pidocchi e le pulci.

Le formiche

Le formiche sono insetti sociali che vivono in comunità di centinaia di migliaia di individui. I membri di queste società sono divisi in caste e, per la maggioranza, sono di sesso femminile. Le operaie si occupano di allevare le larve, procurare il cibo e tenere pulito il formicaio; i soldati hanno mandibole molto sviluppate e difendono il nido. La regina è l'unica formica che depone le uova.

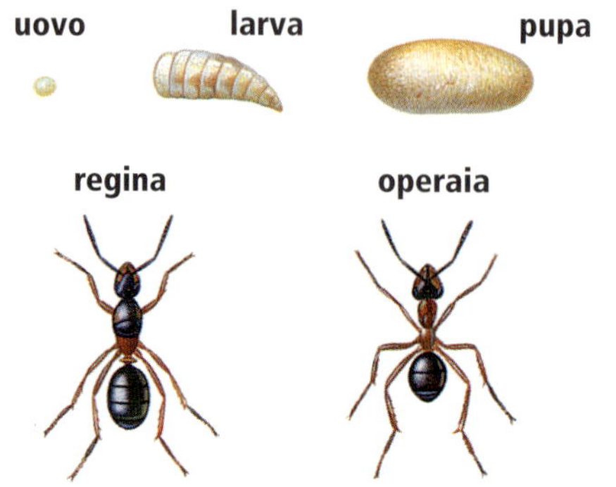

Perché le formiche allevano gli afidi?

Le formiche, come altri insetti, amano il dolce. Gli afidi (i "pidocchi" delle piante) producono un dolcissimo fluido (melata) di cui le formiche sono ghiotte. Le formiche allevano gli afidi portandoli sulle piante a loro gradite e difendendoli dai predatori, in cambio gli afidi si lasciano "mungere" e offrono alle formiche la loro melata.

Che cosa fa la regina?

All'inizio la formica regina ha le ali, ma le perde dopo l'accoppiamento con il maschio e passa quindi il resto del suo tempo a deporre le uova, accudita e nutrita dalle operaie.

Quante uova depone la regina?

Dopo il volo nuziale la regina incomincia a deporre le uova da cui nasceranno le prime operaie. Dalle uova nascono le larve, simili a vermetti bianchi, che poi si chiudono in un bozzolo diventando pupe e, infine, si trasformano in formiche adulte. La regina può deporre fino a cento uova al giorno.

Che cosa sono le formiche da miele?

Le formiche nordamericane del genere *Myrmecocystus* producono fluidi zuccherini. Questi fluidi vengono raccolti nell'addome di alcune operaie specializzate che si comportano quindi da serbatoio-vivente. Nei periodi in cui il cibo scarseggia le operaie bevono il fluido direttamente dall'addome delle compagne.

Le formiche si orientano con la vista e l'olfatto. Per sentire gli odori usano le antenne. Ogni colonia ha un proprio odore che le formiche imparano a riconoscere fin dalla nascita. Quando si allontanano molto dal formicaio, le formiche memorizzano il percorso in forma di "immagini fotografiche" e riescono così a non perdersi mai.

Che cosa fanno le formiche tagliafoglie?

Le formiche tagliafoglie vivono nelle regioni tropicali americane e raccolgono pezzetti di foglie per usarle come base su cui coltivare i funghi di cui si nutrono. Le foglie vengono accuratamente sminuzzate e mescolate con la saliva dalle operaie, che possono trasportare una quantità di foglie pari a tre volte il proprio peso.

Che cosa mangiano le formiche?

Le formiche hanno diete diverse a seconda della specie. Molte si cibano di semi e radici, alcune allevano funghi. Numerose sono anche le formiche carnivore. Le formiche rosse, che vivono nei boschi di conifere e costruiscono nidi di aghi di pino, predano gli altri insetti e sono protette dalla legge in molti paesi perché eliminano i parassiti degli abeti (come le larve di processionaria).

Come si difendono le formiche?

Le formiche sono insetti aggressivi. Numerose specie hanno mandibole sviluppate con cui assestano morsi dolorosi. Tutte le formiche producono acido formico, che possono spruzzare dall'addome per scoraggiare gli attacchi dei predatori e per paralizzare le prede. L'acido formico può provocare irritazioni anche nell'uomo.

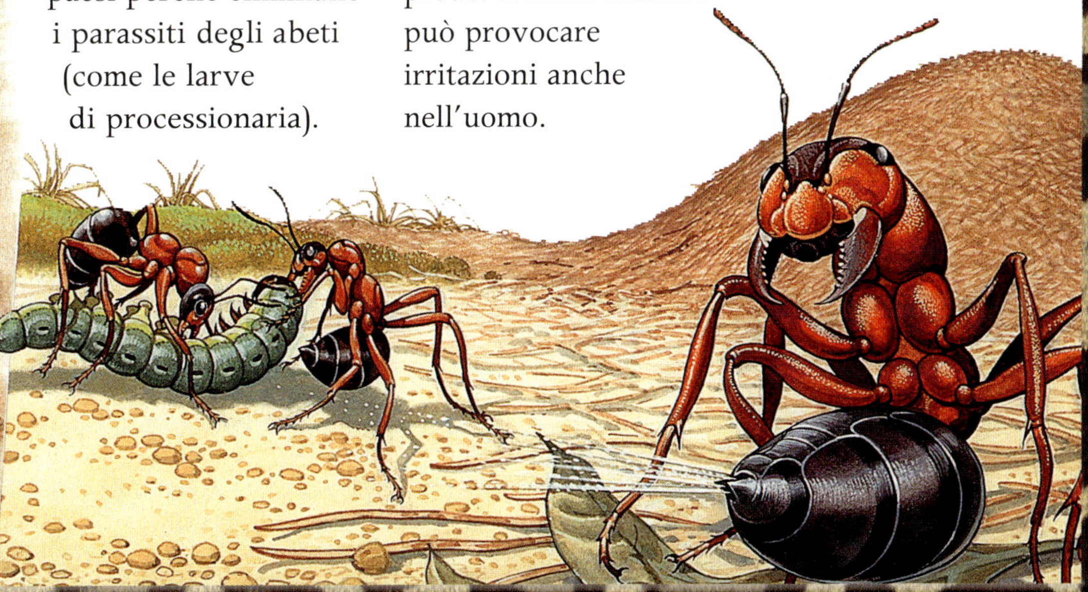

I ragni

I ragni non sono insetti, ma fanno parte, insieme a scorpioni, acari e zecche, del gruppo degli aracnidi, che comprende oltre 60.000 specie di invertebrati. Tutti i ragni hanno otto zampe e speciali ghiandole per produrre fili di seta. Non tutte le specie però tessono una ragnatela. Pur avendo una cattiva fama, i ragni non sono, di solito, pericolosi per l'uomo.

Come sono fatti i ragni?

I ragni hanno il corpo diviso in due parti: il cefalotorace (che comprende testa e torace con le otto zampe) e l'addome (con tutti gli organi interni). Come gli insetti, anche i ragni possiedono uno scheletro esterno formato da tanti pezzi rigidi articolati e costituiti da una proteina chiamata chitina. Anche i "peli" di molte specie sono fatti di chitina. Per crescere, i ragni compiono una muta abbandonando la vecchia cuticola e formandone una nuova.

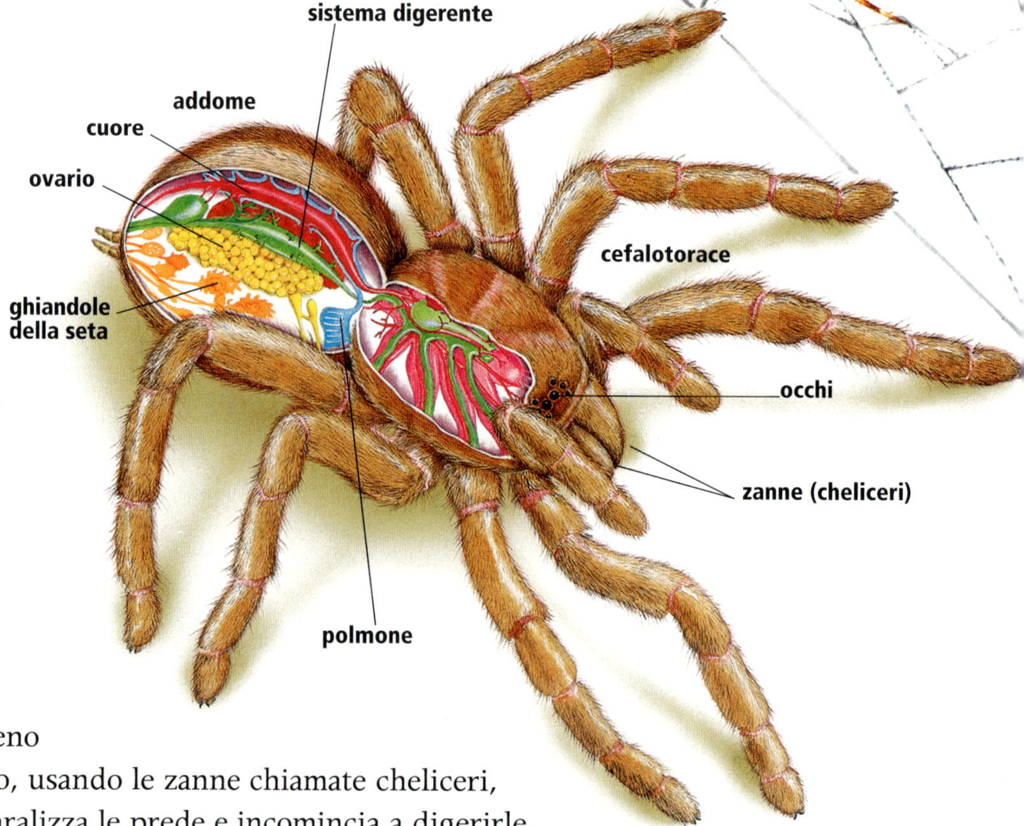

Come mordono i ragni?

I ragni possiedono ghiandole del veleno collegate alla bocca: quando mordono, usando le zanne chiamate cheliceri, iniettano una goccia di veleno che paralizza le prede e incomincia a digerirle dall'interno. Il ragno poi succhia la preda e ne abbandona la "buccia".

Le ragnatele sono tutte uguali?

La seta dei ragni viene prodotta da ghiandole che si aprono all'esterno mediante speciali tubicini (filiere). La forma della ragnatela varia, può essere circolare, a tubo, a più strati sovrapposti. Il ragno crociato tesse un'intelaiatura di base con fili non vischiosi e poi aggiunge i filamenti appiccicosi disponendoli a spirale tutt'intorno al centro, dove si apposta in attesa delle prede.

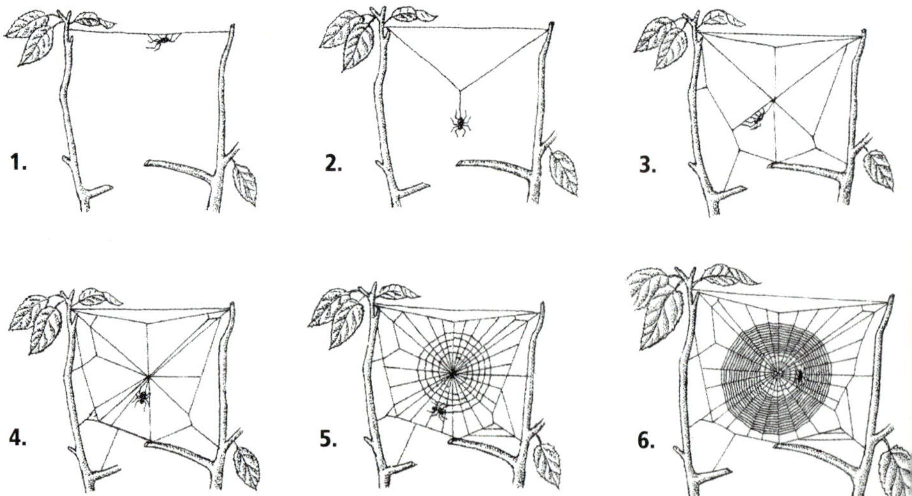

Come caccia un ragno?

I ragni che fanno la ragnatela aspettano la preda vicino al centro di questa o nascosti nei pressi. La preda rimane attaccata ai filamenti appiccicosi e non riesce più a liberarsi. Altri ragni, come gli ctenidi, costruiscono una trappola con una porticina mobile da cui saltano fuori appena sentono avvicinarsi una preda.

Le ragnatele comprendono fili appiccicosi e fili asciutti. Il ragno deve stare attento a camminare soltanto sui fili asciutti per non rimanere intrappolato nella propria tela.

Le femmine di ragno mangiano i ragni maschi?

Le femmine di ragno sono di solito molto più grandi dei maschi. Dato che praticamente tutti i ragni sono predatori, può accadere che le femmine divorino il maschio dopo l'accoppiamento. In realtà i maschi hanno sviluppato molti trucchi per distrarre le compagne e sfuggire prima di essere mangiati.

Quali sono i ragni più grandi?

Le migale (o tarantole) sono ragni tropicali con corpo peloso che raggiungono dimensioni eccezionali. La specie più grande, *Teraphosa blondi*, ha un'apertura delle zampe di 25 cm e vive in Brasile dove caccia rane, lucertole e piccoli uccelli.

Quanti occhi hanno i ragni?

La maggior parte dei ragni ha otto ocelli, alcuni dei quali percepiscono soltanto la direzione della luce, mentre altri formano vere immagini. I ragni salticidi hanno una vista molto acuta per valutare bene le distanze delle prede su cui balzano.

Il veleno dei ragni può contenere varie sostanze chimiche. In Italia la specie più pericolosa è la malmignatta, un piccolo ragno nero con 13 macchie rosse sull'addome, il cui veleno agisce sul sistema nervoso e può provocare gravi convulsioni.

I pesci

Nei mari e nei fiumi della Terra vivono oggi oltre 25.000 specie di pesci ossei, come i tonni o le carpe. Gli squali e le razze hanno invece uno scheletro di cartilagine, sono soltanto marini e contano circa 800 specie. Sia gli squali sia i pesci ossei respirano l'ossigeno disciolto nell'acqua mediante le branchie. Le fessure branchiali negli squali sono visibili, nei pesci ossei sono nascoste da un opercolo.

Perché i pesci tropicali sono colorati?

Nei mari tropicali i pesci vivono soprattutto in prossimità delle barriere coralline, ambienti molto luminosi e ricchi di colori. Per mimetizzarsi questi pesci hanno sviluppato macchie e colori sgargianti. Alcune specie, come il pesce pietra, sono invece grigie e bitorzolute, per confondersi tra le rocce.

Lo squalo martello ha gli occhi posti alle due estremità della testa a forma di martello.

Come nuotano gli squali?

Gli squali nuotano ondeggiando il corpo e la grande pinna della coda. Le pinne pettorali servono per cambiare direzione. Essendo privi di vescica natatoria, gli squali devono nuotare continuamente per evitare di sprofondare. Il corpo è alleggerito dalla presenza di un fegato molto ricco di olio, un fluido più leggero dell'acqua.

Quante pinne hanno i pesci?

I pesci hanno vari tipi di pinne: la pinna caudale (sulla coda) serve per spingere il corpo in avanti, le pinne pettorali sono usate per cambiare direzione. La pinna dorsale e la pinna anale, spesso molto lunghe, servono per mantenere il pesce nella posizione di nuoto corretta evitando che si ribalti in presenza di correnti. Le murene hanno una lunga pinna dorsale e nuotano ondeggiando il corpo.

Con chi vive il pesce pagliaccio?

Il pesce pagliaccio vive insieme a un altra specie animale, l'anemone di mare, con cui stabilisce una simbiosi. Il pesciolino colorato attira altri pesci di cui l'anemone si nutre e, in cambio, l'anemone difende il pesce pagliaccio con i suoi tentacoli urticanti.

Che cos'è un banco di pesci?

Molti pesci vivono in gruppi anche di migliaia di individui, detti banchi. I banchi vengono formati dai pesci durante le migrazioni o per essere più protetti dagli attacchi dei predatori quando si spostano in cerca di cibo. Nei banchi di solito non ci sono pesci dominanti e tutti i componenti sono di pari livello. I pesci che vivono in gruppo hanno sempre bisogno di un compagno di specie anche quando sono allevati negli acquari.

Alcuni raggi della pinna dorsale del pesce scorpione sono trasformati in aculei collegati a una ghiandola velenifera.

Il pesce scatola ha un corpo squadrato racchiuso da piastre ossee protettive ed è velenoso.

Nei mari vivono molti animali velenosi. Il veleno viene utilizzato di solito per difendersi dagli attacchi dei predatori. Le razze, per esempio, si nascondono sotto la sabbia e lasciano sporgere un aculeo velenifero, che può infliggere punture mortali anche per l'uomo.

Rane e rospi

Le rane e i rospi appartengono, con le salamandre e i tritoni, al gruppo degli anfibi. Il termine "anfibio" significa "doppia vita"; questi animali infatti nascono e crescono nell'acqua e successivamente compiono una trasformazione (metamorfosi), diventano adulti e incominciano a vivere fuori dall'acqua. La pelle degli anfibi è nuda e umida: le rane, i tritoni e le salamandre sono lisci, i rospi di solito hanno la pelle più secca e bitorzoluta.

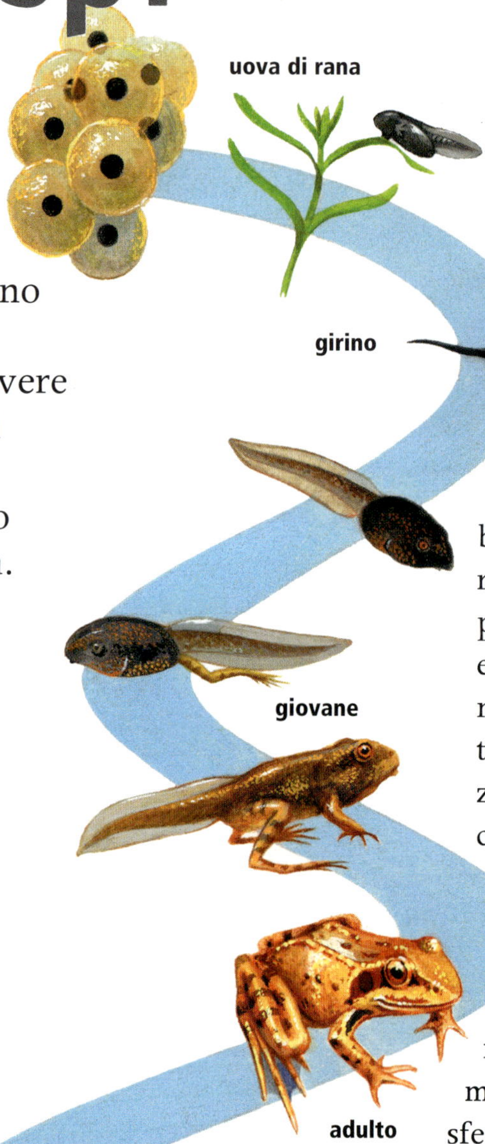

Come respirano gli anfibi?

Gli anfibi adulti hanno polmoni semplici e respirano anche attraverso la pelle e la mucosa della bocca. Se la pelle non è sufficientemente umida l'animale può soffocare. I rospi, che hanno la pelle più spessa delle rane, restano nascosti di giorno e sono attivi di notte, quando l'aria è più umida.

Come cacciano le rane?

Gli anfibi sono per la maggior parte predatori di insetti e di altri invertebrati. Per catturare gli insetti volatori, alcune rane possono estroflettere all'improvviso la lunga lingua ricoperta di saliva vischiosa con cui intrappolano la preda in una frazione di secondo.

Come diventano adulti gli anfibi?

Dalle uova degli anfibi nascono girini privi di zampe, con coda adatta al nuoto e branchie per respirare nell'acqua. In circa otto settimane il girino sviluppa le zampe e perde le branchie esterne. Nelle rane e nei rospi spuntano prima le zampe posteriori e poi quelle anteriori; nelle salamandre e nei tritoni spuntano prima le zampe anteriori e la coda si conserva anche nell'adulto.

Come sono fatte le uova degli anfibi?

Gli anfibi depongono nell'acqua o in luoghi molto umidi piccole uova sferiche, avvolte in un guscio gelatinoso. Se rimangono all'asciutto, le uova si seccano e gli embrioni muoiono. Le uova, deposte singolarmente o a grappoli, vengono di solito attaccate alla vegetazione acquatica. Il maschio del rospo ostetrico, invece, avvolge un cordone di uova intorno alle zampe e lo porta con sé finché non nascono i girini.

Perché alcune rane gonfiano la gola?

Gli anfibi sono animali solitari ma, nel periodo degli amori, cercano i compagni di specie per accoppiarsi. Ogni specie ha un canto caratteristico che si può sentire anche a grande distanza. Per cantare i maschi dilatano i grandi sacchi vocali presenti sotto la gola o ai lati della bocca.

Una rana con un sacco vocale golare. Non tutte le specie di rane e rospi ne sono provviste.

racoforo

Esistono rane "volanti"?

Nei paesi tropicali molte rane vivono sugli alberi e approfittano dell'acqua che si raccoglie sulle foglie per deporre le uova. Il racoforo ha ampie palmature tra le dita che può distendere e usare come paracadute quando plana da un ramo all'altro.

Perché alcune rane sono molto colorate?

Molte specie di anfibi producono sostanze tossiche per scoraggiare l'attacco dei predatori. Le piccole rane tropicali dendrobatidi hanno colori vivaci per farsi riconoscere ed essere così evitate dai nemici. Le tossine prodotte da queste rane erano usate dai nativi dell'Amazzonia per avvelenare le frecce con cui andavano a caccia.

Come si muovono le rane sul terreno?

Le zampe delle rane sono fatte per saltare. Le zampe posteriori hanno lunghe ossa per scattare meglio in avanti. La raganella grillo è lunga solo 3 cm, ma può compiere balzi di oltre un metro. Le zampe anteriori servono invece per mantenere l'equilibrio quando la rana sta seduta.

Non tutti gli anfibi compiono una metamorfosi completa. L'axolotl, o salamandra tigre, è una specie messicana che per tutta la vita continua a stare nell'acqua e a conservare le branchie esterne. In Italia una specie simile è il proteo, che vive nelle acque sotterranee di molte grotte ed è cieco.

Serpenti e coccodrilli

I serpenti, come i coccodrilli e le lucertole, appartengono al gruppo dei rettili. Questi animali hanno il corpo rivestito da squame e depongono uova con guscio rigido o semirigido. Diversamente dai mammiferi e dagli uccelli, i rettili non sanno regolare la propria temperatura corporea e quindi vivono prevalentemente nei paesi caldi.

uova di serpente

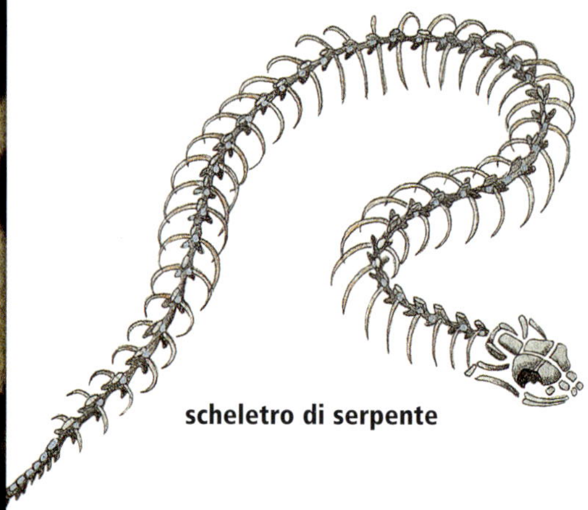

scheletro di serpente

Com'è fatto lo scheletro dei serpenti?

Come gli altri vertebrati, anche i serpenti hanno uno scheletro osseo a cui sono attaccati i muscoli usati per il movimento. I serpenti possono avere centinaia di vertebre e sono privi di zampe (anche se nei boa sono ancora presenti arti molto ridotti). Le costole possono dilatarsi per permettere al serpente di inghiottire le prede.

Quali sono i serpenti più velenosi?

Molti serpenti usano il veleno per paralizzare le prede e difendersi. Le specie più velenose sono vipere, cobra e serpenti a sonagli. In questi rettili il veleno scorre attraverso speciali canali dei lunghi denti anteriori.
I cobra sono anche in grado di sputare il veleno a grande distanza.

Il cobra reale è il serpente velenoso più lungo del mondo. Vive in Africa e può raggiungere i 6 m.

Tutti i serpenti depongono le uova?

Le uova dei serpenti hanno guscio morbido e forma allungata.
Le vipere e altre specie di serpenti trattengono le uova nel corpo, dove queste si schiudono, e quindi danno alla luce piccoli vivi. Per aprire l'uovo il piccolo usa uno speciale "dente dell'uovo" che cade poco dopo la nascita.

Che cosa mangiano i serpenti?

I serpenti sono rettili predatori. Molti serpenti cacciano animali omeotermi come mammiferi e uccelli; altri serpenti sono specializzati nel cacciare serpenti più piccoli o altri rettili.
I mangiatori di uova africani (genere *Dasypeltis*) dilatano le ossa delle mascelle, che sono tenute insieme da tendini elastici, e inghiottono le uova intere, quindi rigurgitano il guscio.

L'anaconda può raggiungere gli 8 m di lunghezza.

Come cacciano i boa?

Boa, pitoni e anaconde sono giganteschi serpenti tropicali che uccidono le prede stritolandole. Dopo aver avvolto la preda tra le spire, la stringono fino a soffocarla. Per digerire un pasto impiegano anche un mese.

I serpenti sentono gli odori?

Per sentire gli odori i serpenti usano la lingua. Con la lingua raccolgono nell'aria le particelle chimiche, che depositano in uno speciale organo del palato dove vengono riconosciute. Molti serpenti sono anche sensibili alle variazioni di temperatura e riescono così a localizzare gli animali "a sangue caldo".

serpenti a sonagli

Perché i serpenti a sonagli si chiamano così?

Le squame che rivestono la pelle dei serpenti non crescono, perciò gli animali devono periodicamente liberarsi della vecchia "pelle" sostituendola con una nuova. Nei serpenti a sonagli a ogni cambio di pelle si conserva sulla coda un anellino di vecchie squame. Agitando la coda il serpente emette un caratteristico rumore per spaventare i predatori.

Che differenza c'è tra coccodrilli e alligatori?

I coccodrilli sono i più grandi rettili viventi. Le squame di questi animali sono in parte ossificate e quindi molto dure. I coccodrilli vivono nelle acque dolci o alla foce dei fiumi, ma il coccodrillo marino dell'area australasiana si spinge talvolta a cacciare in mare aperto. Nei veri coccodrilli i grandi denti della mandibola sono visibili se la bocca è chiusa, negli alligatori si vedono soltanto se le fauci sono spalancate.

Il coccodrillo del Nilo può superare i 7 m di lunghezza e caccia gnu e altri mammiferi che si avvicinano all'acqua per bere.

Gli uccelli

Gli uccelli sono i più grandi, veloci e agili volatori della Terra. Grazie alla loro capacità di volare si sono diffusi in ambienti difficili, come le cime delle montagne o le piccole isole disperse in mezzo agli oceani. Alcune specie hanno però perso questa capacità diventando corridori eccezionali, come lo struzzo, o abili nuotatori, come i pinguini.

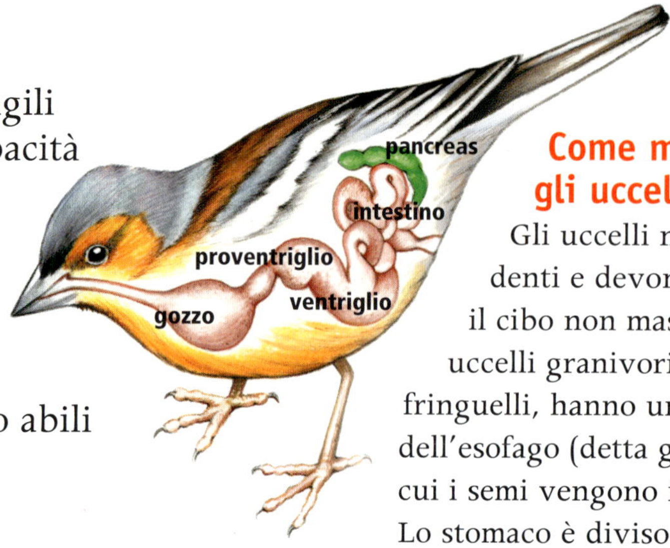

Come mangiano gli uccelli?

Gli uccelli non hanno denti e devono digerire il cibo non masticato. Gli uccelli granivori, come i fringuelli, hanno una sacca dell'esofago (detta gozzo) in cui i semi vengono inumiditi. Lo stomaco è diviso in due parti: il proventriglio contiene le ghiandole dei succhi gastrici, il ventriglio è molto muscoloso e tritura il cibo.

Come sono fatti gli uccelli?

Nel corso della loro evoluzione, gli uccelli hanno sviluppato caratteristiche uniche. Oltre alle penne, questi animali hanno un becco corneo privo di denti, dalla forma diversa in base alla dieta delle singole specie. Gli arti anteriori sono trasformati in ali grazie all'allungamento delle ossa e alla riduzione del numero delle dita.

Come fanno gli uccelli a volare?

Gli uccelli volatori hanno uno scheletro robusto ma leggero e, in mezzo al petto, una sorta di vela ossea (carena) su cui si attaccano i forti muscoli pettorali. Molti uccelli volano battendo le ali, altri sfruttano le correnti d'aria per planare a lungo consumando pochissima energia.

Morbidi filamenti (barbe e barbule) si inseriscono sull'asse (calamo) della penna.

Molti uccelli compiono ogni anno lunghe migrazioni per raggiungere i luoghi caldi ricchi di cibo o adatti a costruire il nido. Le rondini viaggiano dall'Europa all'Africa in inverno e in primavera ritornano. La sterna artica vola dal Polo Nord al Polo Sud e ritorno percorrendo ogni anno circa 40.000 km.

A che cosa servono le penne?

Le penne servono agli uccelli per trattenere il calore, per volare e, grazie al colore, per mimetizzarsi nell'ambiente o per esibirsi. Le penne del volo, più lunghe e resistenti, si chiamano remiganti. Altre penne rendono il corpo aerodinamico, mentre il piumino mantiene il corpo caldo.

Perché gli uccelli cantano?

Il canto è usato per comunicare con i compagni di specie. Di solito sono i maschi a cantare per difendere il territorio e tenere alla larga i rivali. I pappagalli imparano a imitare i suoni che sentono nel loro ambiente: ogni gruppo aggiunge nuovi suoni al proprio repertorio, così i membri dello stesso gruppo possono riconoscersi.

Lo scricciolo difende il proprio territorio cantando o aggredendo i rivali.

Perché molti uccelli vivono in mare?

Il mare è una ricca fonte di cibo per gli uccelli che mangiano pesce, perciò tante specie diverse di uccelli trascorrono buona parte della vita in mare aperto e tornano sulle spiagge soltanto per dormire, accoppiarsi e deporre le uova. La maggior parte degli uccelli marini ha zampe palmate. La forma del becco è adatta a catturare prede scivolose come pesci e molluschi.

Le sule hanno imparato a tuffarsi in acqua per inseguire le prede.

Il maschio della fregata ha la gola nuda e rossa.

Quante dita hanno le zampe degli uccelli?

Le dita di solito sono quattro: tre rivolte in avanti e uno indietro. Nei picchi e nei pappagalli però due dita puntano in avanti e due indietro. Negli struzzi le dita sono soltanto due. Gli uccelli acquatici hanno una palmatura tra le dita.

Gli uccelli rapaci

aquila reale

Si chiamano uccelli rapaci tutti gli uccelli predatori. I rapaci diurni, come aquile e falchi, sono attivi di giorno, i rapaci notturni, come gufi e civette, cacciano di notte. Questi uccelli hanno occhi grandi e puntati in avanti per valutare bene le distanze, sono agili volatori e sono provvisti di artigli affilati e ricurvi e di un becco a uncino per strappare pelle e muscoli dalle prede.

Come cacciano i rapaci?

Gli uccelli rapaci utilizzano la loro vista acuta per individuare una preda, quindi si avvicinano in volo e poi si avventano con le zampe in avanti sulla loro vittima. L'impatto è talmente violento che spesso la preda muore sul colpo. I gufi hanno anche un ottimo udito e possono riconoscere a grande distanza lo squittio di un topolino.

I maschi e le femmine degli uccelli rapaci hanno spesso una colorazione molto simile. Le femmine però tendono a essere di dimensioni maggiori rispetto ai maschi. I giovani hanno un piumaggio diverso dagli adulti.

gheppio

falco pellegrino

poiana

Come sono fatte le ali dei rapaci?

I rapaci hanno di solito ali molto grandi, grazie alle quali possono planare a lungo. I falchi si distinguono dalle aquile perché hanno ali dal contorno lineare e non frastagliato.
Le penne delle ali dei gufi sono morbide e permettono a questi uccelli di non fare rumore quando volano. Il primato di apertura alare tra i rapaci spetta al condor delle Ande, con oltre 3 m di lunghezza.

aquila di mare dalla testa bianca

Qual è il rapace più veloce?

Molti falchi cacciano avventandosi sulla preda da notevole altezza. Il falco pellegrino, quando cade in picchiata, può raggiungere i 380 km/h ed è quindi l'uccello più veloce del mondo. Le principali prede di falchi, sparvieri e gheppi sono altri uccelli volatori e piccoli mammiferi. Il falco pescatore è specializzato nella cattura dei pesci sulla superficie dell'acqua.

falco pellegrino

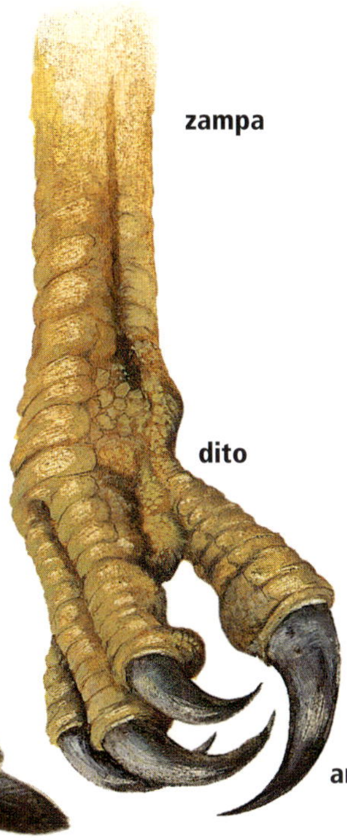

zampa

dito

artiglio ricurvo

Qual è l'arma dei rapaci?

Gli uccelli rapaci hanno zampe molto robuste provviste di quattro dita armate di lunghi artigli affilati. Le prede, che sono di solito mammiferi come roditori e conigli, uccelli e, in alcuni casi, pesci, vengono afferrate con gli artigli e portate su un alto albero, su una roccia sporgente o nel nido dove l'uccello può mangiarle senza essere disturbato.

Che cosa mangiano i rapaci notturni?

I gufi e le civette si nutrono principalmente di piccoli roditori, che individuano grazie alla vista e all'udito sviluppatissimi. Le prede vengono inghiottite intere e, dopo un certo tempo, il pelo, le ossa e i denti, non digeribili, vengono rigurgitati in forma di pallottole, dette "borre". La civetta pescatrice africana si nutre di pesci, rane e granchi.

falco pescatore

Qual è l'aquila più famosa?

L'aquila più famosa è l'aquila di mare dalla testa bianca perché è stata scelta come simbolo degli Stati Uniti d'America. Ha rischiato di estinguersi all'inizio del XX secolo perché veniva cacciata come trofeo. Oggi è protetta dalla legge negli Stati Uniti e in Canada.

I mammiferi marini

I mammiferi sono animali omeotermi ("a sangue caldo"), in grado cioè di regolare la propria temperatura corporea. I mammiferi si sono evoluti oltre 200 milioni di anni fa a partire da un gruppo di rettili e sono gli unici animali in grado di allattare i piccoli. Alcuni mammiferi, come le balene, i delfini e le foche, si sono adattati a vivere nell'acqua.

Qual è l'animale più grande del mondo?

La balenottera azzurra è l'animale più grande del mondo. Il suo cuore è grosso come un'auto e la sua lingua pesa quanto un elefante. La più grande balena misurata era lunga 33,5 m.

Dimensioni della balenottera azzurra rispetto ad altri animali.

Le orche attaccano i cuccioli di balena isolandoli dalle madri.

Quali cetacei hanno i denti?

I cetacei sono mammiferi marini privi di pelo, con corpo di forma idrodinamica e grandi pinne per nuotare. I cetacei con i denti (odontoceti) sono rappresentati da capodogli, delfini, focene e orche. Spesso le orche cacciano in gruppo e possono uccidere prede anche molto più grandi di loro.

Che cosa mangiano le balene?

Anche se sono gigantesche, le balene si nutrono di animali minuscoli, soprattutto crostacei (indicati come krill) e pesciolini. Le balene non hanno denti, ma fanoni. Si tratta di strutture costituite da peli fusi insieme, che formano una sorta di pettine adatto a filtrare il cibo dall'acqua.

megattera

La megattera, come le altre balene, ha un udito molto sviluppato che usa per orientarsi nelle acque profonde.

Perché i delfini saltano fuori dall'acqua?

I delfini sono cetacei provvisti di denti e vivono in gruppo. Questi mammiferi sono molto intelligenti e curiosi, per questo motivo spesso saltano fuori dall'acqua e si avvicinano anche ad animali di altre specie, come l'uomo. Per cacciare i delfini emettono suoni acutissimi che rimbalzano sulle prede e tornano indietro sotto forma di eco. Il delfino crea così mappe sonore dell'ambiente, localizzando ostacoli e prede.

tursiopi

Tutti i mammiferi marini partoriscono i cuccioli e li allattano come fanno gli altri mammiferi. I cetacei partoriscono e allattano il cucciolo nell'acqua; le foche e le otarie lo fanno invece sulle spiagge. Il latte è molto grasso e nutriente e il cucciolo, di solito uno per ogni parto sia nei cetacei sia nei pinnipedi, cresce in fretta.

Che differenza c'è tra una foca e un'otaria?

Le foche e le otarie sono mammiferi pinnipedi. Le foche hanno arti anteriori trasformati in pinne corte; nelle otarie le pinne anteriori sono più lunghe e possono sollevare il corpo anche sul terreno. Le otarie, a differenza delle foche, hanno piccoli padiglioni auricolari visibili.

I cuccioli di foca spesso sono completamente bianchi.

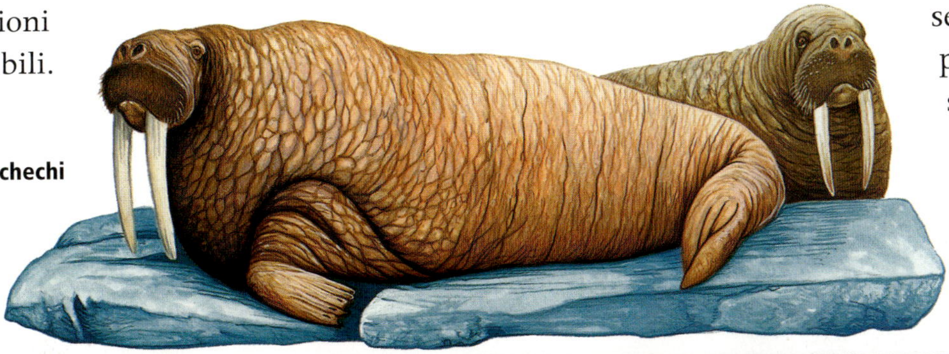

trichechi

A che cosa servono i denti dei trichechi?

Come le foche e le otarie, anche i trichechi sono pinnipedi. Il loro corpo è provvisto di uno spesso strato di grasso che li protegge dal freddo nelle gelide acque dell'Artico. I denti canini del tricheco possono essere lunghi anche 1 m, ma non servono all'animale per procurarsi il cibo e sono usati dai maschi per minacciare i rivali e tenerli alla larga dalle femmine, che hanno denti un po' più corti.

Le balene

Le balene sono i mammiferi più grandi del mondo. Nonostante respirino l'ossigeno dell'aria, questi animali nascono e vivono sempre nell'acqua che sostiene i loro immensi corpi. Per mangiare, le balene filtrano il cibo dall'acqua grazie a strutture (fanoni) simili ai denti di un pettine. Le balene vivono soprattutto nelle acque fredde dove il cibo è più abbondante.

Come nuotano le balene?

Le balene nuotano spingendosi con ampi movimenti dall'alto al basso della grande coda. Quando si immergono, le balene fanno uscire la coda dall'acqua prima di scomparire. Osservando la forma della coda è possibile capire di che balena si tratta.

La balena boreale è priva di pinna dorsale, ha mascella incurvata e fanoni lunghi anche 4 m.

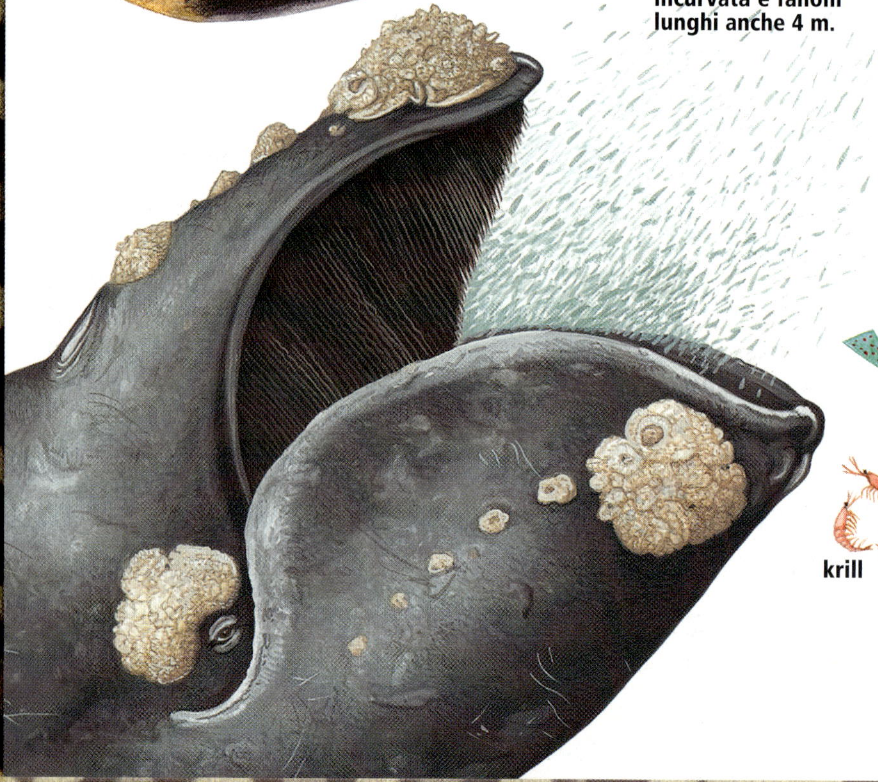

Quanto è grande la balenottera azzurra?

La balenottera azzurra supera i 30 m di lunghezza e raggiunge anche 150 t di peso. Alla nascita il piccolo pesa oltre 300 kg ed è lungo 7-8 m.

Che cosa sono i fanoni?

Le balene hanno lunghissimi "denti", chiamati fanoni, fatti di peli fusi insieme che si inseriscono nella mascella e costituiscono una sorta di filtro usato per intrappolare il cibo. Le balene si nutrono inghiottendo acqua ricca di piccoli organismi, come il krill, quindi usano la lingua come stantuffo per spingere fuori l'acqua attraverso i fanoni mentre il cibo, intrappolato in bocca, viene inghiottito.

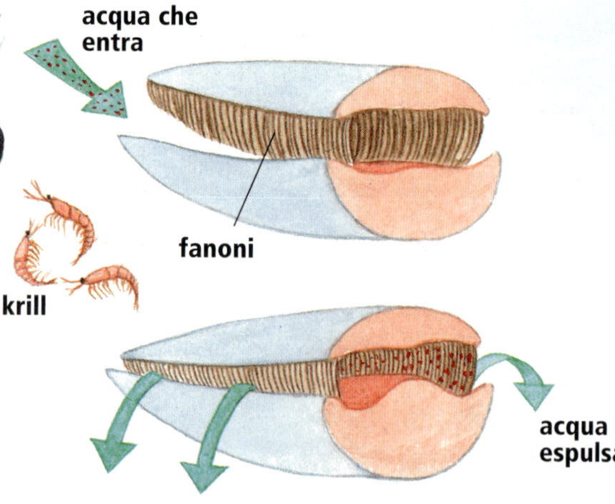

Come comunicano le balene?

Nell'acqua i suoni viaggiano molto velocemente. Le balene comunicano tra loro emettendo suoni molto gravi o acutissimi udibili a centinaia di chilometri di distanza. I canti più melodiosi sono quelli delle megattere che si esibiscono soprattutto nella stagione degli amori e delle migrazioni.

Come cacciano le megattere?

Le megattere emettono dalle narici tante bollicine, mentre nuotano girando su se stesse. Così facendo creano una rete di bolle in cui pesciolini restano intrappolati. Le megattere poi spalancano la bocca e risalgono in superficie inghiottendo le prede.

Perché le balene migrano?

Le balene nuotano continuamente per seguire le correnti ricche di cibo. Le balene grigie, per esempio, trascorrono l'inverno al largo della California e del Messico, dove partoriscono, e in primavera si spostano verso il Mar Glaciale Artico ricco di cibo.

Tutte le specie di balena sono minacciate. La principale causa della riduzione del numero delle balene è la caccia che l'uomo pratica sistematicamente da secoli per procurarsi carne e grasso. In quasi tutto il mondo perciò questi animali sono protetti dalla legge.

I piccoli della balenottera azzurra bevono fino a 490 l di latte al giorno e crescono di circa 90 kg al giorno.

Elefanti e giraffe

Gli elefanti e le giraffe sono i più grandi erbivori del mondo e vivono nella savana africana. Oggi esistono soltanto due specie di elefanti e una di giraffa. Un "cugino" della giraffa è l'okapi, dalle caratteristiche zampe a righe bianche e nere e il collo corto. L'okapi vive nelle foreste pluviali africane.

Quanto è grande un elefante?

Gli elefanti sono animali massicci con quattro robuste zampe simili a colonne. Il naso e il labbro superiore sono fusi a formare la proboscide. Gli incisivi superiori sono lunghissimi e trasformati in zanne. La pelle degli elefanti è molto spessa, infatti questi animali sono chiamati anche pachidermi ("pelle spessa", in greco).

A che cosa serve la proboscide?

Gli elefanti usano la proboscide per afferrare le foglie, portare l'acqua alla bocca, farsi la doccia, annusare, amplificare i barriti. La proboscide, pur pesando fino a 100 kg, è molto sensibile ed è usata anche per accarezzare i cuccioli.

A che cosa servono le zanne?

Le zanne sono presenti in tutti gli elefanti africani e soltanto nei maschi degli elefanti asiatici. Questi lunghi denti, che non smettono mai di crescere, vengono usati dagli elefanti per scavare in cerca di acqua e cibo, per combattere e difendersi dai predatori. L'uomo continua a uccidere gli elefanti per procurarsi le preziose zanne d'avorio anche se questi animali vivono oggi in aree protette.

elefanti africani

elefante africano

elefante asiatico

Che differenza c'è tra l'elefante africano e quello asiatico?

L'elefante africano è più grande di quello asiatico. L'elefante asiatico ha padiglioni auricolari molto più piccoli rispetto a quello africano e le femmine sono prive di zanne. La proboscide dell'elefante africano ha due appendici simili a "dita", quello asiatico ha un solo "dito" nella parte superiore. L'elefante asiatico è più mansueto di quello africano e l'uomo è infatti riuscito ad addomesticarlo.

In passato le specie di elefante erano molto più numerose di oggi. Fino a 10.000 anni fa, nell'attuale Siberia viveva il mammut lanoso con il suo lungo pelo. In Sicilia invece erano presenti almeno due specie di elefanti nani che, alla nascita, avevano la dimensione di un cagnolino.

Come fa a bere la giraffa?

A causa delle lunghissime zampe, le giraffe devono assumere una buffa posizione per bere, divaricando molto le zampe anteriori. Quando la giraffa abbassa la testa, speciali valvole dei vasi sanguigni impediscono al sangue di scorrere troppo rapidamente verso il cervello.

Nonostante il collo lunghissimo, la giraffa ha lo stesso numero di vertebre cervicali (sette) dell'uomo o di un topo.

Quanto è alta la giraffa?

Con i suoi 6 m, la giraffa è l'animale più alto del mondo. L'unica specie esistente di giraffa è suddivisa in nove sottospecie, in base al tipo di pezzatura del mantello. Grazie al collo lunghissimo e alla lingua prensile, le giraffe possono strappare le foglie in cima agli alberi più alti. La giraffa si nutre soprattutto di foglie di acacia, una pianta spinosa che cresce nelle savane africane.

I felidi

Gatti, leoni, pantere, ghepardi e tigri appartengono tutti alla famiglia dei felidi. Questi mammiferi carnivori sono predatori di altri vertebrati. I felidi di piccole dimensioni sono capaci di fare le fusa e appartengono al gruppo dei felini; i felidi più grandi appartengono al gruppo dei panterini, ruggiscono e mangiano tenendo la pancia per terra, non accucciati come i gatti domestici.

Come cacciano i felidi?

Con l'eccezione dei leoni, che cacciano in gruppo, i felidi cacciano avvicinandosi furtivamente alle prede, cogliendole di sorpresa e soffocandole con un morso alla gola. La pelliccia mimetica, le zampe con unghie retrattili e la capacità di muoversi silenziosamente strisciando sottovento, permette ai felidi di passare inosservati.

Le tigri amano l'acqua?

Le tigri sono tra i carnivori più grandi del mondo e possono mangiare anche 40 kg di carne in un pasto. Questi felidi sono tra i pochi che amano l'acqua: spesso nelle foreste pluviali dell'Asia si tuffano negli stagni e restano immerse a lungo per rinfrescarsi. In passato le tigri erano diffuse in tutta l'Asia, oggi sono in via di estinzione a causa della caccia e della distruzione del loro ambiente.

Quale felide caccia di corsa?

Il ghepardo si distingue dagli altri felidi perché caccia inseguendo le prede e può raggiungere l'incredibile velocità di 115 km/h. Il corpo di questo animale è perfettamente adattato alla corsa: è slanciato e leggero, ha una lunghissima coda per equilibrare i movimenti e le unghie non sono retrattili ma fanno presa sul terreno. Per riprendersi dallo sforzo compiuto, dopo la corsa il ghepardo deve attendere almeno mezz'ora.

puma

Dove vive il puma?

Pur essendo di grandi dimensioni, il puma appartiene al gruppo dei felini che comprende anche il gatto domestico. Questo grande predatore delle Americhe abita nei boschi freddi delle montagne nordamericane ma anche nelle aride praterie argentine. In Canada, dove è noto come coguaro, può avvicinarsi ai centri abitati e talvolta attaccare l'uomo. Il puma è capace di spiccare balzi di 7 m verso l'alto da terra.

Tutti i leopardi sono maculati?

I leopardi vivono in Africa e in Asia e hanno un mantello giallo con macchie scure disposte a "rosetta". Il tipo di macchie in realtà varia notevolmente in base alla sottospecie considerata. Le specie con macchie nere su fondo nero sono note come pantere nere. I leopardi sono soliti trasportare le prede sugli alberi per mangiarle senza essere disturbati.

leopardo

Il gatto domestico deriva probabilmente dal gatto selvatico africano ed è stato addomesticato per la prima volta dagli antichi Egizi. Come tutti i felidi ha una vista acuta e può dilatare moltissimo le pupille per far entrare più luce e scorgere le prede anche di notte.

La pantera nera in realtà è un leopardo tutto nero. Vive nelle foreste dell'Asia e in alcune zone dell'Africa ma sta diventando sempre più rara.

Il ghepardo raggiunge i 115 km/h, ma può mantenere questa velocita solo per pochi istanti.

I leoni

A differenza della maggior parte dei felidi, i leoni sono animali sociali che vivono in gruppi formati da varie femmine e cuccioli e guidati da un maschio dominante. I leoni sono i felidi più grandi dopo le tigri, e vivono principalmente in Africa, nelle savane, anche se una piccola popolazione di leoni sopravvive in alcune aree protette dell'India.

Perché i leoni lottano tra loro?

I leoni sono animali territoriali. Ogni maschio di 4-5 anni conquista un territorio e le femmine che vi abitano e lo difende dall'intrusione dei rivali. Le lotte tra maschi possono anche concludersi con la morte del leone più debole.

Tutti i leoni hanno la criniera?

La criniera, formata da lunghi peli più scuri rispetto al resto della pelliccia, è presente soltanto nei leoni maschi adulti e cresce a partire dall'età di tre anni circa. Sembra che la criniera serva ai maschi per proteggere il collo nei combattimenti e per mostrare la propria potenza agli occhi dei rivali.

Che cosa fanno le leonesse?

I branchi di leoni comprendono soprattutto femmine, di solito sorelle, con i cuccioli. Le leonesse cacciano in gruppo dividendosi poi le prede. I giovani maschi cacciano come le femmine ma, da adulti, vengono allontanati dal branco, mentre le femmine rimangono.

due leonesse a caccia

Come marcano il territorio i leoni?

Per segnare i confini del proprio territorio i leoni graffiano gli alberi e lasciano schizzi di urina nei luoghi più esposti. Spesso poi i leoni ruggiscono per tenere unito il gruppo e dimostrare ai rivali la propria potenza.

Chi allatta i cuccioli di leone?

I cuccioli di leone hanno un pelo giallo dorato con una leggera maculatura che sparisce con l'età. Le femmine partoriscono di solito da 1 a 4 cuccioli che allattano, a turno, insieme alle compagne dello stesso branco. Dopo 6-7 mesi di allattamento i cuccioli incominciano a mangiare la carne.

Come cacciano i leoni?

Per cacciare i leoni si avvicinano a un branco di erbivori, come zebre o gazzelle, strisciando sottovento per non farsi scoprire. Quando individuano un esemplare giovane o malato, o semplicemente isolato, lo circondano e quindi scattano all'inseguimento. La preda viene uccisa con un morso alla gola e trasportata in una zona riparata per dividerla con gli altri membri del branco.

Un branco di leoni. I cuccioli hanno un mantello maculato per mimetizzarsi e sfuggire ai predatori.

Le specie di leone erano più numerose in passato. Fino a 10.000 anni fa esisteva in Europa il leone delle caverne, più grande del leone africano e adattato a vivere al freddo. In Asia vivevano in epoca medievale due sottospecie di leoni ormai estinte a causa della caccia. Oggi i leoni vivono quasi esclusivamente nelle riserve naturali.

Gli orsi

Gli orsi sono i mammiferi carnivori più grandi del mondo. La dieta di questi animali comprende in realtà, oltre a carne e pesce, anche vegetali, miele, frutta, insetti e radici. Oggi si distinguono sette specie di orso e moltissime sottospecie distribuite principalmente nell'emisfero settentrionale. Il panda, un tempo considerato affine ai procioni, è oggi di nuovo classificato tra gli orsi.

Che cosa mangiano gli orsi?

Gli orsi hanno lunghi canini da carnivoro, ma anche larghi molari e un intestino piuttosto lungo adatto a digerire cibi vegetali. Gli orsi bruni dell'Alaska sono ghiotti di salmoni, l'orso malese ha una lingua lunghissima con cui cattura formiche e termiti, l'orso dagli occhiali sudamericano mangia soprattutto frutta e anche cactus spinosi.

Qual è l'orso più diffuso?

L'orso bruno è la specie più diffusa e ha molte sottospecie, come il grande grizzly americano, che può pesare fino a 450 kg, il kodiak dell'Alaska e l'orso bruno europeo. L'orso più piccolo è quello malese dell'Asia sudorientale. L'orso dagli occhiali vive nelle foreste del Sudamerica e costruisce piattaforme in cima agli alberi, dove mangia e riposa.

Perché gli orsi rovistano tra i rifiuti?

Gli orsi sono onnivori e prima di andare in letargo mangiano in continuazione tutto quello che trovano, compresi gli avanzi che noi esseri umani buttiamo nella spazzatura.

Che cosa fanno gli orsi in inverno?

Nelle regioni fredde gli orsi trascorrono l'inverno in uno stato di letargo chiamato "ibernazione". In questi mesi gli orsi dormono quasi sempre nelle loro tane e consumano le riserve di grasso che hanno accumulato in autunno. Le femmine partoriscono e poi escono dalla tana in primavera con i cuccioli.

Gli orsi allevano i cuccioli?

Gli orsi sono animali solitari e si incontrano soltanto nella stagione degli amori. I cuccioli, di solito uno o due, nascono alla fine dell'inverno ed escono dalla tana in primavera. La madre difende i cuccioli e insegna loro a procurarsi il cibo. I cuccioli vivono con la madre dai due ai quattro anni. I maschi non si occupano dei piccoli. Quando ha i cuccioli, l'orsa diventa aggressiva.

Quali sono gli orsi più grandi?

Il kodiak, o orso dell'Alaska, raggiunge i 3 m di lunghezza, ma l'orso bianco (o polare) lo supera con i suoi 3,5 m. Questo grande orso vive nella regione artica e si nutre di pesce e foche. La pelle dell'orso è nera per assorbire il calore del sole. Uno strato di grasso di 10 cm riveste il corpo isolandolo e proteggendolo dal freddo.

orso bruno europeo

Fino a 10.000 anni fa era diffuso in Europa l'orso delle caverne che, come si vede nei disegni realizzati dagli uomini preistorici, aveva una voluminosa gobba di grasso sul dorso. Le femmine di questa specie erano molto più piccole dei maschi. L'orso delle caverne aveva il muso piuttosto corto e mangiava soprattutto vegetali.

I roditori

I topi, gli scoiattoli e le cavie rappresentano i tre gruppi principali di roditori. Tutti i roditori sono mammiferi di piccole dimensioni (con poche eccezioni, come il capibara sudamericano) e molto prolifici, dotati di denti incisivi affilati a crescita continua. I roditori vivono in tutti gli ambienti, dai deserti alle paludi, dal Polo Nord ai prati di montagna e si nutrono prevalentemente di semi, noci e radici.

ratto delle chiaviche, detto anche surmolotto o pantegana

Come sono fatti i denti dei roditori?

I roditori hanno una dentatura che comprende lunghi incisivi superiori e inferiori a crescita continua e robusti molari per triturare cibi duri. Gli incisivi sono rivestiti di smalto solo anteriormente in modo che, sfregando uno contro l'altro, si mantengono affilati. In molte specie di roditori lo smalto dei denti è rosso.

Com'è fatto un roditore?

I roditori si distinguono in tre gruppi. Il primo gruppo comprende ratti e topi, che hanno zampe corte e prensili, coda molto lunga, nuda o coperta da fine peluria, orecchie grandi e arrotondate. Il gruppo degli scoiattoli riunisce specie con zampe adatte per arrampicarsi e coda folta e specie che scavano tane sottoterra. Cavie e criceti, infine, sono roditori con coda ridottissima, collo corto e testa grande.

I ratti sono intelligenti?

I ratti sono animali con un'intelligenza simile alla nostra: imparano infatti dai loro errori e insegnano ai compagni ciò che hanno appreso. Il ratto delle chiaviche si è diffuso in tutto il mondo viaggiando sulle navi con gli uomini. Di abitudini notturne, i ratti si cibano di vegetali, uova, insetti e carne.

I ratti trasmettono la peste?

La peste è una grave malattia la cui diffusione è stata per secoli attribuita ai ratti neri. In realtà la malattia è causata da un batterio che viene trasmesso all'uomo dalle pulci del ratto.

topolino domestico

Quante specie di topi esistono?

Il topo comune è un piccolo roditore vegetariano che si riproduce già a sei settimane di età e può dare alla luce fino a dieci cucciolate all'anno di 5-7 topolini. Gli studiosi riconoscono oggi oltre 40 specie di topi diversi (tutte attribuite al genere *Mus*).

topolino delle risaie

Come nascono i roditori?

I roditori costruiscono un nido di erba, pelo e foglie in cui partoriscono, dopo venti giorni di gestazione, numerosi piccoli. Alla nascita i roditori sono nudi, ciechi e sordi ma a tre settimane possono lasciare il nido e procurarsi il cibo da soli.

Qual è il roditore più piccolo del mondo?

Il topolino delle risaie, che vive nei canneti e nelle risaie e costruisce nidi sferici di foglie, è lungo 7 cm, coda compresa, e con un peso di 8 g è uno dei roditori più piccoli del mondo

Gli scoiattoli sono tutti arboricoli?

Il gruppo degli scoiattoli comprende specie che vivono sugli alberi (come il nostro scoiattolo rosso o lo scoiattolo volante, che ha una membrana di pelle per planare), ma anche specie terricole come i cani della prateria e le marmotte. Queste specie hanno la coda corta e vivono in gruppi numerosi.

Lo scoiattolo tiene spesso la coda sollevata.

Quanto dorme il ghiro?

Il ghiro è un roditore che vive sugli alberi nei boschi. In autunno il ghiro mangia molto per ingrassare e chiudersi in una tana dove può trascorrere in letargo anche sei mesi.

Il ghiro mangia noci, ghiande, bacche e funghi.

Le grandi scimmie

Le grandi scimmie antropomorfe appartengono, con le altre scimmie, i lemuri, i tarsi e gli esseri umani, al gruppo dei primati. Questi mammiferi sono dotati di mani e piedi prensili (nell'uomo soltanto le mani) e di occhi rivolti in avanti per valutare meglio le distanze tra i rami degli alberi. In natura i primati trascorrono molto tempo sugli alberi.

Le scimmie sono animali sociali?

Le scimmie vivono di solito in gruppi formati da molti individui. Gorilla e scimpanzé formano branchi capeggiati da un grande maschio che difende il territorio tenendo alla larga i rivali. L'orang-utan è più solitario. Alcune specie di scimmie, come i cebi, formano coppie fisse. Tutti i primati allevano e accudiscono i piccoli.

Come si chiamano i gorilla maschio?

I gruppi dei gorilla sono formati da numerose femmine, di solito imparentate, dai cuccioli e da un grande maschio indicato come *silverback*. Il nome, che significa "schiena argentata", si riferisce al pelo grigio argentato presente sulla schiena dei maschi adulti. I maschi hanno anche un'alta cresta ossea sul cranio per l'attacco dei muscoli delle mascelle.

Dove vivono i gorilla?

Esistono gorilla di montagna e gorilla di pianura. I gorilla di montagna sono una delle specie più minacciate del mondo. Il loro areale di distribuzione è infatti ormai limitato a poche zone protette nell'Africa equatoriale. Tutti i gorilla vivono nelle foreste e si nutrono di foglie, germogli e frutta. Questi primati rischiano di scomparire a causa della deforestazione, della caccia e delle malattie.

I giovani gorilla crescono tutti insieme giocando e spulciandosi a vicenda. I gorilla sono adulti a 9-11 anni.

Quanti tipi di scimpanzé esistono?

Esistono due specie di scimpanzé: gli scimpanzé propriamente detti e i bonobo, più piccoli. Entrambi vivono in gruppi formati da decine di individui, che comunicano continuamente tra loro con versi e usando la mimica facciale. Nelle comunità dei bonobo le femmine hanno un ruolo dominante.

scimpanzé

I primati sanno usare gli oggetti?

Le grandi scimmie hanno i pollici delle mani e dei piedi opponibili e possono afferrare oggetti anche molto fini e delicati. Per estrarre dai nidi le termiti, gli scimpanzé usano un rametto che infilano nel termitaio, l'orang-utan usa le grandi foglie per proteggersi dalla pioggia. Pietre e rami spezzati sono usati per rompere le noci.

Dove vive l'orang-utan?

Gli orang-utan vivono nelle foreste del Borneo e di Sumatra e hanno pelo lungo e rossastro. I maschi sono caratterizzati da ampie pieghe di pelle nuda sul viso. Questi primati solitari costruiscono un nido-letto costituito da una piattaforma di rami e foglie intrecciate e scendono di rado dagli alberi. L'apertura delle braccia dell'orang-utan è di quasi 3 m.

orang-utan

Pliopithecus

La specie *Homo*, di cui facciamo parte, si è separata dallo scimpanzé, il nostro cugino più stretto, tra 5 e 7 milioni di anni fa. Da allora l'evoluzione dell'uomo e quella dello scimpanzé hanno seguito strade distinte. Non conosciamo il nostro antenato comune ma forse somigliava a *Pliopithecus*, una scimmia antropomorfa vissuta 15 milioni di anni fa.

Cavalli e pony

Il cavallo è stato addomesticato circa 6000 anni fa nelle steppe eurasiatiche per essere usato come cibo, mezzo di trasporto e animale da lavoro. Animali resistenti e veloci, i cavalli sono stati impiegati a lungo per spostare persone e merci fino all'avvento dell'automobile. Oggi esistono 300 diverse razze di cavalli domestici.

Com'è fatto un cavallo?

L'anatomia del cavallo è perfettamente adattata alla corsa. Questi animali hanno infatti lunghe e robuste zampe e poggiano a terra con un solo dito, la cui unghia è diventata, nel corso dell'evoluzione, uno zoccolo. I muscoli sono potenti e permettono al cavallo di correre a lungo senza stancarsi. La dentatura è da erbivoro, con robusti incisivi per strappare l'erba e grandi molari per triturarla.

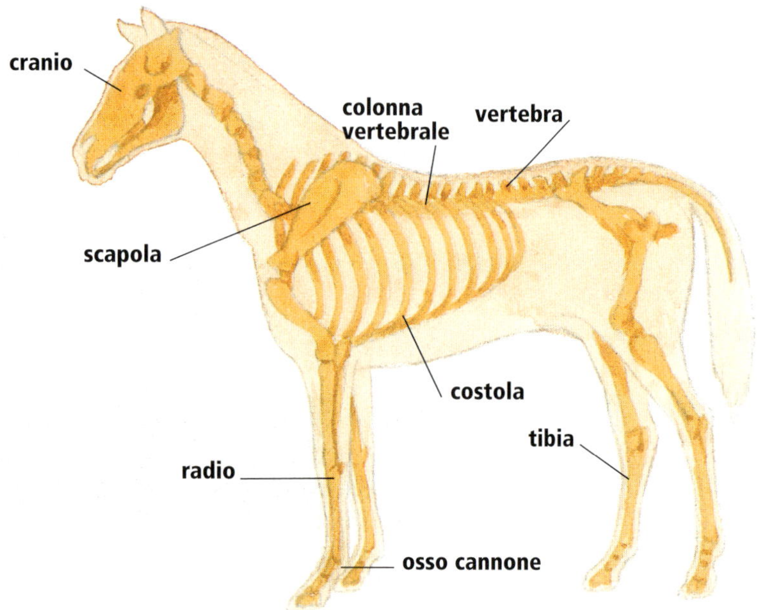

Come si chiamano i piccoli dei cavalli?

Il piccolo del cavallo si chiama puledro, la femmina giumenta e il maschio stallone. I piccoli nascono dopo una gestazione di circa 11 mesi e sono in grado di alzarsi e di seguire la madre a poche ore dal parto. A 2 anni i cavalli sono adulti.

Che cosa sono i finimenti?

La sella, le staffe, il morso e le redini sono gli accessori che il cavallo indossa quando viene usato come cavalcatura. I cavalli da tiro hanno una vera e propria bardatura che comprende le cinghie per attaccare l'animale a un carro o a una slitta.

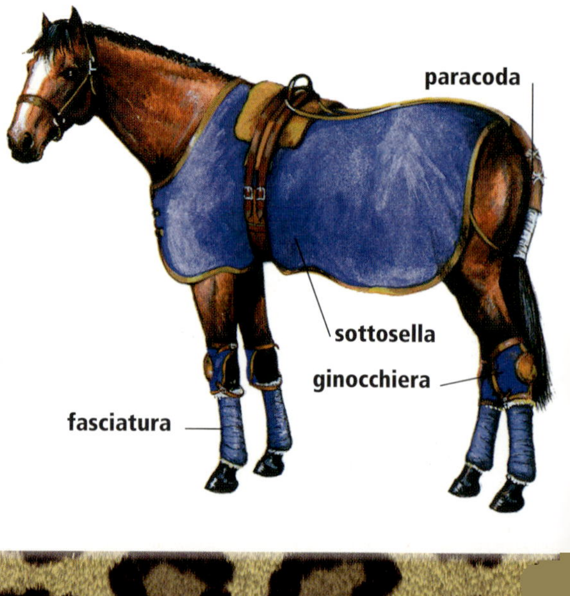

Come si addestra un cavallo?

I cavalli vengono addestrati a partire da uno o due anni d'età. Le competizioni equestri sono di diverso tipo e comprendono il salto degli ostacoli, una prova di grande agilità, il *dressage*, in cui si deve dimostrare l'obbedienza dell'animale, e varie prove di velocità e resistenza.

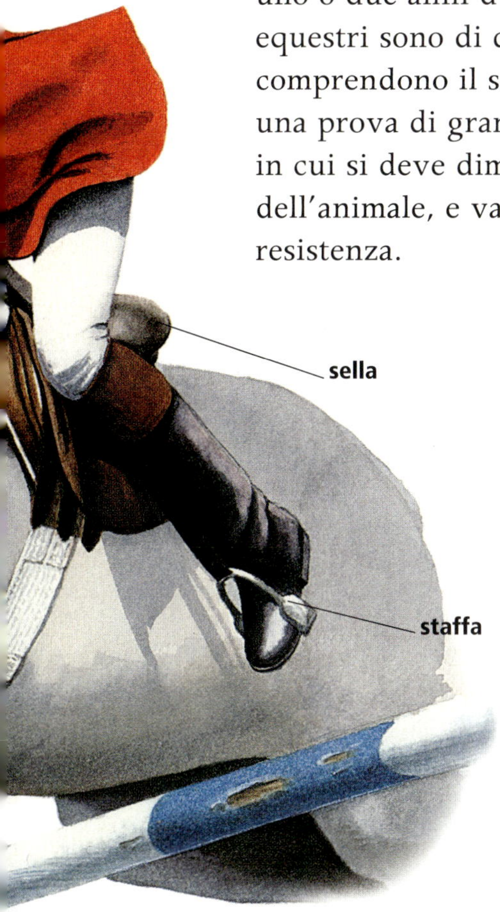

Chi sono i cowboy?

I *cowboy* sono mandriani che accompagnano il bestiame al pascolo usando un cavallo per spostarsi. I mandriani indossano abiti comodi ma resistenti e cappelli a tesa larga per proteggersi dalla polvere e dal sole. Per catturare il bestiame possono usare una corda (detta *lazo*). Analoghi ai *cowboy* statunitensi sono i *gauchos* argentini, i *vaqueros* spagnoli e i butteri della Maremma in Toscana, allevatori di cavalli.

Che cosa sono i pony?

I pony sono razze di cavallo di piccole dimensioni. Molto resistenti, vivono in alcuni paesi allo stato semiselvatico. Questi cavalli sono usati come cavalcature, come animali da compagnia e anche per trainare carrozze leggere. Alcune razze di pony sono impiegate nei circhi per spettacoli equestri.

Le razze di cavalli sono suddivise in alcuni gruppi in base al loro utilizzo: cavalli da tiro pesante (capaci di trainare anche aratri e carri), cavalli da tiro leggero (che trainano il calesse), cavalli da sella (spesso molto veloci e agili) e pony (di ridotte dimensioni).

I cavalli devono essere puliti e pettinati tutti giorni. Per farlo, si usano attrezzi e prodotti particolari, come la striglia.

I cani

Lupi, sciacalli, coyote, volpi e cani domestici appartengono tutti alla famiglia dei canidi. Questi mammiferi carnivori di solito vivono e cacciano in branco. I cani domestici sono il prodotto della domesticazione del lupo, avvenuta in Asia circa 10.000 anni fa. Oggi nel mondo vivono oltre 200 milioni di cani domestici.

I cani allevano i cuccioli?

I cani domestici, come i lupi e gli altri canidi selvatici, partoriscono 5-8 cuccioli e li allevano con attenzione allattandoli e insegnando loro a mangiare la carne. I cuccioli giocano molto insieme, migliorando la propria capacità di coordinazione. I cagnolini non dovrebbero essere separati dalla madre prima di aver compiuto 8 settimane.

Com'è fatto un cane?

I cani derivano dai lupi, che sono predatori: il loro corpo è quindi adatto a correre e la dentatura può mordere e spolpare una preda. I cani domestici sono stati modificati dall'uomo e hanno, in qualche caso, caratteristiche anatomiche molto peculiari, come il muso schiacciato dei boxer.

I cani sono animali sociali?

I lupi, gli antenati dei cani, in natura cacciano in gruppo e formano branchi con una gerarchia ben definita. Il cane domestico tende quindi a formare un branco con la famiglia in cui vive, affezionandosi ai diversi famigliari, imparando a rispettare il "capo", cioè il padrone, e a difendere il territorio, vale a dire la nostra casa.

I cani comunicano abbaiando, ululando e con la postura del corpo. Un cane che scondinzola è felice; se la coda e le orecchie sono ben dritte il cane è all'erta; un cane con la coda tra le gambe è spaventato.

Che cosa fanno i cani guida?

Alcuni cani, come i golden retriever e i labrador, vengono addestrati come cani guida per i ciechi. Questi animali imparano ad attraversare la strada e a prendere l'autobus, guidando i loro padroni e vedendo il mondo al posto loro.

Quante razze di cani esistono?

Le razze di cane riconosciute ufficialmente sono diverse centinaia. Ognuna è stata selezionata per uno scopo. Esistono cani da difesa come i pit bull e i boxer; cani da pastore, come il collie e il pastore tedesco; i terrier erano in origine cani da caccia esperti nello stanare le prede come i conigli o nella cattura dei ratti. Il basset hound è stato selezionato per la caccia alla lepre e oggi è un semplice cane da compagnia.

I cani amano l'acqua?

Molti cani amano sguazzare nell'acqua. Alcuni, come i labrador e i retriever, sono stati selezionati come cani da caccia per riportare al padrone anatre e altri uccelli acquatici. Oggi vengono utilizzati anche come cani da salvamento. Il cão de agua è una razza portoghese addestrata per tirare a riva le reti da pesca.

Alcune razze di cane sono davvero molto antiche. Un cane simile al levriero è raffigurato sui vasi mesopotamici di 8000 anni fa, il basenji è un'antica razza africana che già conoscevano gli Egizi, il chihuahua discende forse dal cane domestico degli aztechi. Il dingo invece è un cane domestico australiano che è di nuovo diventato selvatico.

Oggi in Italia è vietato tagliare coda e orecchie ai cani per motivi estetici.

I gatti

Il gatto è stato addomesticato nell'antico Egitto per dare la caccia ai roditori che infestavano i granai. Oggi i gatti domestici sono allevati soprattutto come animali da compagnia, anche se perfino il gatto più nutrito e pigro non si tira indietro quando può cacciare un uccellino o una farfalla e gironzolare sui tetti o in giardino.

I gatti sono animali sociali?

Quasi tutti i felidi in natura sono solitari, con l'importante eccezione del leone che forma gruppi sociali molto uniti. I gatti vivono bene da soli ma anche in comunità piccole e grandi. Spesso femmine sorelle allevano i cuccioli insieme e si dividono il cibo. I maschi sono molto territoriali e, di solito, non si occupano dei cuccioli.

Com'è fatto il gatto domestico?

I gatti domestici in genere conservano l'anatomia del loro antenato, il gatto selvatico africano, un piccolo felino con orecchie a punta, corpo elastico e slanciato, coda lunga e mantello tigrato. I gatti hanno udito e vista molto sviluppati e artigli ricurvi che ritraggono quando non usano perché restino sempre affilati.

I felini, a differenza dei panterini come leoni e tigri, fanno le fusa facendo vibrare una cartilagine del collo. Il gatto fa le fusa quando è rilassato e contento ma, qualche volta, anche quando è malato.

Perché i gatti sono giocherelloni?

I gattini giocano con tutto quello che capita loro a tiro e vanno matti per i gomitoli di lana. Grazie al gioco il gatto impara a coordinare i propri movimenti, studia le tecniche di caccia e allena i muscoli, inoltre scopre come ci si difende dagli altri gatti.

Che cosa mangiano i gatti?

I gatti hanno un sistema digerente piuttosto corto, tipico degli animali carnivori. Il gatto quindi mangia quasi esclusivamente proteine della carne e del pesce anche se, vivendo vicino all'uomo, può imparare a mangiare cereali come il riso o la pasta.

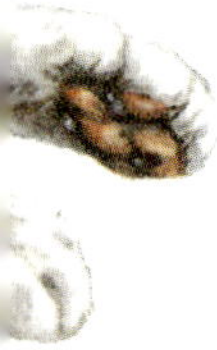

Cani e gatti possono essere amici?

Un cane e un gatto, se crescono insieme, possono diventare amici. Se però si incontrano da adulti è difficile che imparino a volersi bene, anche perché non si capiscono: il cane, per esempio, scodinzola se è contento, mentre il gatto lo fa se è nervoso.

I gatti sono territoriali?

Tutti i felini, grandi e piccoli, difendono il territorio e lo marcano con schizzi di urina. I maschi di gatto domestico, se non sono sterilizzati, tollerano difficilmente la presenza di altri maschi, con cui ingaggiano duelli che spesso si concludono con graffi e morsi.

gatto sulla difensiva

un gatto marca il territorio

gatti che litigano

Quante sono le razze di gatto domestico?

Le razze di gatto sono una sessantina e si differenziano principalmente per il tipo di mantello, che può essere lungo, corto, arricciato o assente, come nel gatto nudo. Alcuni gatti, come i persiani, hanno il muso schiacciato, altri, come il gatto dell'isola di Man, sono completamente privi di coda. Di solito i gatti bianchi rossi e neri sono solo femmine.

Animali della fattoria

La maggior parte degli animali domestici è stata selezionata dall'uomo per essere sfruttata come cibo o per usarne la pelle e la lana. Con il passare del tempo le razze domestiche sono diventate molto numerose: oggi esistono mucche da latte e mucche da carne, pecore pelosissime e maiali molto più grassi dei primi maiali domestici.

Qual è l'antenato delle mucche?

I bovini domestici derivano dall'uro, un grosso animale provvisto di lunghe corna che è vissuto nei boschi europei fino al XVI secolo. Oggi le mucche hanno corna più corte e producono molto latte. La mungitura viene effettuata con macchine speciali. Il latte raccolto viene sterilizzato e usato per preparare anche formaggi e burro.

Molti contadini allevano i gatti per cacciare i topi e i ratti. Diversamente dai gatti di casa, questi vivono all'aperto e dormono in fienili e stalle. Alcuni contadini hanno decine di gatti.

Quante sono le razze di capra?

Le capre domestiche derivano da una forma selvatica che viveva oltre 10.000 anni fa in Medio Oriente. Le razze di capra, circa un centinaio, sono allevate per il latte, la pelle, la carne, il pelo (come il cashmere) e perfino come animali da compagnia. Le capre si adattano a vivere negli ambienti più disparati.

Perché i galli cantano all'alba?

Galli e galline derivano da uccelli originari delle foreste tropicali dell'Asia orientale. Il gallo è molto territoriale e segnala la propria presenza ai rivali cantando. Dato che è attivo di giorno, questo uccello canta dal sorgere del Sole fino alla sera.

La tosatura fa male alle pecore?

Le pecore vengono allevate per la carne, la lana e il latte. I maschi sono chiamati arieti, i piccoli sono detti agnelli. Una volta all'anno le pecore vengono tosate usando un rasoio elettrico che non fa male all'animale. La lana viene poi lavata e cardata e quindi filata. Il filo viene successivamente colorato e usato per realizzare tessuti e golfini.

Le pecore vengono tosate in estate, quando fa caldo.

Che cosa fanno i cani da pastore?

I cani da pastore aiutano gli allevatori a radunare nei pascoli il gregge di pecore. Questi cani sono intelligenti e facili da addestrare. In Italia il più diffuso è il pastore abruzzese, in Inghilterra il border collie. In origine anche il pastore tedesco, come suggerisce il nome, era un cane da pastore.

Quanti porcellini può partorire una scrofa?

La femmina del maiale, chiamata scrofa, può partorire da 4 a 10 porcellini per volta. Alla nascita i piccoli hanno la pelle nuda e non si allontanano mai dalla madre. I maiali sono allevati per la carne con la quale si preparano prosciutti e insaccati. Alcune varietà possono superare i 150 kg. I maiali domestici derivano dai cinghiali.

Per ottenere più latte, uova, lana e carne, gli allevatori hanno sviluppato tecniche di allevamento che non tengono conto delle reali necessità degli animali. Le galline, per esempio, possono essere allevate in gabbie dove quasi non si muovono. Oggi in molti paesi si stanno diffondendo tecniche meno aggressive di allevamento: gli animali hanno più spazio, si muovono più liberamente e ricevono cibo adatto e non mangimi sintetici a cui vengono aggiunti vitamine e antibiotici.

Animali pericolosi

Molti animali cacciano altri esseri viventi e quindi sono dotati di particolari "armi" come artigli, zanne e aculei veleniferi. Queste specie possono in qualche caso attaccare l'uomo e dunque sono considerate pericolose.

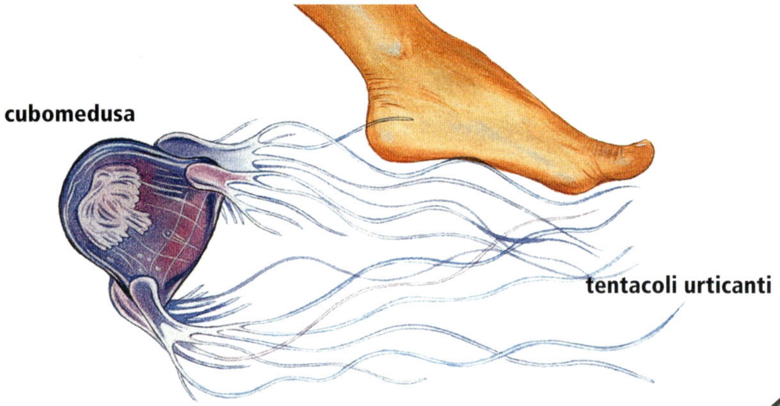

Lo squalo bianco può essere lungo fino a 6 m e pesare 2 t.

Come pungono le meduse?

I tentacoli delle meduse sono rivestiti da cellule contenenti minuscole capsule piene di liquido urticante e provviste di un sottile ago. Toccando i tentacoli si viene quindi punti. Le cubomeduse iniettano un liquido che agisce sul sistema nervoso e può uccidere un uomo adulto.

Gli squali attaccano l'uomo?

Gli squali sono grandi predatori che attaccano pesci, foche, delfini e focene, spesso cogliendoli di sorpresa dal basso. In vari casi è accaduto che la "preda" fosse un uomo, ma gli attacchi mortali non sono frequenti. Lo squalo individua le prede soprattutto usando l'olfatto e speciali organi che percepiscono i movimenti dell'acqua.

Come cacciano i coccodrilli?

I coccodrilli si nascondono nell'acqua e rimangono per molto tempo immobili lasciando spuntare al di sopra della superficie soltanto gli occhi e le narici. Gli animali che si avvicinano all'acqua per bere, come gnu e gazzelle, vengono morsi sul muso e trascinati rapidamente in acqua dove il coccodrillo li fa a pezzi e li divora.

Tutti i serpenti sono velenosi?

I serpenti sono rettili predatori. Molti cacciano immobilizzando le prede con un morso velenoso. I serpenti costrittori invece avvolgono la preda tra le spire e stringono sempre di più fino a soffocarla. La preda viene inghiottita intera perché i serpenti non possono masticare.

piranha

serpente a sonagli

I piranha sono sempre voraci?

I piranha sono pesci d'acqua dolce che vivono nelle regioni tropicali formando gruppi numerosi. Questi pesci hanno moltissimi denti affilati come rasoi. In alcuni periodi dell'anno, soprattutto quando fa particolarmente caldo, aggrediscono e divorano prede molto più grandi di loro (pesci, ma anche cani o cavalli). Questa voracità non si riscontra invece in altri periodi, quando alcuni esemplari possono avere una dieta parzialmente vegetariana.

I ragni sono aggressivi?

I ragni temono gli animali più grandi di loro, uomo compreso, e cercano quindi di evitarli e di nascondersi. Alcune specie però tendono a difendersi attaccando e mordendo. Il morso dei ragni provoca soltanto una puntura dolorosa. Esistono però specie molto pericolose con veleni in grado di bloccare la respirazione. I casi di decessi causati dai morsi di ragno sono comunque rari.

un ragno all'attacco

Spesso gli animali velenosi hanno una colorazione vivace per farsi notare, ed evitare, dai predatori. I veleni nel mondo animale sono moltissimi: tra i più pericolosi ci sono le tossine del dendrobate dorato. Il veleno si trova in sacche sotto la pelle della schiena e comprende 28 diverse tossine (alcaloidi) capaci di uccidere fino a 10 uomini.

dendrobate dorato

Animali in pericolo

La scomparsa delle specie è un evento normale che rappresenta il prodotto della selezione naturale e dell'evoluzione. Se gli ambienti si trasformano, gli animali devono adattarsi e chi non può farlo si estingue. Oggi però i cambiamenti ambientali sono causati dall'uomo che distrugge le foreste, trasforma le praterie in deserti e avvelena l'aria e i fiumi. Molti animali rischiano perciò di estinguersi per colpa nostra.

Perché si tagliano i corni dei rinoceronti?

I rinoceronti vengono tradizionalmente cacciati per il loro corno che è formato da peli fusi insieme. Il corno viene poi usato come trofeo o per preparare "medicine", anche se non ha alcun effetto terapeutico. Per salvare i rinoceronti in alcune aree si tagliano loro i corni rendendoli così privi di interesse per i cacciatori.

A questo rinoceronte le guardie di una riserva africana hanno tagliato i corni. L'operazione, indolore per l'animale, serve a fermare i bracconieri.

Le balene sono protette in tutti i mari?

Un tempo le balene erano diffusamente cacciate per la carne e il grasso da cui si ricavava l'olio per l'illuminazione. Oggi quasi tutte le specie di balena sono a rischio di estinzione, perciò la caccia è stata vietata in molti paesi, anche se non tutti accettano di rinunciare a questa attività.

Quando una specie è a rischio di estinzione?

Alcune specie sono rappresentate da moltissimi individui, altre invece sono meno prolifiche e quindi sono costituite da popolazioni poco numerose. Una specie è considerata a rischio di estinzione quando gli individui che ne fanno parte diminuiscono costantemente per molti anni di seguito e non vengono sostituiti dai nuovi nati.

Molti animali si avvelenano cibandosi dei rifiuti dell'uomo.

L'orso bianco è una specie a rischio?

Molte specie risultano minacciate quando vivono a stretto contatto dell'uomo. L'orso bianco è considerato vulnerabile perché il suo areale di diffusione si sta riducendo a causa dell'espansione dei centri abitati, anche nella regione artica, e per la riduzione dell'estensione dei ghiacci dovuta al riscaldamento globale.

Le tigri indiane sono ormai praticamente estinte.

Perché si colorano i cuccioli di foca?

Le foche vengono cacciate principalmente per la pelliccia. I cuccioli di molte specie, con la loro pelliccia folta e bianca, sono molto ricercati anche se per legge non dovrebbero essere cacciati. Nei luoghi dove la caccia è ancora praticata i cuccioli vengono perciò dipinti in modo da macchiare la loro candida pelliccia e salvarli dai cacciatori.

Ci sono felidi a rischio di estinzione?

Quasi tutti i grandi felidi sono a rischio di estinzione. I più minacciati sono la tigre e il leopardo nebuloso, cacciati per secoli per la loro splendida pelliccia. Alcune razze di tigre sono ormai destinate a estinguersi perché il loro numero è troppo basso e non nascono abbastanza cuccioli.

Un animalista dipinge di rosso un cucciolo di foca per preservarlo dalla caccia.

La più ampia raccolta di informazioni sullo stato di conservazione delle specie a rischio si chiama *Red List* ("Lista rossa") e viene aggiornata regolarmente a partire dagli anni Cinquanta del Novecento dalla IUCN, l'Unione Internazionale per la Conservazione della Natura, utilizzando i dati raccolti nei singoli paesi.

Come siamo fatti

Il nostro corpo è formato da tanti organi diversi come cuore, polmoni e cervello. Questi organi sono, a loro volta, costituiti da tessuti e i tessuti sono formati da cellule di tipo diverso. Gli organi che lavorano insieme per far funzionare il corpo formano i sistemi di organi, come il sistema digerente o il sistema scheletrico.

Come sono fatte le cellule?

Nel corpo abbiamo cellule di vario tipo. Una cellula nervosa, per esempio, è diversa da una cellula della pelle o del fegato. Tutte le cellule, con pochissime eccezioni, hanno però alcune caratteristiche comuni. Ogni cellula è circondata da una membrana e contiene diversi organuli, come i mitocondri che producono energia o i ribosomi che formano le proteine.
Nel nucleo sono immagazzinati i geni che contengono le informazioni per costruire, far crescere e funzionare il corpo.

Ogni nostra azione richiede il lavoro di più organi: per fare canestro, un atleta usa i muscoli, lo scheletro, gli occhi, i polmoni, il cuore e il cervello che coordina il tutto.

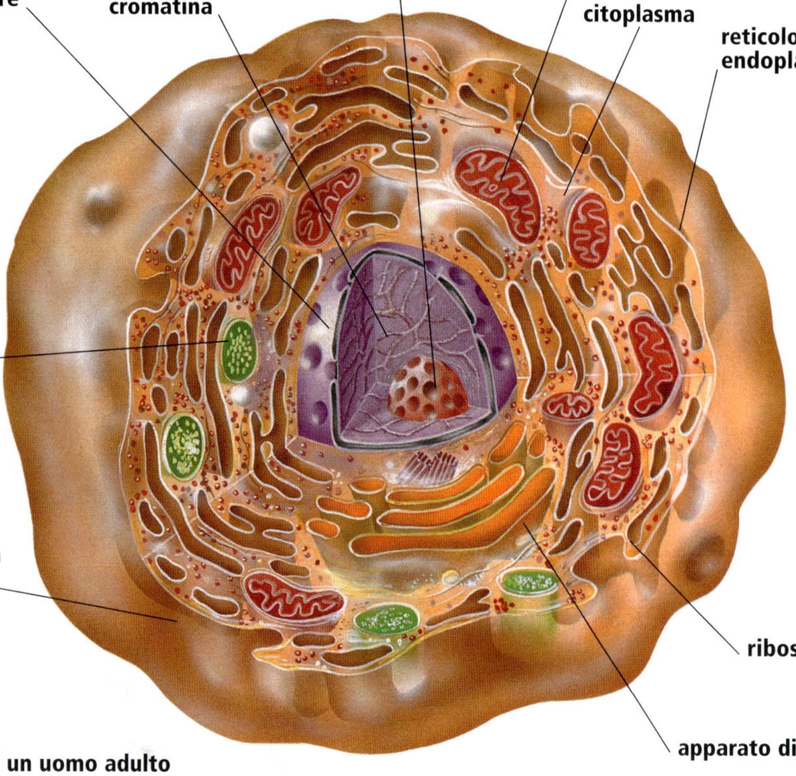

Il corpo di un uomo adulto comprende circa 10.000 miliardi di cellule. Molte hanno una forma peculiare per svolgere compiti specializzati.

Qual è l'organo più grande che abbiamo?

La pelle è l'organo più grande del nostro corpo e svolge molti compiti importanti: contiene gli organi interni, protegge il corpo dal sole e da altri fattori ambientali dannosi, contribuisce a mantenere costante la temperatura corporea.

La melanina, un pigmento contenuto nella pelle, è più concentrata se ci si espone al sole e protegge il corpo dalle dannose radiazioni ultraviolette.

Quanto si può stare senza bere?

Tutte le nostre cellule contengono acqua. Nel complesso il nostro corpo è costituito per oltre due terzi da questo liquido importantissimo. Se non si beve abbastanza, le cellule muoiono, gli organi interni incominciano a non funzionare e, in pochi giorni, ci si può ammalare gravemente.

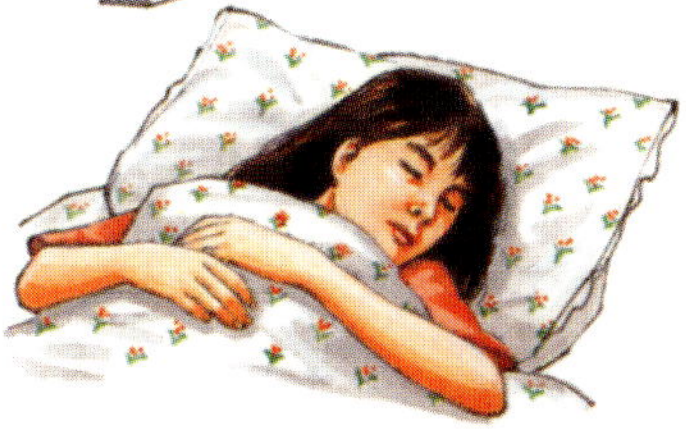

Perché si dorme?

Oltre a mangiare e bere, per stare bene abbiamo bisogno di dormire circa 8 ore per notte. Quando si dorme il cervello mette in ordine tutto ciò che ha visto, sentito e imparato durante il giorno, i muscoli si riposano e si completa la digestione. Se non si dorme abbastanza si è sempre stanchi e si hanno le idee confuse.

Bere, mangiare, dormire, imparare e socializzare sono tutte azioni importanti che ci fanno stare bene.

La digestione

Il sistema digerente comprende bocca e denti, esofago, stomaco, intestino, fegato e pancreas. Tutti questi organi lavorano per trasformare il cibo in sostanze utilizzabili dal corpo come fonte di energia o come materie prime per costruire nuove cellule e tessuti.

Come fa il cibo a scendere lungo l'esofago?

Per raggiungere lo stomaco, il cibo masticato, mescolato alla saliva e inghiottito passa attraverso l'esofago. L'esofago è un tubo con pareti muscolari che si contraggono ritmicamente per spingere il cibo (chiamato bolo alimentare) verso il basso. Questo movimento, detto peristalsi, spinge il cibo nello stomaco in meno di un minuto.

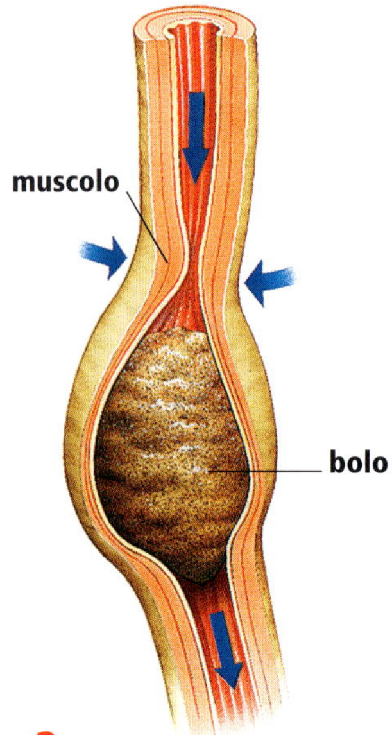

Che cosa succede nello stomaco?

Lo stomaco ha pareti di tessuto muscolare rivestite da cellule che producono succhi gastrici (acidi molto forti in grado di distruggere tutti i batteri eventualmente ingeriti con gli alimenti) ed enzimi digestivi (che trasformano il cibo, "demolendo" le sostanze più complesse).

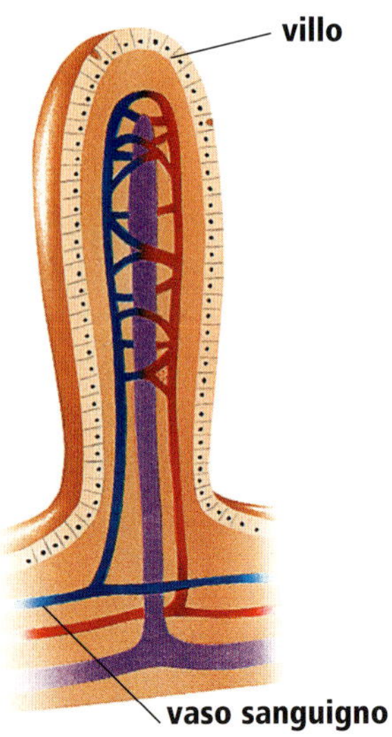

Come fa il cibo a passare nel sangue?

La digestione del cibo prosegue nell'intestino, dove vengono "demolite" sostanze come zuccheri complessi, proteine e grassi. L'intestino tenue è rivestito da estroflessioni simili a dita, dette villi, contenenti piccoli vasi sanguigni. Le sostanze più semplici ricavate dalla digestione degli alimenti entrano nei villi e passano ai vasi sanguigni. Il sangue le distribuisce poi a tutte le cellule del corpo.

A che cosa servono i denti?

I denti frantumano e triturano il cibo in piccoli pezzetti. Nella bocca gli alimenti vengono mescolati con la saliva che contiene enzimi, cioè speciali proteine capaci di dare il via alla digestione. Per questo è importante masticare bene e a lungo.

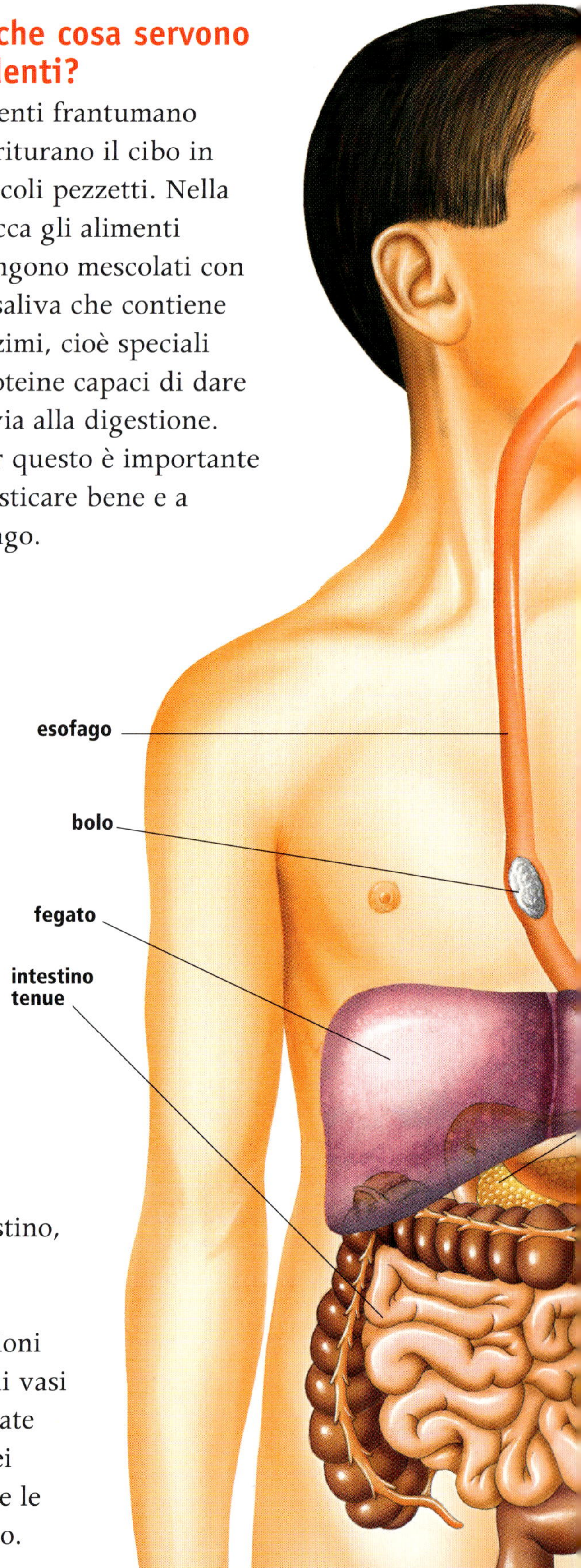

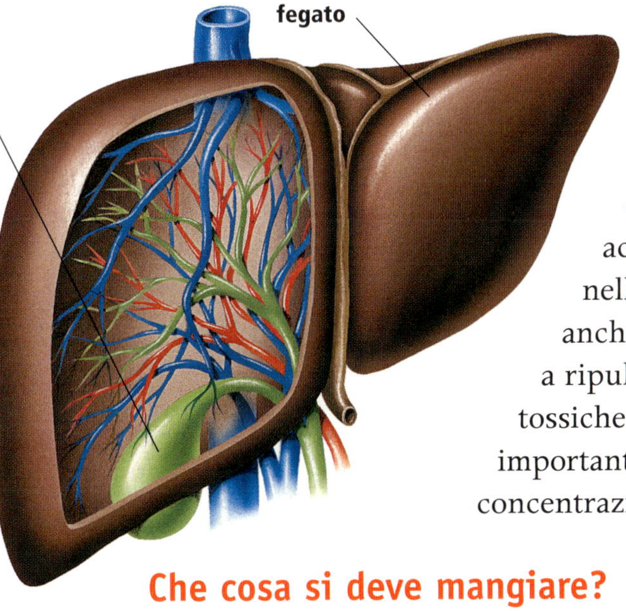

A che cosa servono fegato e pancreas?

Il fegato è una grossa ghiandola che produce la bile, una sostanza in grado di emulsionare e digerire i grassi. La bile si accumula nella cistifellea e viene riversata nell'intestino tenue. Il fegato immagazzina anche gli zuccheri in eccesso e contribuisce a ripulire il sangue da sostanze chimiche tossiche. Il pancreas produce enzimi digestivi e importanti ormoni (come l'insulina) che regolano la concentrazione degli zuccheri nel sangue.

Che cosa si deve mangiare?

Per mantenersi sani bisogna mangiare ogni giorno vari tipi di alimenti. I carboidrati (come gli zuccheri e l'amido, che si trova nella farina e nelle patate) forniscono energia di rapido utilizzo, i grassi sono le principali riserve di energia del corpo, le proteine servono per costruire i tessuti del corpo, i minerali mantengono i denti e le ossa forti, le vitamine aiutano a prevenire molte malattie.

La digestione è un'operazione delicata che coinvolge molti organi diversi e si completa in molto tempo. Il cibo impiega qualche minuto a raggiungere lo stomaco e qui si ferma per 4-6 ore. Nell'intestino l'assorbimento delle sostanze utili richiede oltre 10 ore. Le feci infine vengono espulse a circa 15-20 ore dal pasto.

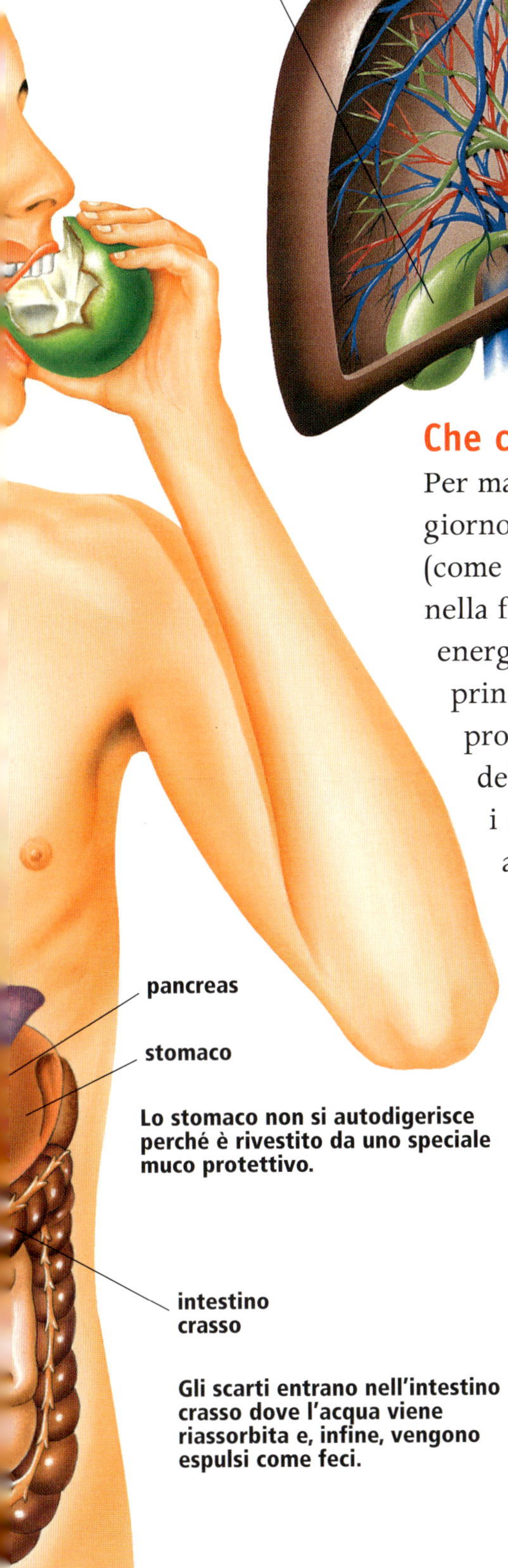

Respirazione e circolazione

Per vivere abbiamo bisogno di ossigeno. Questo gas così importante viene inspirato con il naso e la bocca e raggiunge i polmoni, quindi entra nel circolo sanguigno e viene distribuito a tutti gli organi del corpo. Il sistema respiratorio e quello circolatorio hanno quindi funzioni strettamente correlate.

Quanta aria contengono i polmoni?

I polmoni sono due sacchi molto elastici che, in un uomo adulto, possono contenere fino a 6 l di aria. Dentro i polmoni ci sono le diramazioni delle vie aeree (bronchi, bronchioli e alveoli). I polmoni si dilatano quando insipiriamo e si comprimono quando espiriamo grazie anche al movimento del diaframma, un grande muscolo posto tra il torace e l'addome.

Inspirazione: il diaframma si abbassa.

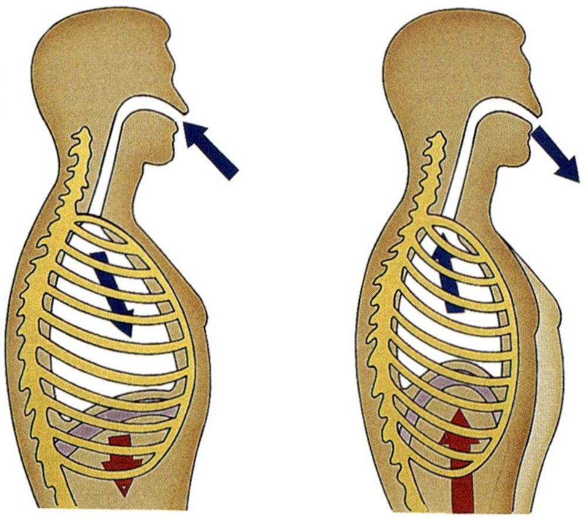

Espirazione: il diaframma si alza.

Perché quando si corre viene il fiatone?

Per ricavare energia dal cibo (il nostro carburante) utilizziamo l'ossigeno. Se dobbiamo usare i muscoli abbiamo bisogno di molta energia e di tanto ossigeno. Quando compiamo uno sforzo, di conseguenza, inspiriamo più in fretta.

Il battito cardiaco in un adulto varia da circa 60 pulsazioni al minuto, a riposo, a 180-200 pulsazioni al minuto dopo uno sforzo come una corsa veloce.

Come si forma la voce?

Le corde vocali sono due membrane presenti nella laringe, una sorta di tubo che collega la gola e la trachea. Quando passa tra le corde vocali, l'aria le fa vibrare producendo il suono della nostra voce.

Per quanto tempo si può trattenere il respiro?

La respirazione serve per introdurre ossigeno nel corpo e per espellere diossido di carbonio, un gas di scarto dannoso quando si accumula. Senza allenamento di solito si può trattenere il respiro per una trentina di secondi. I pescatori cinesi di perle possono trattenere il respiro per 6-7 minuti.

Quando si trattiene il respiro l'ossigeno presente nei polmoni viene comunque consumato. Se l'apnea dura troppo a lungo si può perdere conoscenza.

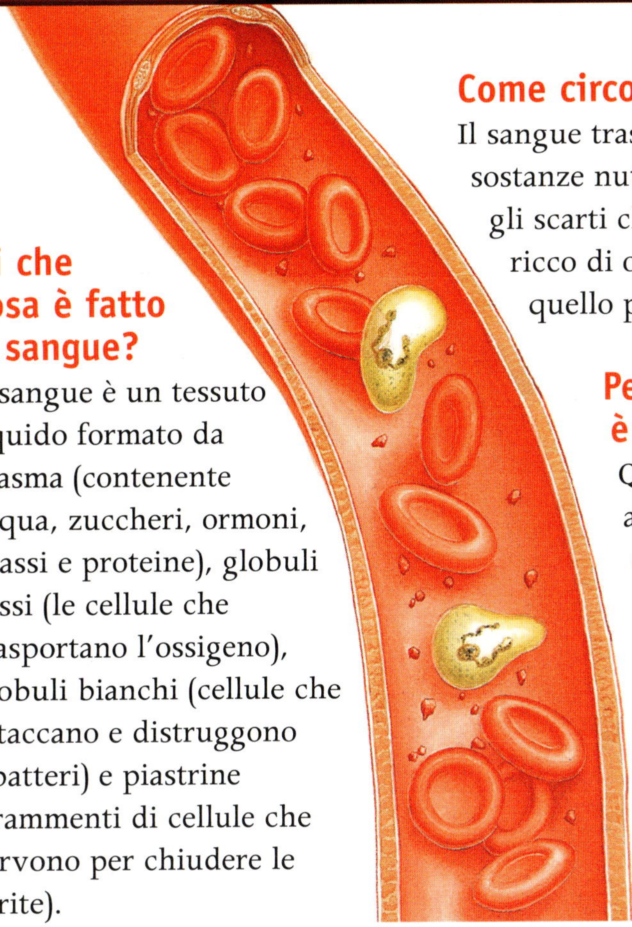

Come circola il sangue nel corpo?

Il sangue trasporta nel corpo l'ossigeno e le sostanze nutritive e rimuove tutte le tossine e gli scarti che poi il corpo elimina. Il sangue ricco di ossigeno viaggia nelle arterie, quello povero di ossigeno nelle vene.

Di che cosa è fatto il sangue?

Il sangue è un tessuto liquido formato da plasma (contenente acqua, zuccheri, ormoni, grassi e proteine), globuli rossi (le cellule che trasportano l'ossigeno), globuli bianchi (cellule che attaccano e distruggono i batteri) e piastrine (frammenti di cellule che servono per chiudere le ferite).

Perché il sangue è rosso?

Quando il ferro si lega all'ossigeno forma un composto di colore rosso. Nei globuli rossi è presente una proteina (emoglobina) che contiene ferro, per questo il sangue, soprattutto quando è ricco di ossigeno, ha colore rosso.

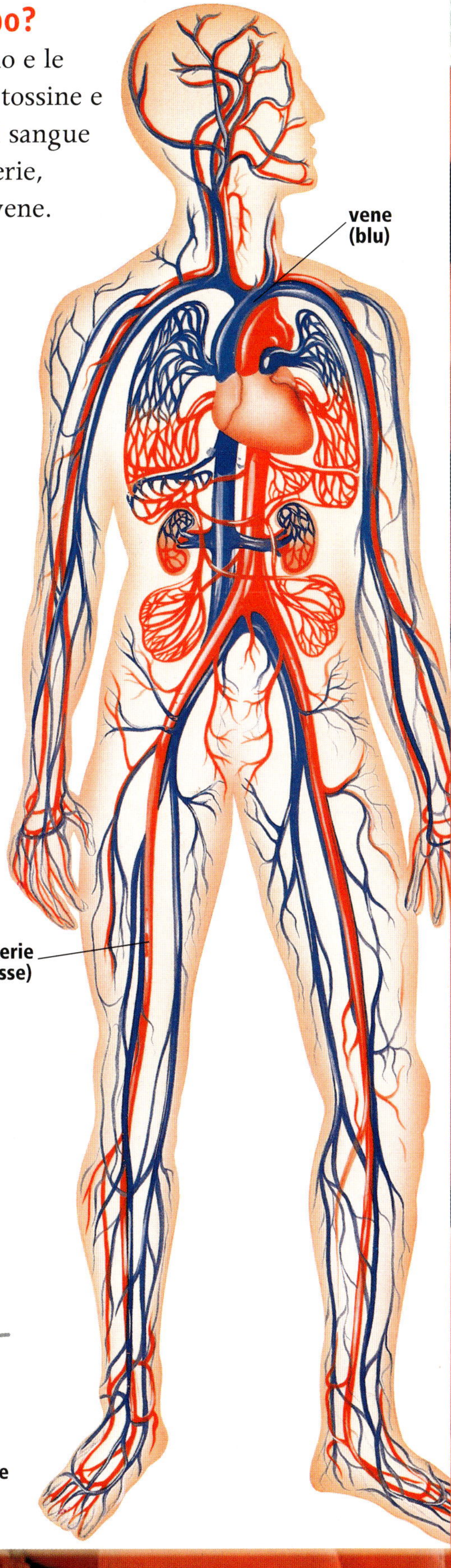

Che cos'è il ciclo cardiaco?

Il sangue viene pompato dal cuore, che è diviso in quattro concamerazioni. Il sangue entra nelle camere superiori (atri) quindi, quando gli atri si contraggono, passa alle camere sottostanti (ventricoli). Quando si contraggono i ventricoli il sangue ossigenato viene spinto in tutto il corpo e quello povero di ossigeno viene spinto verso i polmoni.

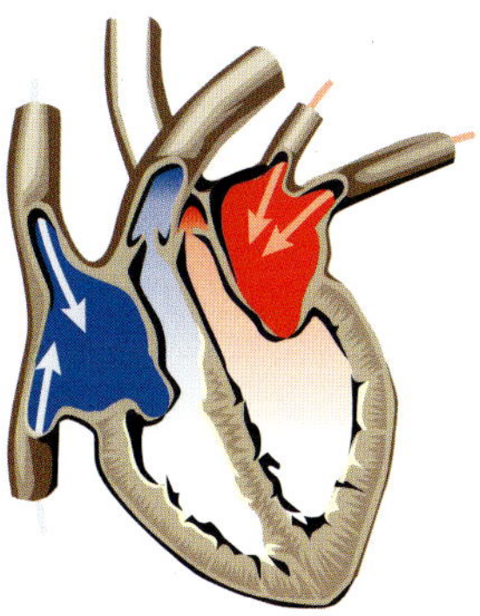

Diastole (rilassamento): il sangue proveniente dal corpo e dai polmoni entra negli atri.

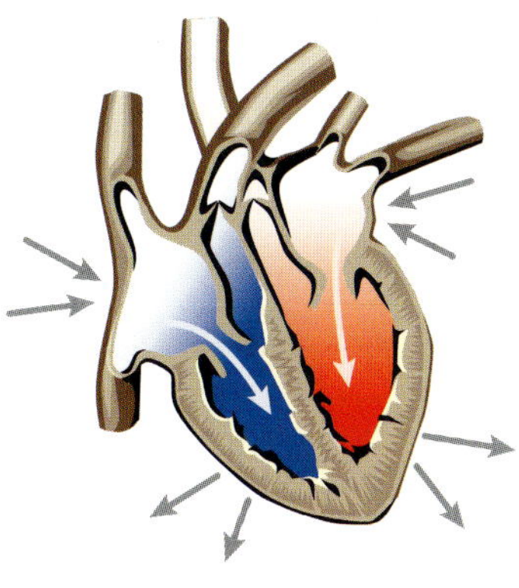

Sistole (contrazione degli atri): il sangue passa ai ventricoli.

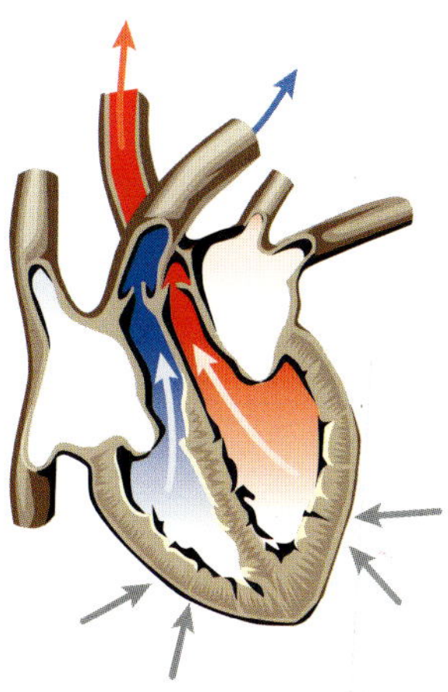

Sistole (contrazione dei ventricoli): il sangue viene spinto verso i polmoni e verso il corpo.

Ossa e muscoli

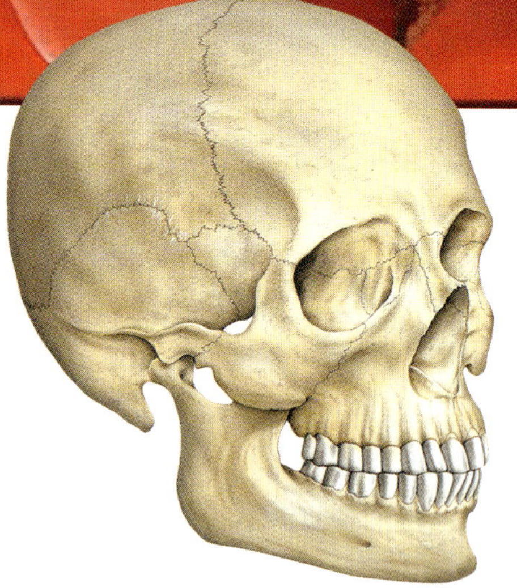

Il corpo umano è sostenuto da un robusto scheletro formato da tante ossa articolate su cui si attaccano i muscoli. Contraendosi e rilassandosi i muscoli muovono le diverse ossa e parti del corpo. I movimenti sono perfettamente calibrati e coordinati dal cervello che è collegato ai muscoli tramite i nervi.

Che cosa sono le articolazioni?

Le articolazioni sono presenti dove due ossa diverse si incontrano. Queste strutture permettono il movimento di un osso rispetto all'altro e quindi rendono flessibile lo scheletro. Le articolazioni a cerniera (come quella del ginocchio e del gomito) permettono un movimento avanti e indietro. Le articolazioni a sfera e alveolo (come nella spalla e nell'anca) permettono una rotazione completa. Le articolazioni tra le ossa del cranio sono fisse e si chiamano suture.

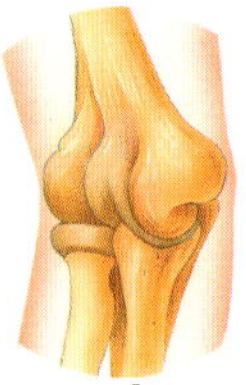

gomito

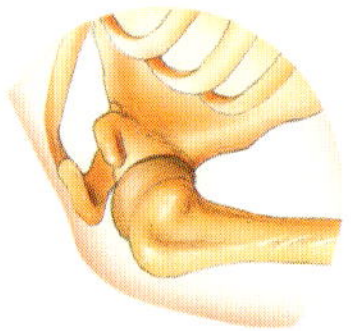

spalla

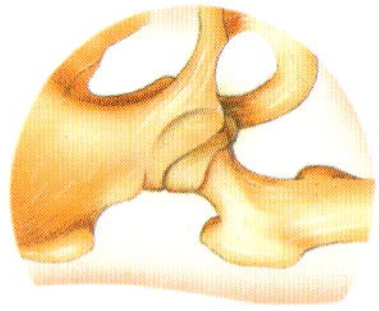

anca

A che cosa serve il cranio?

Il cranio è formato da 22 ossa fuse insieme che proteggono il cervello. Le ossa del cranio sono il punto di attacco dei muscoli del viso che ci permettono di masticare, parlare e assumere tutte le espressioni facciali.

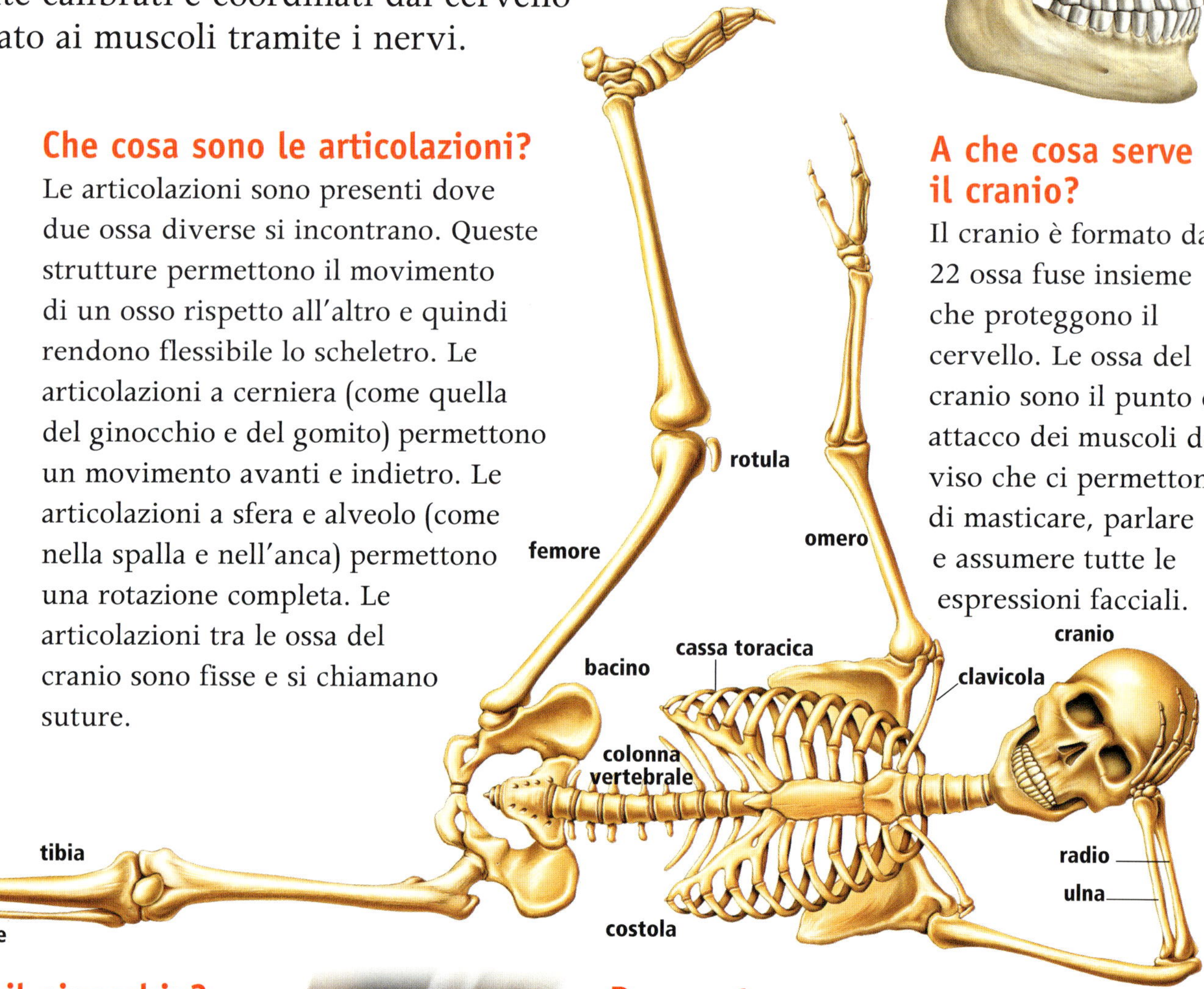

Com'è fatto il ginocchio?

Il ginocchio si trova dove l'osso della coscia (femore) si articola con l'osso del polpaccio (tibia). Le due ossa sono tenute nella giusta posizione da tessuti elastici detti legamenti.

Il menisco è un disco di cartilagine che impedisce alle estremità ossee di consumarsi. La rotula è un ossicino che protegge l'articolazione dagli urti.

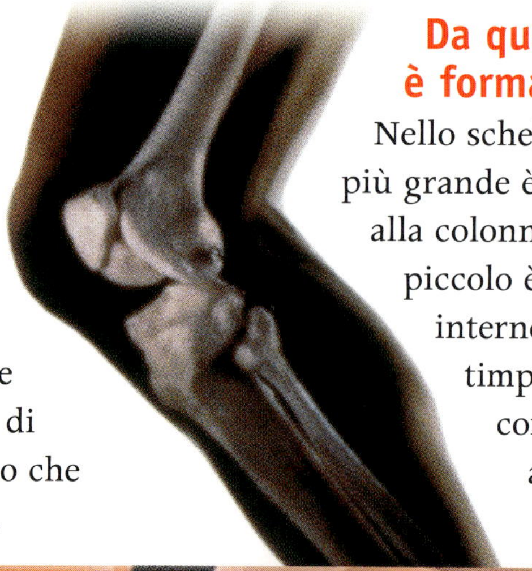

Da quante ossa è formato lo scheletro umano?

Nello scheletro umano ci sono 206 ossa. L'osso più grande è il femore, l'osso della coscia, collegato alla colonna vertebrale dal bacino. L'osso più piccolo è la staffa che si trova nell'orecchio interno e serve per trasmettere i suoni dal timpano al cervello. Lo scheletro sostiene il corpo e protegge gli organi interni grazie alle costole che formano la gabbia toracica.

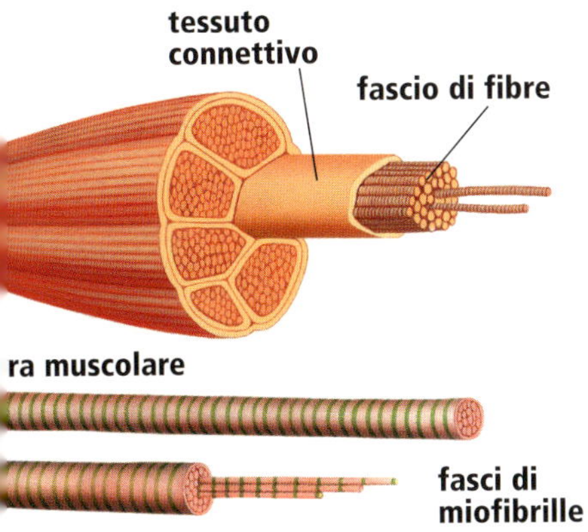

Come sono fatti i muscoli?

I fasci muscolari sono formati da milioni di fibre che, a loro volta, sono costituite da sottili filamenti (miofibrille) che contengono speciali proteine (actina e miosina). Scorrendo uno rispetto all'altro i filamenti di actina e miosina si sovrappongono e possono così determinare l'allungamento e l'accorciamento delle miofibrille e delle fibre muscolari.

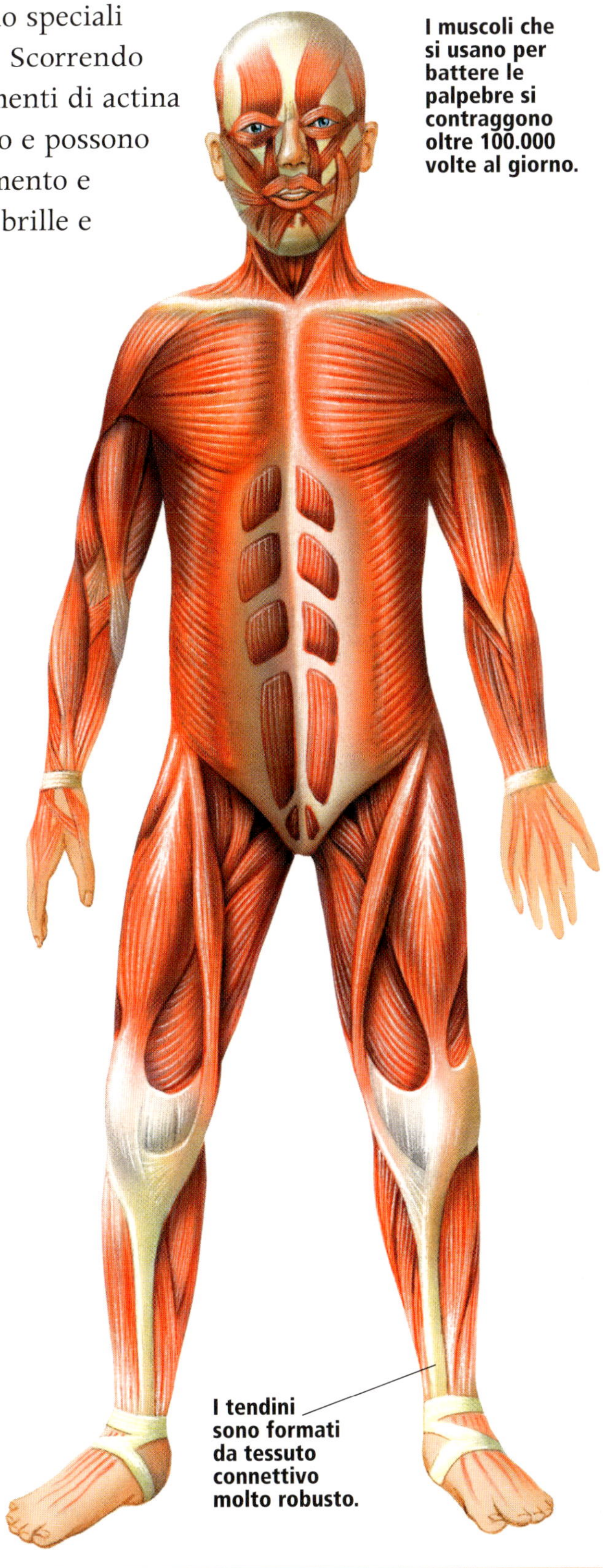

I muscoli che si usano per battere le palpebre si contraggono oltre 100.000 volte al giorno.

I tendini sono formati da tessuto connettivo molto robusto.

Quanti tipi di muscoli esistono?

Il corpo umano comprende 650 diversi muscoli che si possono suddividere in tre categorie. I muscoli scheletrici si possono contrarre volontariamente e controllano i principali movimenti; i muscoli lisci si contraggono involontariamente e si trovano, per esempio, nello stomaco e nei vasi sanguigni; i muscoli cardiaci sono molto potenti e si trovano nel cuore dove si contraggono involontariamente. Nel complesso i muscoli costituiscono il 40% circa della massa corporea.

Alla nascita lo scheletro non è ancora completamente formato. Per consentire la crescita delle ossa molte parti scheletriche sono infatti costituite da cartilagini che, gradualmente, vengono sostituite da tessuto osseo. L'ossificazione dei tessuti molli del cranio (fontanelle) si conclude all'età di un anno; tra 12 e 15 anni termina invece l'ossificazione delle mani.

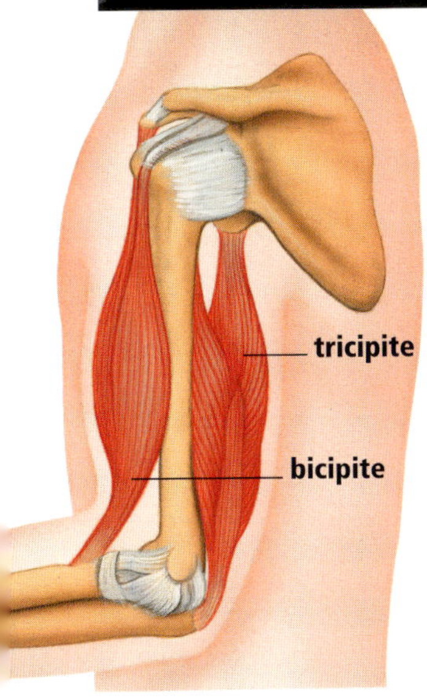

Che cosa sono i muscoli antagonisti?

I muscoli possono soltanto "tirare" le ossa e non "spingerle", per questo spesso lavorano in coppia. Quando si piega il braccio si contrae il muscolo bicipite e si rilassa il tricipite (posto sotto il braccio), quando si distende il braccio il bicipite si rilassa mentre il tricipite si contrae.

Nascere e crescere

Gli esseri umani, come tutti gli altri animali, nascono, crescono, invecchiano e muoiono. Perché un nuovo essere umano si formi occorre che un ovulo si unisca con uno spermatozoo dando origine a una nuova cellula (zigote). Lo zigote si divide e forma due cellule, da queste ne derivano quattro e così via fino a originare tutte le cellule del corpo del futuro bambino.

Perché nascono i gemelli?

I gemelli sono due bambini che si sviluppano insieme nell'utero materno. Qualche volta i gemelli derivano da due ovuli diversi e quindi possono anche essere un maschio e una femmina. Se invece derivano da uno stesso ovulo sono dello stesso sesso e identici (gemelli omozigoti).

Quanto dura la gravidanza?

La gravidanza è il periodo in cui il futuro bambino cresce dentro il corpo della madre. Negli esseri umani dura circa 40 settimane. Dopo la fecondazione, lo zigote si sposta nell'utero e incomincia a dividersi formando un embrione. L'ossigeno e le sostanze nutritive passano dalla madre all'embrione tramite la placenta e il cordone ombelicale.

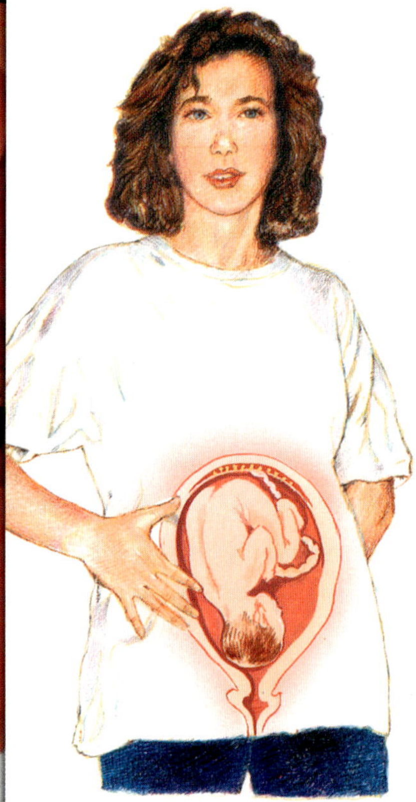

Dopo 18-20 settimane di gravidanza, la madre incomincia a sentire chiaramente i movimenti del bambino.

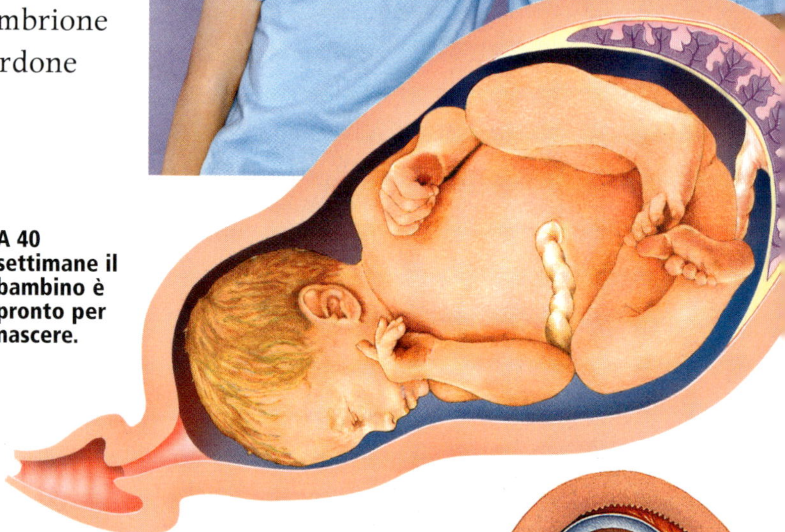

A 40 settimane il bambino è pronto per nascere.

fecondazione

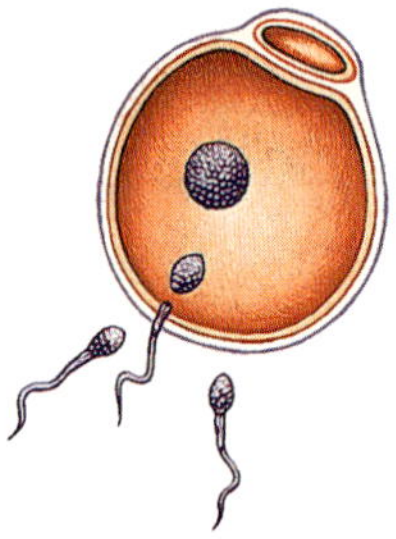

embrione a 4 settimane, il cuore batte

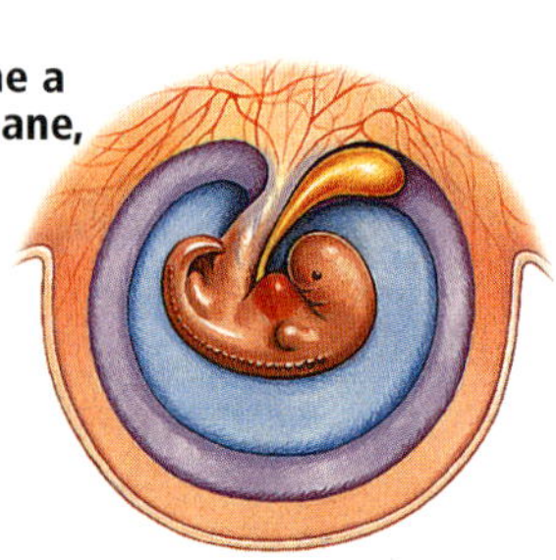

feto a 8 settimane, è lungo circa 2,5 cm

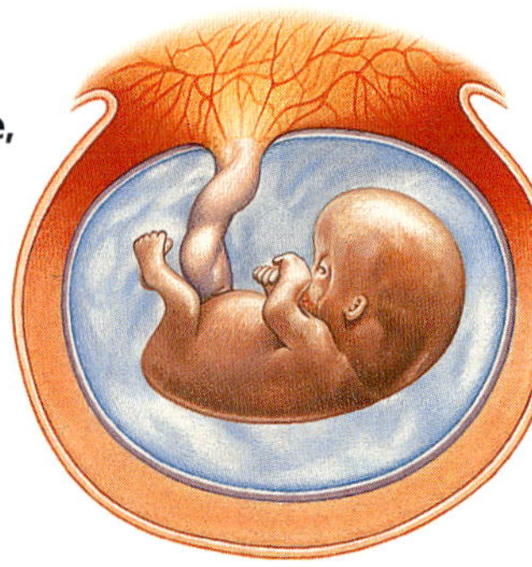

feto a 18 settimane, è coperto da fine peluria

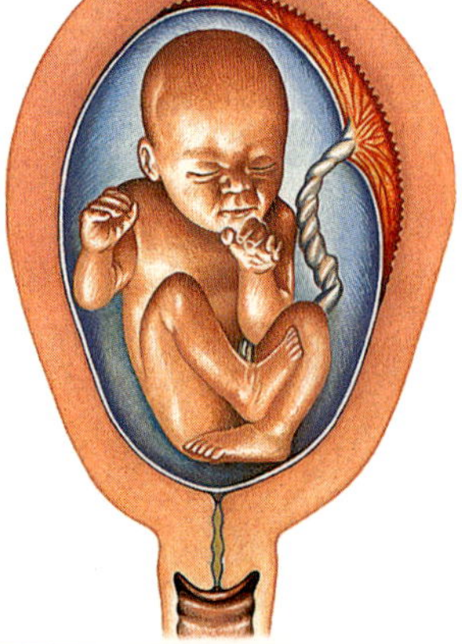

Perché un bambino assomiglia ai propri genitori?

Ogni cellula del corpo, con poche eccezioni, contiene un patrimonio genetico che viene ereditato metà dal padre e metà dalla madre. I geni racchiudono le istruzioni per costruire e far funzionare il corpo. Dato che queste istruzioni sono, in parte, le stesse presenti nelle cellule dei genitori è normale che un bambino assomigli al padre e alla madre.

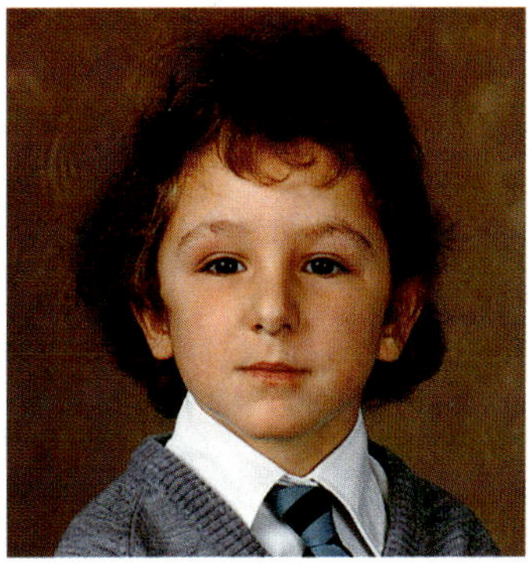

Perché si invecchia?

Durante tutta la vita le cellule degli organi vengono sostituite quasi senza interruzione. Quando si diventa vecchi questo processo di sostituzione rallenta sempre di più e gli organi incominciano a lavorare un po' meno bene. La durata della vita è diversa nelle diverse specie animali ed è influenzata da molti fattori, come l'alimentazione e i comportamenti quotidiani.

Perché crescendo si cambia?

Il corpo cresce molto in fretta nei primi 10-12 anni di vita e quindi, con la pubertà, si trasforma nel corpo di un adulto. Crescendo il corpo cambia forma: i bambini piccoli hanno, per esempio, la testa grande e il torace corto, negli adulti le gambe e le braccia si allungano rispetto al resto del corpo e la testa è, in proporzione, più piccola.

Nella specie umana il sesso del neonato è determinato dai cromosomi presenti nello spermatozoo del padre. Se lo spermatozoo che si fonde con l'ovulo porta un cromosoma "X" nascerà una femmina; se lo spermatozoo porta un cromosoma "Y" nascerà invece un maschio. Ovuli e spermatozoi sono cellule che hanno soltanto 23 cromosomi, la metà rispetto a tutte le altre cellule del corpo. Quando si uniscono formano una nuova cellula che ha 46 cromosomi.

Dove sono racchiuse le istruzioni per la crescita?

Tutte le istruzioni che servono per far funzionare e mantenere in salute il corpo si trovano nei geni che, a loro volta, formano le molecole a doppia elica del DNA. Queste grandi molecole, tutte attorcigliate, costituiscono i cromosomi che si trovano nel nucleo cellulare. Ogni essere vivente ha uno specifico numero di cromosomi: negli esseri umani i cromosomi sono 46.

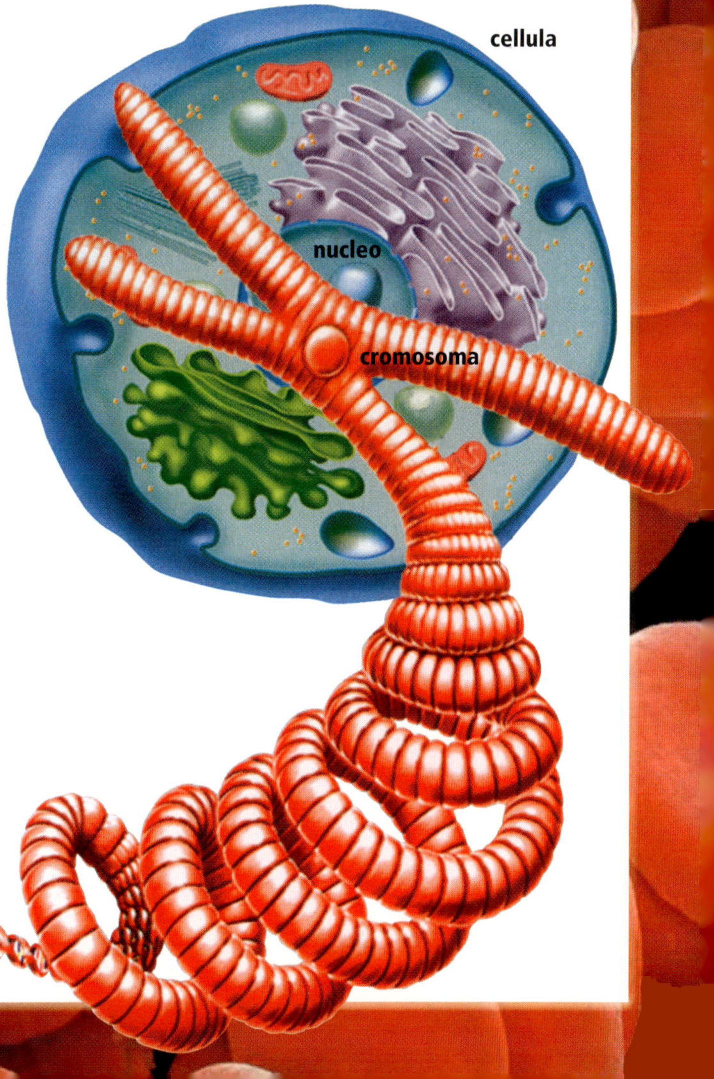

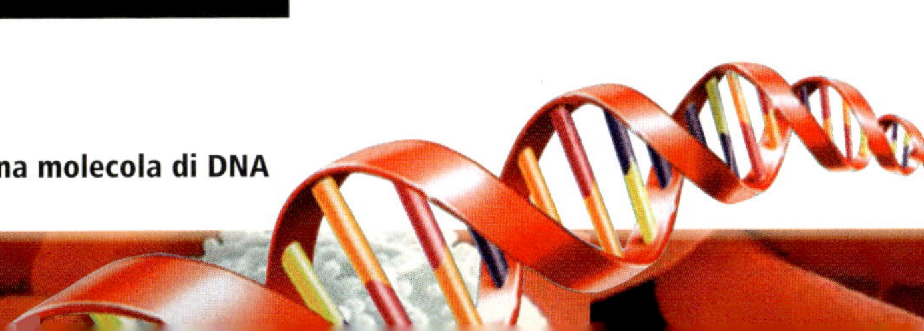

geni su una molecola di DNA

Sensi e nervi

Tutti i contatti che il corpo ha con il mondo esterno avvengono tramite gli organi di senso. I sensi (vista, udito, olfatto, gusto, tatto) sono controllati da numerosi nervi che trasmettono i messaggi provenienti dall'esterno verso il cervello. Il cervello poi elabora queste informazioni e, se occorre, trasmette una risposta lungo i nervi verso gli organi (per esempio inducendo la contrazione di un muscolo).

Se si passa la mano da una bacinella di acqua calda a una fredda il cervello percepisce la differenza di temperatura.

Che cos'è l'olfatto?

Quando si annusa, le molecole delle sostanze chimiche presenti nell'aria si sciolgono nel muco del naso e vengono riconosciute dalle cellule olfattive, dotate di strutture simili a ciglia. Le informazioni raggiungono il cervello tramite il nervo olfattivo, dove gli odori vengono riconosciuti.

Come funzionano gli occhi?

Quando si guarda un oggetto la luce attraversa il forellino della pupilla e la lente del cristallino, quindi viene concentrata sulla retina in fondo all'occhio. La retina è costituita da speciali cellule che distinguono colori, luci e ombre. Sulla retina l'immagine si forma capovolta ma il cervello, ricevendo le informazioni tramite gli impulsi nervosi che viaggiano sul nervo ottico, ribalta l'immagine nel modo corretto.

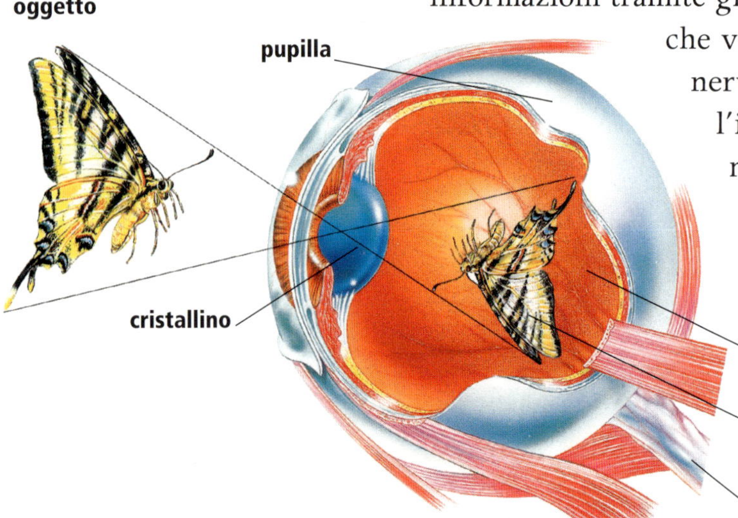

A che cosa serve il tatto?

Il tatto è un senso che dipende dalla presenza nella pelle di cellule sensibili. Queste cellule avvertono la differenza di pressione dovuta, per esempio, al contatto con oggetti lisci, ruvidi o appuntiti. Gli organi tattili sono però anche sensibili alle differenze di temperatura.

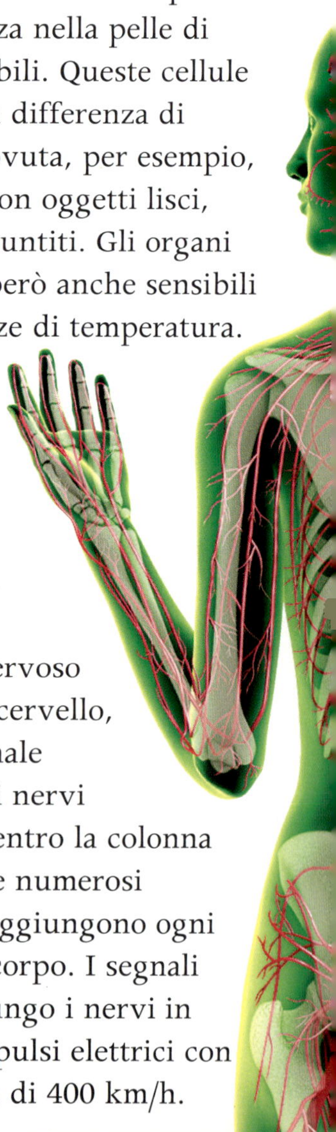

Che cos'è il sistema nervoso?

Il sistema nervoso comprende cervello, midollo spinale (un fascio di nervi racchiuso dentro la colonna vertebrale) e numerosi nervi che raggiungono ogni organo del corpo. I segnali viaggiano lungo i nervi in forma di impulsi elettrici con una velocità di 400 km/h.

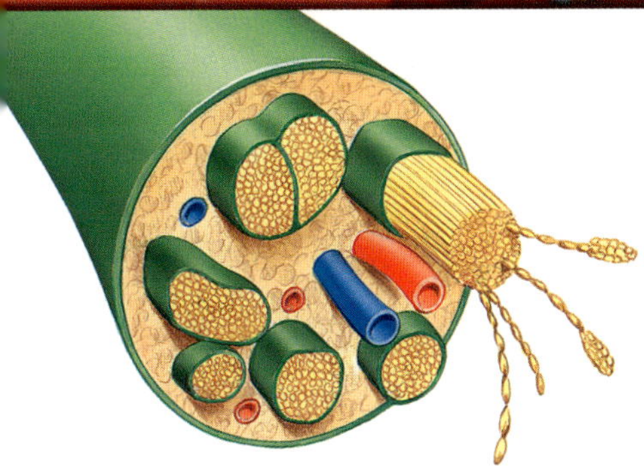

Come sono fatti i nervi?

I nervi sono grossi "cavi" costituiti da fibre sempre più sottili. Le fibre, a loro volta, sono formate da cellule nervose (neuroni) che presentano numerose ramificazioni. Un singolo neurone può essere unito a oltre 20.000 altri neuroni per trasmettere più efficacemente gli impulsi nervosi.

Com'è fatto l'orecchio?

Le orecchie sono formate dal padiglione auricolare esterno che convoglia le onde sonore nell'orecchio interno. Qui le onde mettono in vibrazione la membrana del timpano e una catena di ossicini che stimolano le cellule dell'udito presenti in una struttura piena di liquido chiamata chiocciola o coclea.

I liquidi nei canali semicircolari si muovono quando si piega la testa e aiutano il cervello a mantenere il corpo in equilibrio

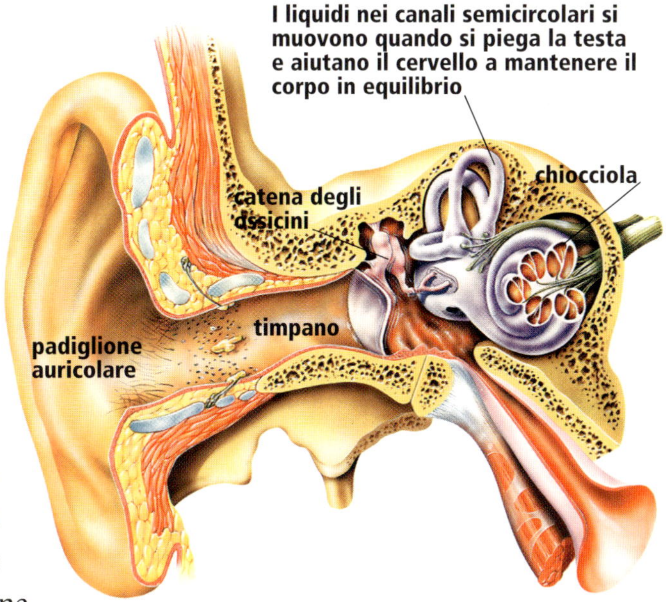

A che cosa sono gli impulsi nervosi?

Gli impulsi nervosi sono segnali elettrici che si spostano lungo i fasci di fibre nervose, proprio come fa l'elettricità lungo i cavi. Quando devono passare da una cellula all'altra, gli impulsi elettrici vengono momentaneamente tradotti in segnali chimici per poi essere riconvertiti in segnali elettrici.

A che cosa serve il midollo spinale?

Le sensazioni che provengono dall'esterno vengono "raccolte" dagli organi di senso e convogliate nel midollo spinale che le trasmette al cervello. Lo stesso vale per i comandi che il cervello invia al midollo spinale perché vengano "smistati" verso i diversi organi.

Come funziona il gusto?

Sulla lingua ci sono fino a 10.000 recettori del gusto formati da cellule specializzate. Le molecole contenute nel cibo si sciolgono nella saliva e stimolano i recettori che inviano i segnali al cervello. I recettori riconoscono specificatamente i principali sapori: dolce, salato, amaro e acido.

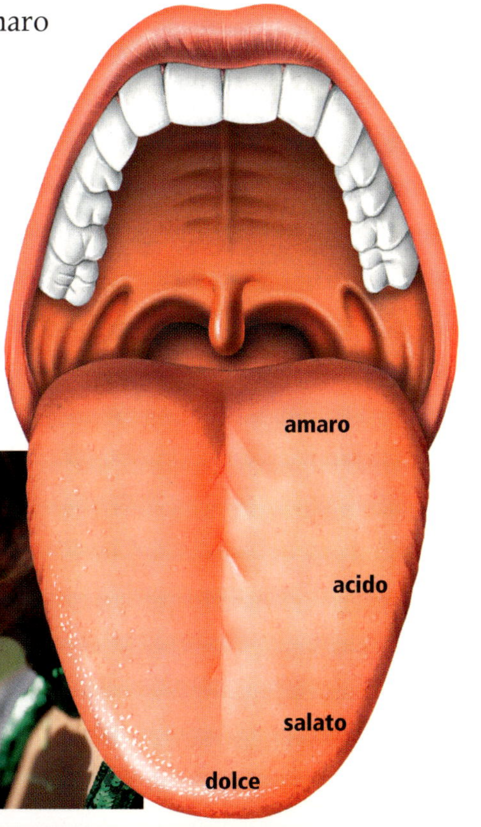

Gusto e olfatto sono collegati, infatti chi ha il raffreddore e il naso chiuso non riesce a distinguere i sapori.

Cervello e mente

Tutte le azioni che si compiono, come pensare, correre, digerire, respirare, sono controllate dal cervello. Questo importante organo è formato da oltre 10 miliardi di cellule nervose interconnesse tra loro. Il cervello è diviso in due emisferi: l'emisfero destro controlla il lato sinistro del corpo e l'emisfero sinistro controlla il lato destro.

Com'è fatto il cervello?

Il cervello, più correttamente chiamato encefalo, è formato dai due voluminosi emisferi cerebrali (che sono la sede del pensiero), dal midollo allungato (che controlla la respirazione e altre attività involontarie) e dal cervelletto (che regola l'equilibrio e la contrazione muscolare). Il cervello di un uomo adulto pesa circa 1,4 kg.

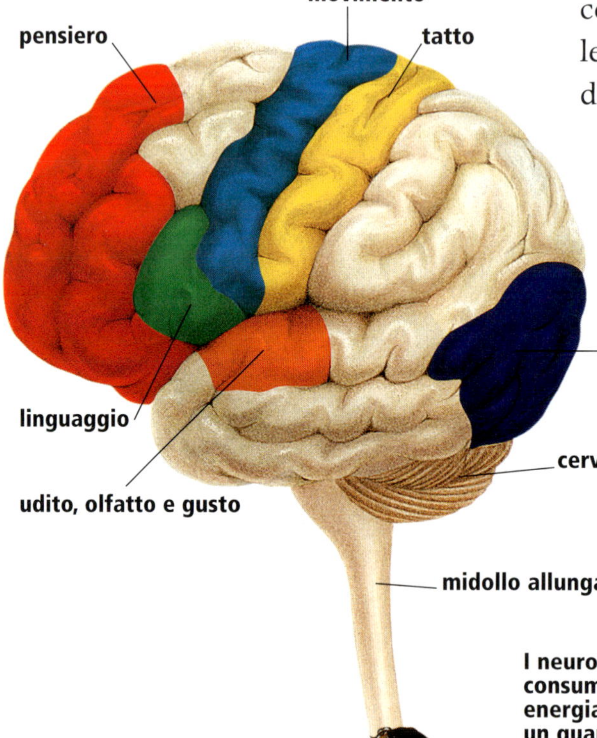

Il movimento dei muscoli è regolato dalla zona motoria del cervello (in celeste nello schema sopra), l'equilibrio è regolato dal cervelletto.

I neuroni del cervello consumano moltissima energia e ricevono un quarto del sangue pompato dal cuore nel corpo.

Perché alcune persone sono mancine?

I mancini scrivono con la mano sinistra, i cui movimenti sono controllati dall'emisfero destro. Di solito però è l'emisfero sinistro a essere più sviluppato e, di conseguenza, sono più numerose le persone che scrivono con la destra.

I collegamenti tra i neuroni che formano gli emisferi cerebrali cambiano quando si cresce. Per questo motivo, secondo gli studiosi, adulti e bambini pensano in modo diverso.

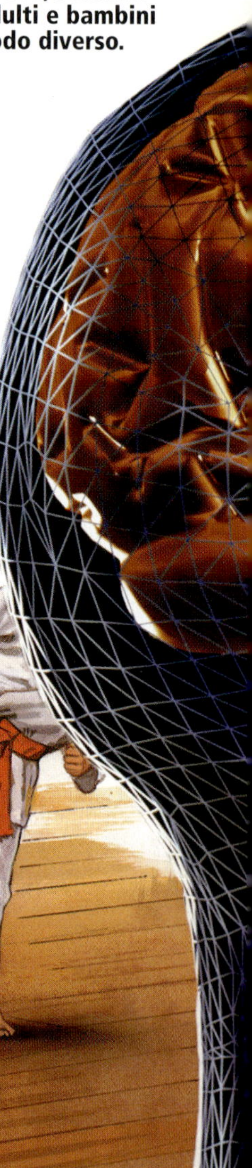

Che cos'è la memoria?

Negli emisferi cerebrali i neuroni rilevano gli stimoli visivi, uditivi, tattili, gustativi e olfattivi provenienti dall'esterno. Quando questo avviene i collegamenti tra neuroni di parti diverse degli emisferi cerebrali si modificano per sempre. È così che si conserva il ricordo di quanto percepiamo e si forma la memoria.

Anche se si sogna ogni notte, non sempre i sogni si ricordano.

Che cosa sono i sogni?

I sogni sono come un film, una serie di immagini che riproducono gli avvenimenti passati e anche le sensazioni e le emozioni provate. Sembra che sognando il cervello riesca poi a riordinare tutte queste informazioni per ricordarle quando serviranno in futuro.

Che cosa accade quando si dorme?

Quando si dorme, il corpo e i muscoli si riposano ma il cervello lavora, infatti può accadere che si parli nel sonno o, in alcuni casi, che ci si alzi dal letto camminando senza svegliarsi (sonnambulismo). Si dorme di più quando si è piccoli perché per crescere si consuma molta energia e lo stesso accade quando si è malati. Un adulto per stare bene dovrebbe dormire circa 8 ore per notte.

Un neonato dorme anche 20 ore al giorno, che si riducono a 15 tra i 3 e i 6 mesi d'età.

La medicina

I medici sono persone che curano i malati, ma anche ricercatori che compiono indagini scientifiche per conoscere le cause delle malattie e capire come si possono curare. Ogni medico è di solito specializzato in un determinato campo: alcuni eseguono operazioni chirurgiche, altri curano gli anziani, altri i bambini. I medici sono aiutati dagli infermieri che sono esperti nelle medicazioni e nel primo soccorso.

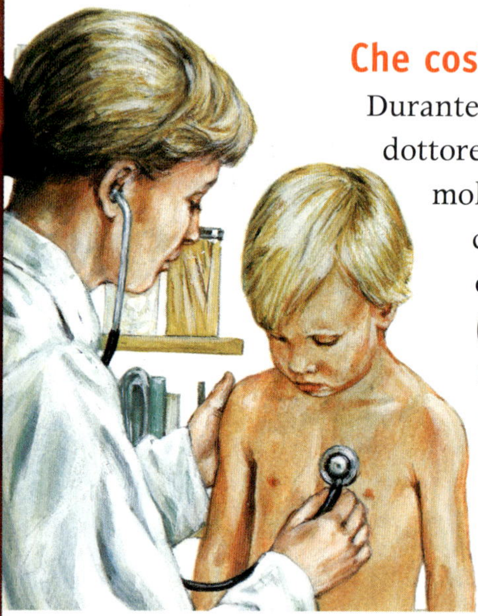

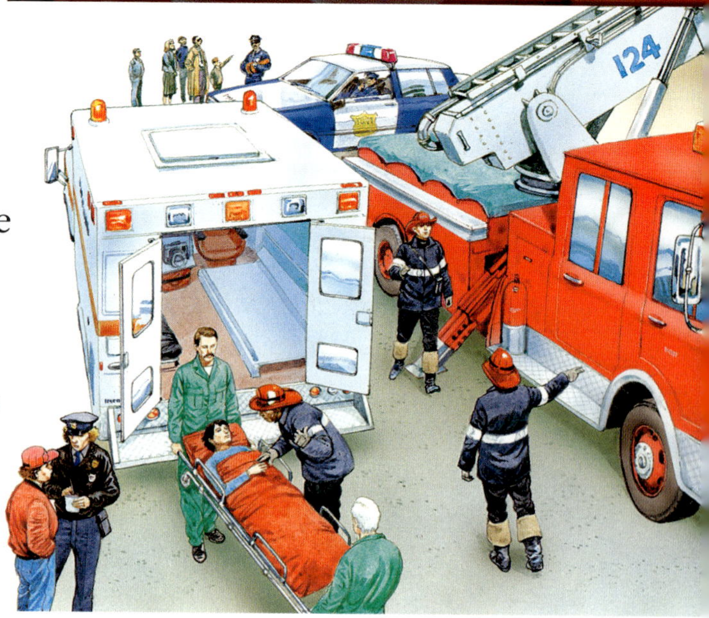

Che cos'è una visita medica?

Durante una visita medica, il dottore visita il paziente e gli fa molte domande per sapere come si sente. Partendo dai sintomi che osserva (come la gola arrossata o la febbre) e dalle sensazioni descritte dal paziente (come il mal di testa), il medico può stabilire una diagnosi e prescrivere le cure e i medicinali adatti.

Che cosa trasporta l'ambulanza?

Le ambulanze sono veicoli provvisti di una barell medicinali per il primo soccorso e bombole di ossigeno e vengono usate per trasportare i feriti e malati in ospedale. Molte ambulanze hanno a bor personale paramedico addestrato per assistere i pazienti nel tragitto verso l'ospedale.

Come si riparano le ossa?

Le ossa rotte di solito si aggiustano da sole perché le cellule delle ossa producono nuovo tessuto osseo riparando la rottura. I medici però possono decidere di ingessare l'arto rotto per tenerlo nella posizione corretta.

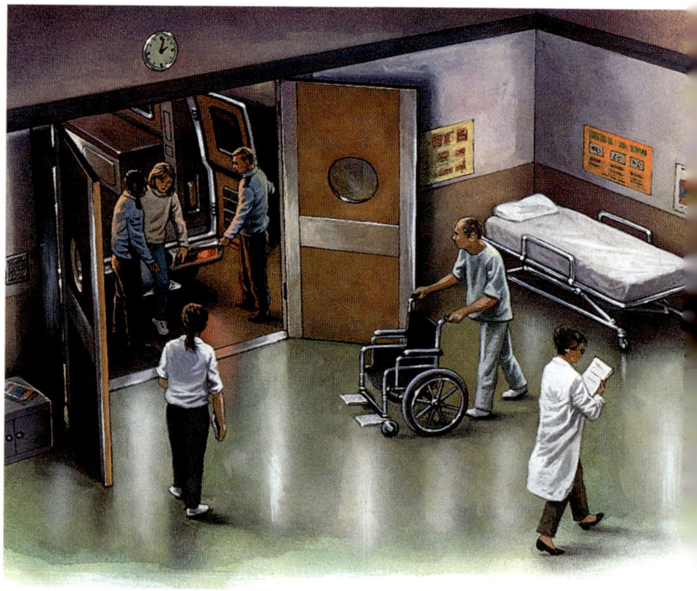

Che cosa sono gli ospedali?

Gli ospedali sono centri per curare i malati e assistere le persone in situazioni particolari, per esempio le donne che devono partorire. Negli ospedali lavorano chirurghi, anestesisti, infermieri e molti medici specializzati.

Che cosa fanno i chirurghi?

I chirurghi sono medici che operano i pazienti. Queste operazioni si svolgono in una sala operatoria perfettamente pulita dove si può entrare soltanto con mascherina, camice, calzature speciali e il capo coperto. In questo modo si evita che batteri e germi possano infettare i malati. Alcune operazioni chirurgiche, come l'asportazione dell'appendice, sono semplici, altre, come i trapianti di organi, sono molto più lunghe e complesse.

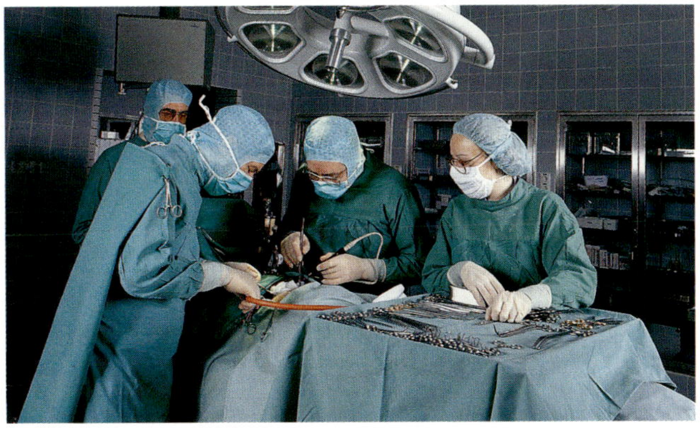

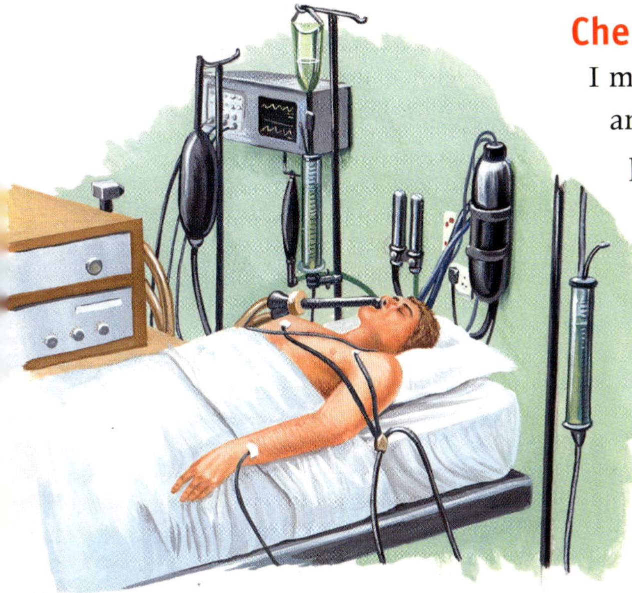

Che cos'è la terapia intensiva?

I malati molto gravi vengono curati in ambienti speciali dell'ospedale dove possono essere collegati a macchine per la respirazione artificiale o nutriti costantemente con le flebo. La flebo è un flacone in cui si inseriscono alimenti e medicinali che vengono direttamente iniettati nel sangue del malato.

Negli ospedali della maggior parte delle città esistono reparti in cui si può donare il sangue. Il sangue viene prima analizzato per verificare che il donatore non sia malato e viene poi messo da parte per compiere le trasfusioni ai pazienti che ne hanno bisogno.

Che cos'è la tomografia?

Alcune tecniche di indagine usate in medicina sfruttano le più recenti scoperte compiute nel campo della fisica e della chimica. La TAC (tomografia assiale computerizzata) è una tecnica che impiega i raggi X per fotografare da vari punti di vista una parte del corpo del paziente. Le fotografie vengono quindi rielaborate al computer per ottenere immagini tridimensionali.

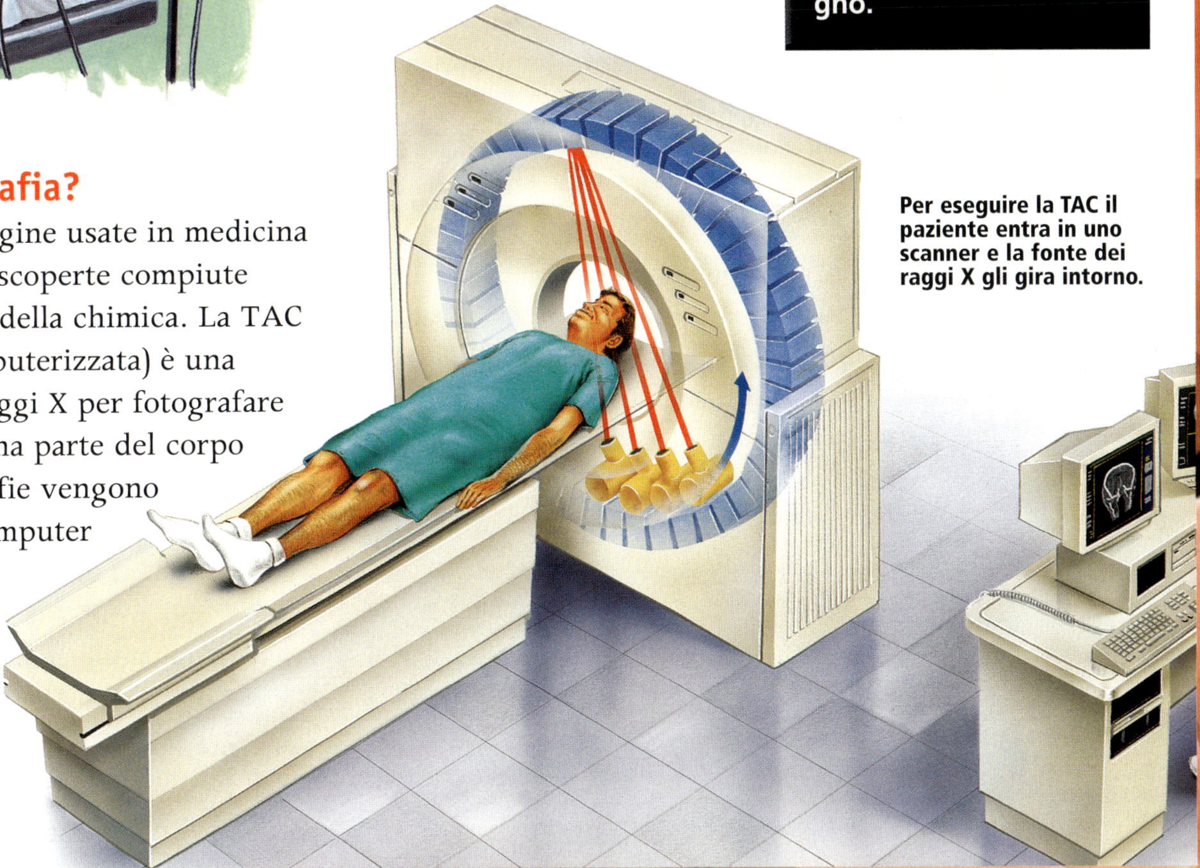

Per eseguire la TAC il paziente entra in uno scanner e la fonte dei raggi X gli gira intorno.

L'apparecchiatura della TAC è collegata a un computer. La qualità delle immagini può essere migliorata iniettando nel paziente uno speciale liquido di contrasto.

I primi uomini

Le prime creature simili all'uomo apparvero in Africa tra 10 e 5 milioni di anni fa. I numerosi ritrovamenti di resti fossili mostrano che esistettero diverse specie di ominidi originatesi da un antenato comune, e che alcune specie vissero nello stesso periodo. A partire da due milioni di anni fa, gli ominidi iniziarono una serie di migrazioni e si diffusero gradualmente in tutti i continenti.

Australopitechus ***Homo habilis*** ***Homo erectus*** ***Homo neanderthalensis*** ***Homo sapiens***

Quando si passò alla posizione eretta?

I primi ominidi che svilupparono la posizione eretta furono gli australopitechi, un gruppo di ominidi che apparve nell'Africa orientale circa 4 milioni di anni fa. Erano ancora molto simili alle scimmie, ma, capaci di camminare su due gambe, potevano usare le mani per afferrare il cibo e trasportare oggetti.

Chi fabbricò i primi utensili?

L'*Homo habilis,* che comparve circa 2 milioni di anni fa, aveva un cervello più grande di *Australopithecus* e un volto più simile a quello dell'uomo moderno. Sapeva fabbricare semplici attrezzi in pietra che usava per staccare la carne dalle carcasse degli animali uccisi dai predatori. Costruiva rifugi con rami, foglie e pietre e probabilmente sapeva conservare il fuoco, ma non ancora accenderlo.

Come venivano fabbricati i primi utensili?

I primi uomini fabbricavano semplici utensili con la tecnica della scheggiatura. Per fare un'ascia a mano sceglievano un pezzo di selce e ne staccavano grosse schegge battendolo con un ciottolo; poi, staccavano altre schegge più piccole finché il pezzo di selce assumeva una forma ovale. Alla fine l'ascia veniva rifinita con un martello di corno. Le schegge rimaste diventavano piccoli attrezzi taglienti.

Chi usò il fuoco per la prima volta?

La capacità di accendere il fuoco risale all'*Homo erectus* e apportò un grande cambiamento nella vita dei primi uomini. Oltre a fornire luce e calore, il fuoco consentiva la cottura del cibo, offriva protezione dagli animali e permetteva di indurire gli utensili di pietra o di legno. L'*Homo erectus*, inoltre, era in grado di costruirsi dei ripari di rami intrecciati a pelli.

3,2 milioni di anni fa
In Etiopia vive *Australopithecus* (Lucy)

2,5 milioni di anni fa
In Africa compare *Homo habilis*

2 milioni di anni fa
Ominidi migrano dall'Africa verso l'Europa e l'Asia

1,7 milioni di anni fa
Appare in Africa *Homo erectus*

800.000-500.000 anni fa
Homo sapiens arcaico compare in Africa, Asia e Europa

200.000-27.000 anni fa
L'uomo di Neanderthal vive in Europa

120.000 anni fa
Compare *Homo sapiens*

40.000 anni fa
In Europa vive *Homo sapiens* di Cro-Magnon

Per catturare prede come i mammut, l'*Homo sapiens* poteva realizzare trappole, come buche scavate nel terreno.

Chi furono i primi uomini moderni?

L'Uomo di Neanderthal visse in Europa tra 80.000 e 30.000 anni fa. Era forte e robusto, cacciava grandi animali e viveva in piccoli gruppi. Si estinse circa 27.000 anni fa lasciando spazio all'Uomo di Cro-Magnon (che appartiene alla specie *Homo sapiens*), abile cacciatore e fabbricatore di utensili. L'Uomo di Cro-Magnon usava aghi d'osso per cucire le pelli, decorava le pareti delle grotte con disegni di animali e probabilmente fu il primo ad articolare un linguaggio.

Le prime civiltà

Con la rivoluzione agricola la vita dell'uomo cambiò profondamente: gli uomini divennero sedentari, fondarono i primi villaggi, svilupparono nuove tecniche e con i commerci diffusero nuove conoscenze. Le più antiche civiltà si svilupparono in Mesopotamia tra i fiumi Tigri ed Eufrate.

Quando si svilupparono le prime città?

La più antica città portata alla luce è l'antica Gerico, i cui primi insediamenti risalgono al 9000 a.C. Una città molto estesa era Çatal Hüyük nell'attuale Turchia. Il sito cominciò a svilupparsi nel 7000 a.C. e nel 6250 a.C. ospitava già più di 6000 persone. Le case erano a un solo piano e non avevano porte: si entrava da un'apertura sul tetto.

Quando iniziò l'agricoltura?

L'agricoltura ebbe inizio in Medio Oriente 10.000 anni fa. Nello stesso periodo furono addomesticati gli animali, dapprima i cani e le capre, poi pecore, mucche, maiali selvatici, asini e cavalli.

Chi ha inventato la ruota?

La prima ruota, probabilmente, era usata per fare i vasi. I primi carri a due o quattro ruote, invece, furono usati dai Sumeri intorno al 3000 a.C., data in cui appaiono raffigurati per la prima volta in un mosaico. Erano trainati da asini selvatici e servivano a trasportare carichi pesanti su lunghe distanze.

Le case di Çatal Hüyük erano senza porte e finestre ed erano addossate una all'altra, probabilmente per una migliore difesa. Erano costruite in mattoni con il tetto di legno. I muri erano intonacati e lisciati. Su alcuni erano dipinti leopardi, tori e figure umane. Potevano anche ospitare tempietti per gli dèi.

I Sumeri usavano il denaro?

I Sumeri erano grandi commercianti: importavano legname, rame e pietre preziose, che scambiavano con vasi, carri e attrezzi di metallo prodotti dai loro artigiani. Ogni mercante firmava i contratti con il proprio sigillo e registrava gli scambi su tavolette d'argilla. È possibile che queste tavolette fossero poi scambiate come denaro.

Chi inventò la scrittura?

La scrittura fu inventata dai Sumeri, in Mesopotamia, intorno al 3500 a.C. Per imprimere i segni nell'argilla usavano una penna appuntita, detta calamo, con cui facevano elenchi dei beni che commerciavano. La loro scrittura è detta cuneiforme.

Che cos'erano le ziggurat?

Ogni città sumera aveva un palazzo reale e begli edifici pubblici. Al centro si ergeva lo ziggurat, sulla cui cima si levava il tempio dedicato al dio protettore della città. Nel tempio servivano sacerdoti e sacerdotesse, e si tenevano le cerimonie religiose e i sacrifici.

8000 a.C. circa
Nasce l'agricoltura in Mesopotamia

7000 a.C. circa
Fondazione di Çatal Hüyük in Anatolia

6.000 a.C. circa
Domesticazione dei primi bovini in Mesopotamia

4000 a.C. circa
Monumenti megalitici in Europa

3500 a.C. circa
Prima forma di scrittura in Mesopotamia

3.000 a.C. circa
Primi carri a ruote usati dai Sumeri

Sono state ritrovate migliaia di queste tavolette, che riportano nei particolari molti aspetti della vita sumera, dalle ricette dei medici alle vittorie militari. Le tavolette contengono anche un poema, l'*Epopea di Gilgamesh*, che narra di un diluvio la cui storia è simile a quella dell'arca di Noè, narrata nella Bibbia. L'eroe, Gilgamesh, era un re sumero vissuto intorno al 2600 a.C.

Ai piedi della ziggurat si snodavano viuzze strette e tortuose intorno a cui si ammassavano le case.

L'antico Egitto

Oltre 5000 anni fa, sulle rive del fiume Nilo, in Egitto, si sviluppò una grande civiltà che durò migliaia di anni. La vita degli Egizi dipendeva dal Nilo che ogni anno, tra luglio e ottobre, inondava i campi. Quando le acque si ritiravano, sul terreno rimaneva un fertile strato di limo.

Gli Egizi avevano dei veloci carri da guerra.

Che cosa facevano i contadini egizi?

I contadini egizi, chiamati *mertu,* erano la classe sociale più bassa e più numerosa nella società egizia. Dopo l'inondazione estiva del Nilo conducevano i buoi ad arare il terreno e seminavano. Per un certo numero di giorni all'anno dovevano lavorare gratuitamente alla costruzione della tomba del faraone.

Perché gli Egizi cacciavano gli ippopotami?

Gli ippopotami sono dei grandi erbivori. Di giorno stanno in acqua mentre di notte escono alla ricerca di pascoli. Per difendere i loro raccolti, gli Egizi cacciavano gli ippopotami del Nilo con barche di papiro e li colpivano con lunghe lance.

La caccia all'ippopotamo era un'attività molto pericolosa.

Chi era il faraone?

Il faraone era un re-dio: a lui, alla sua famiglia e alla classe nobile appartenevano le terre coltivate. Sotto di loro la classe media era formata da scribi, medici, architetti e mercanti facoltosi. Poi c'erano i soldati, i contadini che coltivavano la terra e i servi. Le tasse fornivano la maggior parte delle ricchezze del faraone, che doveva mantenere la corte, pagare gli stipendi di funzionari e scribi e organizzare le spedizioni militari.

I bambini egizi andavano a scuola?

I bambini cominciavano a frequentare la scuola a quattro anni e a lavorare a dodici. A scuola maschi e femmine imparavano a leggere e scrivere.

Che cosa coltivavano gli antichi Egizi?

Lungo il Nilo gli Egizi coltivavano il grano per fare il pane, l'orzo per la birra e il lino per i vestiti. Dopo la mietitura, che si faceva a marzo, le spighe di grano erano stese a terra e i buoi le pestavano per separare i chicchi dalla paglia. I chicchi venivano raccolti in cesti e gli scribi calcolavano quanti cesti spettavano al faraone, quanti al padrone del terreno, quanti ai funzionari dei faraoni. Ai contadini ne spettava solo una piccolissima parte.

Com'erano le case egizie?

Le abitazioni egizie erano piccole case costruite con mattoni di fango cotti al sole. Spesso erano costituite da solo due o tre stanze e molte famiglie possedevano un forno che veniva usato dalle donne per fare il pane.

6000 a.C. circa
Primi insediamenti in Egitto

3100 a.C.
Re Menes unifica l'Egitto

3000 a.C.-2134 a.C.
Antico Regno, costruzione delle piramidi di Cheope, Chefren e Micerino

2000 a.C.-1650 a.C.
Medio Regno, capitale a Tebe

1567 a.C.
Kamose e Amosis I scacciano gli Hyksos

1500-1100 a.C.
Nuovo Regno

1200 a.C.
Esodo degli Ebrei dall'Egitto

1166 a.C.
Morte di Ramesse III, l'ultimo grande faraone d'Egitto

630 a.C.
Gli Assiri conquistano l'Egitto

La religione degli Egizi

Gli Egizi adoravano molti dèi e dee. Alcuni assomigliavano a uomini e donne, ma altri venivano rappresentati sotto forma di animali, come il dio coccodrillo Sobek. Per i loro dèi gli Egizi costruirono templi immensi, custoditi dai sacerdoti. Tutto il popolo partecipava alle feste e alle processioni religiose.

Ra (o Re)
dio del sole

Osiride
dio della morte e della rinascita

Gli Egizi credevano in una vita dopo la morte?

Gli Egizi credevano che dopo la morte iniziasse una nuova vita, perciò era importante che il corpo del defunto rimanesse integro e fosse sepolto in una tomba. Il corpo veniva mummificato, seccato con il sale e avvolto in bende di lino. Sulla testa veniva posta una maschera e poi il corpo veniva chiuso in un sarcofago di legno decorato con il ritratto del defunto. Le cerimonie funebri erano molto complesse e terminavano con la cerimonia della "apertura della bocca" durante la quale i sacerdoti sussurravano al defunto: "Vivi ancora, vivi ancora per sempre!".

Perché i sacerdoti indossavano una maschera da sciacallo?

Anubi, il dio del mondo dei morti, era raffigurato con il corpo di uomo e la testa di sciacallo. Proteggeva le anime dei defunti lungo il cammino verso l'oltretomba e i suoi sacerdoti, quando preparavano un corpo per la sepoltura, indossavano una maschera da sciacallo.

Perchè gli Egizi usavano barche funebri?

Il sarcofago del faraone era caricato su una barca finemente decorata che navigava sul Nilo fino al luogo di sepoltura, poi la barca era trascinata fino alla tomba su una slitta tirata da buoi. Con il corpo del defunto venivano sepolti anche i suoi averi e cibi e bevande per il viaggio verso l'Aldilà. Le piramidi furono costruite sulla rive occidentale del Nilo, la terra dei morti, mentre i villaggi si trovavano sulla riva orientale.

Iside
dea madre,
moglie di
Osiride

Anubi
dio delle
sepolture e dei
mummificatori

Seth
dio del caos e
della confusione

Horus
dio del cielo,
protettore
dei faraoni

Amon
dio creatore e
dio di Tebe

Hathor
dea dell'amore e
della bellezza

Tot
dio della
scrittura e della
conoscenza

Chi portava gli amuleti?

Tutti! Gli Egizi credevano che la magia potesse aiutarli o danneggiarli. Gli amuleti proteggevano chi li portava dalla magia cattiva. Erano realizzati, seguendo precise tradizioni, in materiali preziosi come oro e argento e con pietre colorate come lapislazzuli, corallo, diaspro e paste vitree.

amuleti egizi

Chi veniva sepolto?

Tutti quelli che se lo potevano permettere volevano essere mummificati e sepolti con i loro beni. A seconda del censo il funerale era più o meno sfarzoso.

L'antica Grecia

La civiltà greca si sviluppò intorno al 500 a.C. in piccole città-stato indipendenti, come Atene e Sparta. Ogni città-stato aveva il proprio governo e le proprie leggi; ad Atene ogni decisione veniva presa dall'Assemblea dove tutti i cittadini maschi oltre i 20 anni avevano diritto di voto. Questa forma di governo, la democrazia, si sviluppò ad Atene per la prima volta nella storia.

Com'erano le case greche?

Le case erano costruite con mattoni di fango intorno a un cortile centrale dove era posto un piccolo altare per offrire sacrifici agli dèi. Le case più ricche avevano camere al secondo piano e pavimenti a mosaico, l'arredamento era molto semplice. Donne, uomini e schiavi vivevano in zone separate della casa.

Chi scriveva sui cocci?

Quando volevano liberarsi di un politico o di un possibile tiranno, una volta all'anno i cittadini ateniesi scrivevano il suo nome su un frammento di terracotta detto *ostrakon*, da cui deriva la parola "ostracismo". Chi prendeva più "voti" doveva lasciare la città per dieci anni, pena la morte.

Che cosa indossavano i Greci?

I Greci vestivano abiti semplici: tutti portavano il *chiton*, un rettangolo di tessuto che veniva avvolto intorno al corpo. Le donne più ricche si acconciavano i capelli e usavano trucco, collane, anelli, orecchini e bracciali.

Chi abitava sul Monte Olimpo?

I Greci avevano molti dèi che si credeva abitassero sul Monte Olimpo: fra questi Zeus, il padre degli dèi, ed Era, sua moglie, Apollo, Afrodite, Ermes e molti altri. La mitologia raccoglie tutti i racconti sulla vita e le avventure degli dèi greci. Agli dèi si sacrificavano animali e si facevano offerte di vino.

Afrodite dea dell'amore e della bellezza

Era regina degli dèi, dea delle donne e dei bambini

Hermes messaggero degli dèi

Zeus re degli dèi

Demetra dea dei raccolti

Ade dio degli inferi

Chi portava la maschera?

Solo uomini o ragazzi potevano fare gli attori di teatro. Portavano delle maschere per far capire agli spettatori quale parte recitavano: uomo o donna, saggio o scemo del villaggio. I teatri greci erano enormi a avevano posti anche per 17.000 persone. Grazie alle maschere anche gli spettatori che stavano dietro potevano riconoscere facilmente i personaggi e, inoltre, fungevano anche da megafono.

Dove si potevano porre domande agli dèi?

A Delfi si trovava l'oracolo di Apollo, dove la sacerdotessa del dio, la Pizia, rispondeva alle domande sul futuro che le venivano poste. Tuttavia le risposte erano spesso oscure e di difficile interpretazione.

Il personale che sorvegliava i teatri era armato di grossi bastoni, da usare contro gli spettatori troppo rumorosi!

I Greci e la guerra

I Greci combatterono molte guerre, dapprima contro nemici esterni, come i Persiani, poi tra città-stato rivali. Atene e Sparta si affrontarono nella guerra del Peloponneso che terminò con la vittoria di Sparta, ma poco dopo le città greche persero la loro indipendenza. Nei periodi di pace, le città-stato gareggiavano nei giochi che si tenevano a Olimpia.

Com'erano fatte le navi da guerra?

Le navi da guerra greche, dette triremi, avevano uno sperone a prua che penetrava nella fiancata delle navi nemiche e le affondava. Per manovrare una trireme occorrevano circa 170 uomini ai remi.

Com'erano armati i soldati greci?

Gli eserciti greci erano costituiti soprattutto da soldati a piedi, gli opliti. Indossavano una corazza, un elmo in bronzo e schinieri per proteggere le gambe. Erano armati di una lunga lancia con punta di ferro e di un spada corta. Per proteggersi avevano uno scudo rotondo di legno.

Che cosa accadde a Salamina?

A Salamina, gli ateniesi vinsero una grande battaglia navale contro i Persiani. Nonostante i nemici fossero molto più numerosi, i Greci riuscirono a prendere in trappola la flotta persiana. In seguito a questa sconfitta, il re persiano Serse rinunciò a invadere la Grecia.

Sugli scudi degli spartani era dipinta una grande L in rosso: stava per "lacedemoni", il nome con cui chiamavano il proprio popolo.

Perché gli Spartani erano temibili?

Sparta era la principale città-stato rivale di Atene. Gli Spartani cominciavano a esercitarsi al combattimento a sette anni, con faticosi esercizi fisici. A volte venivano frustati per vedere chi riusciva a resistere di più al dolore. Si diceva che Sparta non avesse mura perché i suoi soldati combattessero con più coraggio. I soldati spartani restavano sotto le armi fino ai trent'anni.

508 a.C.
Nascita della democrazia ad Atene

490 a.C.
Battaglia di Maratona contro i Persiani

480 a.C.
Battaglia di Salamina e Platea contro i Persiani

431-404 a.C.
Guerra del Peloponneso tra Sparta e Atene

338 a.C.
Filippo II di Macedonia conquista le città greche

146 a.C.
La Grecia cade sotto il dominio di Roma

Che cos'erano i Giochi Olimpici?

Ogni quattro anni, le città greche mandavano i loro migliori atleti a Olimpia, a gareggiare nei giochi in onore di Zeus. Si svolgevano tutti i tipi di corse e gare, come corse a cavallo, lotta, lancio del giavellotto e corse con i cocchi. Il vincitore di ogni gara era premiato con una corona di foglie di ulivo.

Perché i Greci donarono ai Troiani un cavallo di legno?

I greci conquistarono Troia con l'inganno, dopo una guerra durata dieci anni. Abbandonarono l'assedio della città e lasciarono alle porte di Troia un grande cavallo di legno al cui interno erano nascosti dei soldati. I Troiani, credendolo un riconoscimento alla città, lo portarono entro le mura. Di notte i soldati uscirono dal cavallo e attaccarono la città.

L'antica Roma

Roma si sviluppò da un piccolo villaggio sulla sommità di un colle dominante il Tevere, fino a diventare la più grande città del mondo antico. Nei primi tempi dell'impero contava già più di un milione di abitanti. Il suo centro era il Foro, dove si svolgevano tutte le cerimonie civili e religiose.

La lupa che allatta Romolo e Remo è il simbolo di Roma.

Come si viveva a Roma?

Non tutti i cittadini romani potevano permettersi una casa propria, la maggioranza viveva in grandi edifici di mattoni, detti *insulae,* alti fino a tre o quattro piani, dove si prendevano in affitto piccoli appartamenti o stanze singole. Non c'era cucina, né bagno, né latrine, né riscaldamento e l'acqua si doveva andare a prendere alla fontana più vicina. Al piano terra c'erano taverne e botteghe artigiane, le strade erano sempre affollate di artigiani e venditori ambulanti e di carri che trasportavano le merci in città.

Chi fondò Roma?

Secondo la leggenda, Roma fu fondata da due gemelli, Romolo e Remo, abbandonati da piccoli nel Tevere e salvati e allattati da una lupa. Una volta cresciuti decisero di fondare una città, ma in una lite a proposito di chi avrebbe governato, Romolo uccise il fratello e divenne il primo re di Roma.

Chi erano i gladiatori?

I gladiatori erano prigionieri di guerra o schiavi, allenati per combattere fino alla morte davanti al pubblico. Si dividevano in diverse categorie a seconda di come erano equipaggiati. Il *secutor* era armato di elmo, scudo e una spada corta, il *murmillo* di spada e scudo e aveva un elmo decorato con figure marine, il *retiarius* aveva una rete e un tridente. Quando un gladiatore restava ferito, la folla decideva il suo destino girando il pollice in su (vita) o in giù (morte). Un gladiatore coraggioso poteva venire liberato dal suo padrone, che gli dava una tavoletta d'osso con scritto il suo nome, e un po' di denaro.

Quali spettacoli si svolgevano nel Colosseo?

Il Colosseo aveva 80 ingressi, era diviso in podio, arena e cavea e poteva contenere circa 80.000 spettatori. Gli spettacoli erano gratuiti per tutti e vi accedevano anche gli schiavi. Si svolgevano combattimenti tra gladiatori, tra uomini e bestie feroci, cacce e giochi navali, per i quali l'anfiteatro poteva essere riempito d'acqua.

Chi erano i senatori?

Il Senato era l'assemblea dei rappresentanti delle famiglie nobili più ricche di Roma. Esisteva fin dai tempi della monarchia, ma divenne un'istituzione importante della repubblica poiché nominava i consoli, decideva se dichiarare guerra o stipulare la pace, stabiliva le tasse e dava il parere sulle leggi. La carica di senatore durava tutta la vita.

La sigla SPQR significa "Il senato e il popolo di Roma" ed era un simbolo per rappresentare il potere di Roma.

753 a.C.
Data tradizionale della fondazione di Roma

510 a.C.
Fine della monarchia e inizio della repubblica

338 a.C.
Roma completa la conquista del Lazio

264 -146 a.C.
Guerre puniche contro Cartagine

49 a.C.
Giulio Cesare conquista la Gallia

44 a.C.
Uccisione di Giulio Cesare

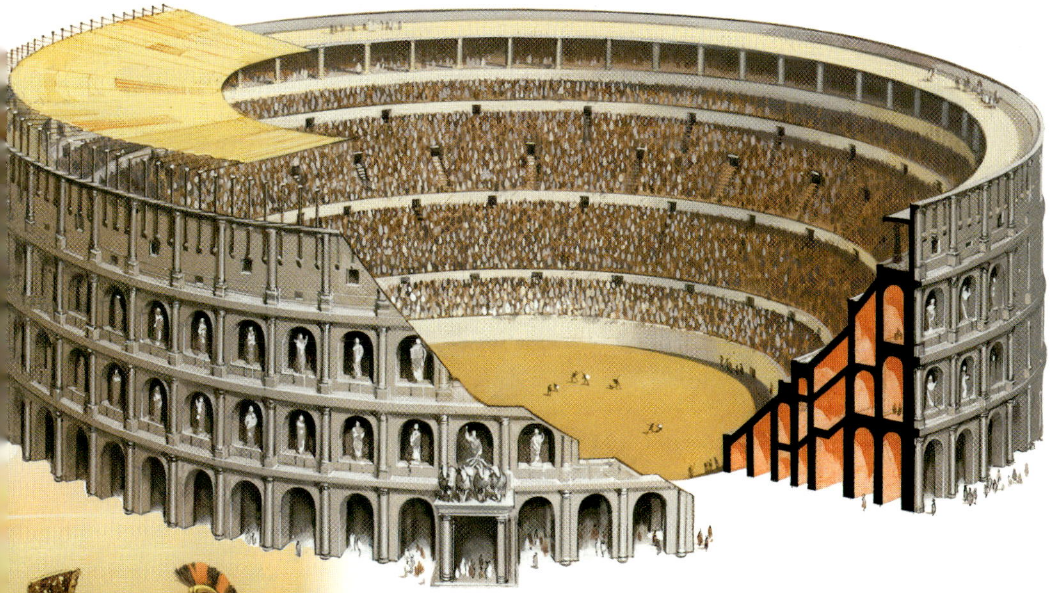

Il Colosseo venne inaugurato nell'80 d.C. con cento giorni di giochi, in cui morirono 2000 gladiatori e 9000 animali.

Chi guidò una rivolta di schiavi?

Spartaco era un soldato tracio venduto come schiavo e divenuto gladiatore a Capua. Nel 73 a.C. capeggiò una rivolta di gladiatori che si insediarono nei pressi del Vesuvio. Sconfisse ripetutamente l'esercito romano e organizzò una rivolta che si propagò per buona parte del sud Italia. La rivolta fu domata solo due anni dopo in una cruenta battaglia dove morirono oltre 60.000 schiavi ribelli.

L'esercito romano

I Romani riuscirono a conquistare un così vasto impero grazie al loro esercito, efficiente, disciplinato e perfettamente addestrato. Gran parte dei soldati romani era dislocata ai confini dell'impero per vigilare che non scoppiassero rivolte contro il dominio di Roma.

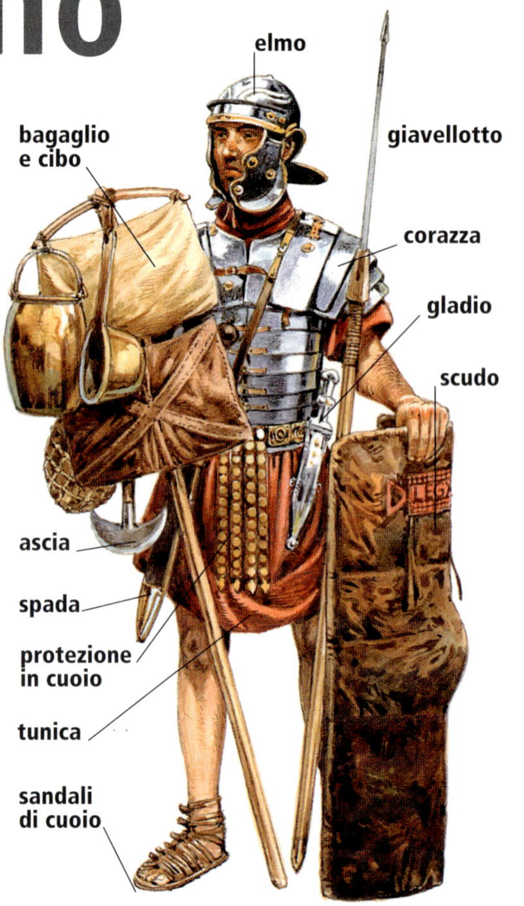

L'esercito romano era addestrato, ben equipaggiato e disciplinato: una sfida quasi impossibile per qualsiasi esercito dell'epoca.

Com'era composto l'esercito?

I soldati erano organizzati in legioni composte da circa 5000 uomini. Le legioni erano divise in centurie, formate da 100 uomini, guidate da un soldato di grande esperienza, chiamato centurione. L'esercito romano era formato soprattutto dalla fanteria ed era equipaggiato con potenti macchine da guerra come le baliste per lanciare lunghi giavellotti e le catapulte per scagliare grossi massi.

Chi conquistò la Gallia?

Giulio Cesare era un patrizio che fu eletto console nel 60 a.C. Era un abile e ambizioso generale e conquistò rapidamente vasti territori, compresi parte della Gallia e della Britannia. Nel 49 a.C. ritornò a Roma e, cinque anni dopo, si dichiarò dittatore a vita, anche se Roma era ancora una repubblica. Fu assassinato lo stesso anno.

Perché la testuggine era invincibile?

La testuggine era una formazione a forma quadrata, in cui i legionari avanzavano in fila proteggendosi su ogni lato con il grande scudo rettangolare. Potevano così avvicinarsi alle linee nemiche con minori danni fino al momento di lanciarsi all'attacco. Era una manovra complessa che richiedeva una notevole disciplina e coordinamento tra i legionari.

Che cosa facevano i legionari?

I legionari non erano soltanto guerrieri combattenti ma anche abilissimi costruttori e ingegneri. Per la maggior parte del tempo il legionario era occupato in addestramenti, costruzione di accampamenti, torri difensive, strade di collegamento. In Germania al confine dell'impero romano furono costruiti oltre 450 km di fortificazioni.

L'aquila in cima a questo stendardo era il simbolo di Roma e del suo potere. Ogni legione dell'esercito aveva la propria insegna che veniva portata in battaglia. La sua conquista da parte del nemico era considerata una disgrazia.

Chi erano gli ausiliari?

Nell'esercito romano venivano arruolati anche soldati originari delle province conquistate, soprattutto per ruoli speciali: arcieri, frombolieri, cavalleria leggera e pesante. Dopo 25 anni di servizio potevano ritirarsi e diventavano cittadini romani.

Chi resistette ai Romani?

I Romani non sottomisero mai le tribù dei Germani a nord e l'impero dei Parti a oriente. I Germani combattevano nelle foreste e non uscivano mai in campo aperto, i Parti erano abili arcieri e vinsero una grande battaglia contro i romani a Carre nel 53 a.C. uccidendo il generale romano Crasso.

Chi attraversò le Alpi con gli elefanti?

Annibale, generale cartaginese, varcò le Alpi con un esercito di 40.000 uomini e 37 elefanti per attaccare Roma da nord. Sconfisse le legioni romane in quattro grandi battaglie. Gli elefanti si rivelarono molto utili: i nemici erano così spaventati che non osavano avvicinarsi.

L'impero romano

Nel momento della sua massima espansione, sotto l'imperatore Traiano, l'impero romano si estendeva su gran parte dell'Europa, sulle coste dell'Africa e in Asia Minore. Tutti i popoli assoggettati erano uniti dalle leggi e dalla lingua, il latino, mentre erano liberi di praticare la loro religione.

Augusto (16 a.C.-14 d.C.) **Adriano (117-138)** **Costantino (306-337)**

Chi furono i principali imperatori?

Dopo l'uccisione di Giulio Cesare, nel 44 a.C., il suo pronipote Augusto divenne il primo imperatore. Tra i suoi successori ci furono Adriano, che rafforzò i confini dell'impero e Costantino, che fu il primo imperatore cristiano.

Quando si affermò il cristianesimo?

Gesù nacque in Galilea, una provincia dell'impero romano, sotto l'impero di Augusto. I primi cristiani furono perseguitati dai Romani e dovevano riunirsi di nascosto. La libertà di culto fu riconosciuta nel 313 da Costantino con l'editto di Milano e il cristianesimo divenne l'unica religione ammessa nel 380 con l'imperatore Teodosio.

Chi scrisse le sue conquiste su una colonna?

L'imperatore Traiano fece erigere nel 114 a.C. una colonna in ricordo della vittoria sui Traci.
I bassorilievi tutt'intorno alla colonna raccontano, in modo molto dettagliato, le gesta dell'esercito romano.

La Colonna Traiana è alta circa 30 m e il bassorilievo si sviluppa a spirale per oltre 200 m.

Quando ebbe fine l'impero romano?

Nel 455 d.C. i Vandali, provenienti dalla Germania, saccheggiarono Roma. Vent'anni dopo, nel 476 d.C., l'imperatore Romolo Augustolo, un ragazzo di soli tredici anni, fu deposto da Odoacre, capo dei Germani. Fu la fine dell'impero.

L'antica Cina

Alla fine di una feroce guerra civile detta degli Stati Combattenti, la dinastia Qin, da cui la Cina prende il nome, riunì il paese in un grande impero. Più tardi la dinastia Han iniziò gli scambi commerciali con l'Occidente.

Continue scorrerie di soldati invadevano le terre dei nemici distruggendone i raccolti.

Che cosa furono gli Stati Combattenti?

Nel V secolo a.C. esistevano numerosi piccoli stati indipendenti in lotta fra loro. Le guerre continue li avevano resi sempre più deboli e poveri. Zheng, il re di Qin, con una serie di guerre vittoriose, ma anche con trucchi e inganni, conquistò tutti gli staterelli e li unificò in un unico impero.

Dove dormiva l'imperatore?

Quando il re Zheng divenne imperatore cambiò nome in Shi Huangdi, che significa "primo imperatore". Organizzò l'impero in modo da avere tutto sotto controllo, emanò leggi rigorose, unificò i sistemi di peso e di misura, fece costruire strade e canali. Fece uccidere centinaia di studiosi e letterati. Nel suo palazzo aveva mille stanze da letto e ogni notte ne sceglieva una diversa per paura di essere assassinato nel sonno.

Chi aveva un esercito di terracotta?

Quando morì, Shi Huangdi fu seppellito in una tomba sontuosa con un esercito di oltre 7000 soldati di terracotta a grandezza naturale, armati ed equipaggiati con cavalli e carri, perché proteggessero lui e i suoi tesori.

Ogni soldato dell'esercito di terracotta ha un viso diverso.

Quando visse Confucio?

Confucio visse tra il 550 e il 479 a.C. Fu un grande maestro che esortava gli uomini a vivere in armonia e ad agire correttamente. Riteneva che l'imperatore dovesse prendersi cura del suo popolo come un padre e che il popolo dovesse amarlo e obbedirgli. La sua filosofia ebbe grande influenza sulla società cinese.

La Grande Muraglia è stata ampliata e ricostruita per parecchi secoli fino al 1640. È stata dichiarata Patrimonio dell'Umanità nel 1987.

475-221 a.C.
Periodo degli Stati Combattenti

221- 206 a.C.
Shi Huangdi, della dinastia Qin, unifica la Cina

214 a.C.
Inizio della costruzione della Grande Muraglia

210 a.C.
Alla morte di Shi Huangdi, l'impero si divide

202 a.C.
La dinastia Han riunifica l'impero

Perché fu costruita la Grande Muraglia?

I primi tratti della Grande Muraglia furono costruiti in terra battuta nel 300 a.C. per difendersi dalle incursioni delle tribù del nord. Nel 222 a.C. Shi Huangdi ordinò che queste parti di mura venissero unite per formare un'unica lunga muraglia. Vennero impiegati 300.000 schiavi e 20 anni di lavoro per completare l'impresa: una muraglia lunga più di 2200 Km.

Quale dinastia avviò contatti con l'Occidente?

Gli imperatori della dinastia Han furono meno severi dei Qin e sotto di loro la Cina ebbe un lungo periodo di prosperità. Gli abitanti delle campagne venivano nella capitale, Chang'an, per vendere i loro prodotti. Nelle strade strette e affollate artigiani, commercianti e contadini offrivano i propri servigi. Lungo la Via della Seta, che giungeva fino al Mediterraneo, si svolgeva un ricco commercio di materie preziose.

I Maya

La civiltà maya si sviluppò in America centrale verso il 1000 a.C. I Maya erano contadini che vivevano in piccoli villaggi e coltivavano mais, fagioli, zucche e peperoni. La costruzione di edifici in pietra e di vere e proprie città ebbe inizio nel 300 d.C. Le città erano indipendenti e spesso in lotta tra loro.

Perché i Maya costruirono le piramidi?

I Maya costruirono enormi piramidi a gradoni in pietra calcarea. Sulla cima c'era un tempio o un osservatorio da dove i sacerdoti-astronomi osservavano il cielo. Il Castillo, la principale piramide della città di Chichen Itza, ha quattro scalinate, ognuna formata da 91 gradini. Sommati al gradino all'ingresso del tempio, fanno 365 gradini: il numero dei giorni dell'anno del calendario maya.

re-dio **nobile** **guerriero** **sacerdote**

Chi governava?

Ogni città-stato maya aveva la propria famiglia reale e veniva governata da un re-dio guerriero che guidava il suo popolo in battaglia. Nella scala sociale venivano poi i nobili, i guerrieri e i sacerdoti, quindi gli artigiani e i mercanti e, per ultimi, i contadini e gli operai. I Maya adoravano il giaguaro e i guerrieri portavano pelli e copricapi di giaguaro, per essere fieri e coraggiosi in battaglia.

Com'erano le città maya?

I Maya furono i primi a costruire grandi città in America. Queste città, che si trovavano nel cuore della giungla, avevano piramidi, templi e palazzi grandiosi costruiti in pietra. I muri erano intonacati e talvolta dipinti di rosso: questo colore era particolarmente importante per i Maya, per motivi religiosi. Talvolta sui muri c'erano decorazioni che raffiguravano dèi e simboli.

Le citta maya erano collegate da una fitta rete di strade nella giungla.

Quale gioco era sacro ai Maya?

I Maya praticavano un gioco simile alla pelota. I giocatori dovevano lanciare una palla di gomma attraverso un anello di pietra colpendola con i gomiti, le cosce, le anche, ma non con le mani o i piedi. La palla rappresentava il sole nel suo corso e non doveva mai toccare terra. Talvolta il capitano della squadra sconfitta veniva sacrificato agli dèi.

1000 a.C.
I Maya si stabiliscono nello Yucatan

300 d.C.
Prime città-stato maya nell'America centrale

600 d.C.
Apogeo della civiltà Maya

850 d.C.
Crollo della cultura classica Maya in America centrale

Come scrivevano i Maya?

L'alfabeto maya era basato sui geroglifici, circa un migliaio di segni pittorici che servivano per rappresentare dèi, animali e altre entità. I Maya scrivevano su cortecce o pelli di animali e molti scritti sono andati perduti, soprattutto durante le invasioni dei *conquistadores*. A noi sono giunte le iscrizioni in pietra sui monumenti e alcuni codici attraverso i quali gli archeologi hanno potuto decifrare la scrittura maya.

Quali dèi adoravano i Maya?

I Maya avevano più di 150 divinità. La più importante era il dio sole, che scendeva negli inferi al tramonto e si trasformava nel dio giaguaro, e il serpente piumato a duc teste. Talvolta i Maya sacrificavano ai loro dèi delle vittime umane, spesso i nemici che catturavano in battaglia.

Gli Aztechi

Gli Aztechi si stabilirono nell'attuale Messico nel 1325 e costruirono Tenochtitlan, la loro capitale, su un'isola al centro del lago Texcoco. L'impero azteco fu distrutto all'arrivo dei *conquistadores* spagnoli nel XVI secolo.

Quali dèi adoravano gli Aztechi?

Gli Aztechi adoravano molti dèi che potevano assumere aspetti diversi. La divinità più importante era Huitzilopochtli, dio della guerra e del sole, al quale erano dedicati i grandi templi a piramide. Il suo nome significava "colibrì" e infatti gli Aztechi credevano che i guerrieri rinascessero sotto forma di questo uccello. Molto importante era anche il dio Quetzalcoatl, raffigurato come serpente piumato, che era venerato in tutte le civiltà messicane.

Al centro della città sorgeva la Grande Piramide. Sulla sommità sorgevano i templi dedicati a Huitzilopochtli e Tlaloc.

Gli Aztechi facevano sacrifici umani?

I sacrifici umani erano una parte importante della religione azteca perché servivano a sfamare e placare gli dèi. A Huitzilopochtli venivano fatti sacrifici ogni giorno per assicurarsi che il sole continuasse a sorgere dopo ogni notte. Le vittime erano guerrieri nemici catturati, che venivano distesi su una pietra sacra in cima al tempio.

Com'era composta la società azteca?

La società azteca era divisa in tre classi: sopra tutti vi era l'imperatore, detto *tlatoani,* e la classe dei nobili. Agricoltori, guerrieri, artigiani e mercanti formavano la classe intermedia, chiamata *macehualli*. Sul gradino più basso vi erano gli schiavi.

A che cosa serviva la Pietra del Sole?

La Pietra del Sole è una pietra scolpita, di 3 metri di diametro, trovata a Tenochtitlan. Al centro è rappresentato il sole e nei cerchi concentrici i simboli dei due calendari aztechi, quello sacro di 260 giorni usato dai sacerdoti, e quello civile e solare di 365 giorni. Ogni 52 anni i due calendari coincidevano perfettamente.

1200
Gli Atzechi si stanziano nella valle del Messico

1325
Fondazione di Tenochtitlan

1521
Tenochtitlan viene distrutta dagli Spagnoli

Com'era costruita Tenochtitlan?

Tenochtitlan sorgeva su un'isola del lago Texcoco. Continuò a crescere fino ad avere una popolazione di 200.000 abitanti. Il terreno era scarso e gli Aztechi costruirono orti galleggianti, chiamati *chinampas,* ancorati sul fondo del lago. I contadini si spostavano sui canali con imbarcazioni dal fondo piatto. La città era collegata a terra con dighe e ponti.

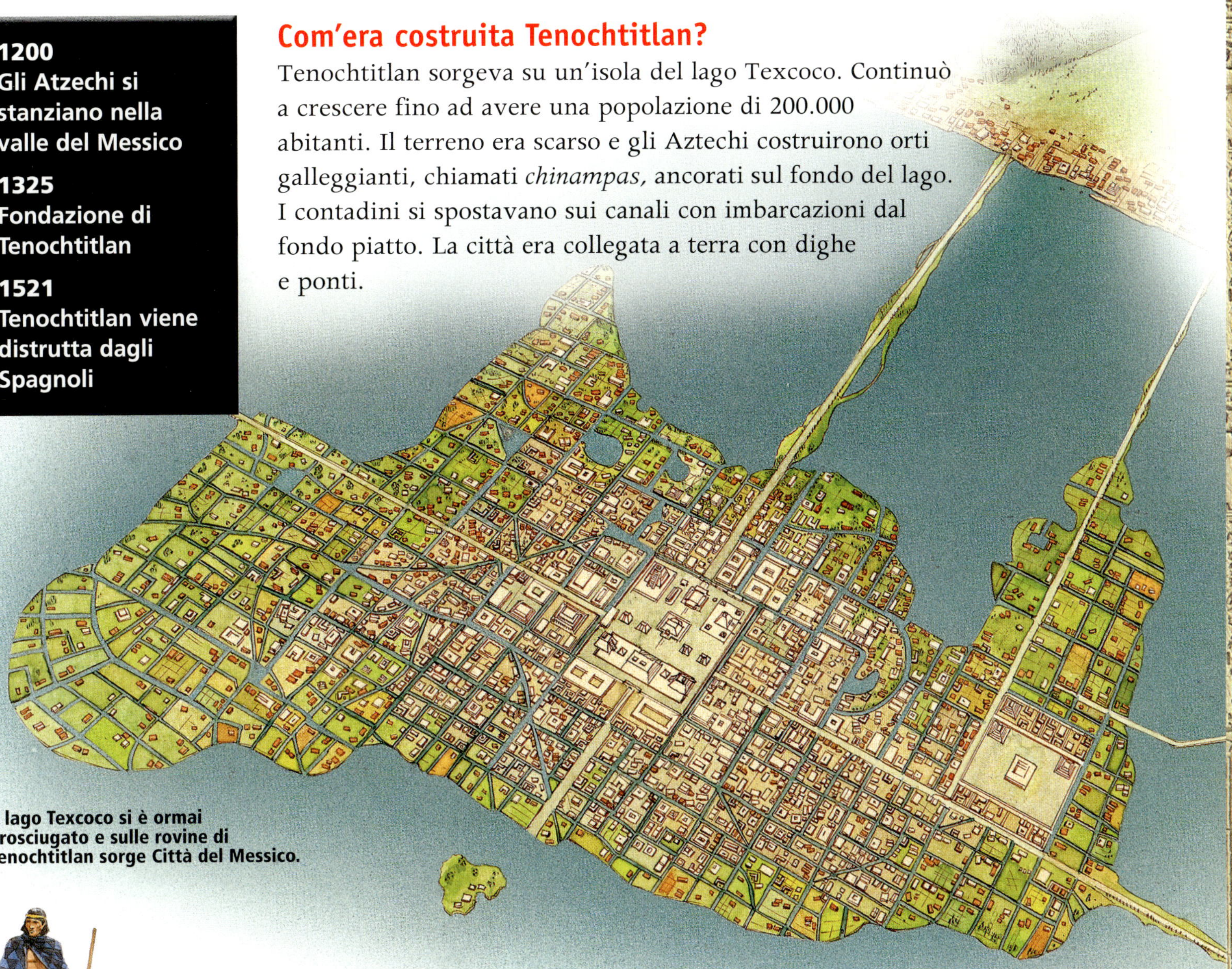

Il lago Texcoco si è ormai prosciugato e sulle rovine di Tenochtitlan sorge Città del Messico.

Chi pagava tributi?

Gli Aztechi sottomisero molti popoli vicini e fondarono un potente impero. Dalle province giungevano a Tenochtitlan beni di ogni tipo come tributo all'imperatore: pelli di giaguaro, giada, polvere d'oro, conchiglie, piume di uccelli tropicali, semi commestibili, mais. Tenochtitlan divenne il centro artigianale e commerciale più importante del Messico.

Il castello medievale

Nel Medioevo il signore del castello governava le terre che gli erano state concesse dal re o da un nobile più potente. Il signore governava i suoi sudditi, risolveva le dispute tra gli abitanti del villaggio, puniva i reati, riceveva principi e vescovi, manteneva soldati, ecclesiastici, servitori e artigiani. In caso di pericolo gli abitanti del villaggio si rifugiavano nel castello.

La costruzione di un castello poteva richiedere decine d'anni.

Qual era la sala più importante del castello?

Nel salone del castello il signore riceveva gli ospiti e imbandiva grandi banchetti in occasione delle feste religiose. Il signore e i suoi ospiti mangiavano alla "tavola alta", tutti gli altri commensali si disponevano alle lunghe tavolate comuni. Ai muri erano appesi gli stendardi e le insegne della casata.

Quali cibi si offrivano nei banchetti?

Un banchetto si componeva di tante portate: quella principale erano le carni, manzo o selvaggina, cotte al forno o allo spiedo e accompagnate da salse. Non esistevano posate né piatti, si mangiava con le mani e i cibi erano appoggiati su grandi fette di pane raffermo. Si beveva vino o birra, e nei banchetti più sontuosi c'erano anche fichi, datteri e agrumi.

Il castello era confortevole?

Nei primi castelli la vita non era affatto comoda: solo il salone e le stanze del signore avevano un camino, si doveva attingere l'acqua dal pozzo nel cortile, le finestre erano piccole feritoie da cui entrava poca luce. I pavimenti di pietra erano coperti di stuoie di giunco per mantenere il calore e di erbe e spezie per coprire gli odori.

Chi erano i menestrelli?

I menestrelli o trovatori erano musicisti-poeti che andavano di corte in corte e intrattenevano gli ospiti cantando canzoni d'amore e le gesta eroiche dei cavalieri. Si accompagnavano con il liuto e l'arpa.

Cosa si acquistava al mercato?

Una volta alla settimana il villaggio si animava per il mercato. Vi si poteva trovare di tutto: pagnotte, uova, verdure, oche e galline, tessuti e oggetti come vesti, cinture, coltelli, attrezzi agricoli. Nel Medioevo l'uso delle monete era ancora poco diffuso e fino al XII secolo gli scambi avvenivano con il baratto.

Chi veniva istruito?

I figli dei nobili avevano insegnanti privati, spesso preti, che insegnavano grammatica, logica, latino e matematica. I figli dei contadini imparavano a lavorare i campi o un mestiere come apprendisti nelle botteghe artigiane. Pochi sapevano leggere e scrivere.

Come vivevano i contadini?

Sia che fossero liberi o servi, la condizione dei contadini era durissima. Si coltivavano principalmente grano, orzo, avena e verdure, ma la terra era poco fertile e i raccolti dipendevano dai capricci del tempo. Solo con l'introduzione dell'aratro in ferro trainato dai cavalli, nel XII secolo, si poté aumentare l'estensione dei campi coltivati, praticare la rotazione delle colture e aumentare i raccolti.

I cavalieri

Lo scopo delle guerre medievali era la conquista di castelli o città, che venivano strette d'assedio. Gli assedi potevano durare molto a lungo. Le guerre medievali seguivano le regole della cavalleria, che imponevano rispetto verso i prigionieri di rango, che non dovevano venire uccisi ma liberati dietro pagamento di un riscatto.

Com'era fatta un'armatura?

Nel XV secolo i cavalieri cominciarono a indossare la corazza, che offriva una protezione migliore rispetto alla cotta di maglia. Le grandi placche di acciaio erano tenute insieme da placche più piccole dette lame, il collo era protetto dalla gorgiera. Il problema delle corazze, oltre al costo altissimo, era il loro peso che poteva raggiungere anche i 25 kg!

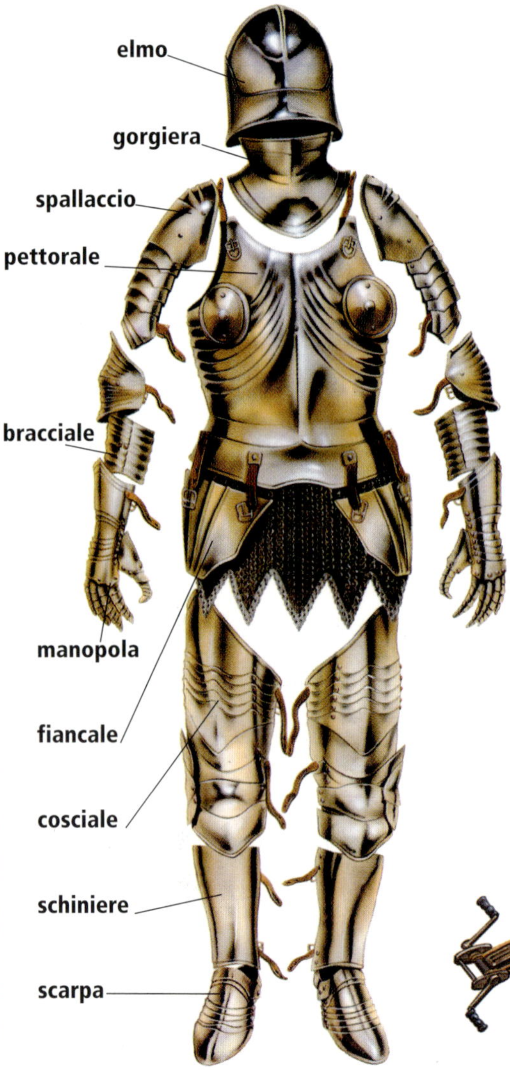

Come combattevano i cavalieri?

Il cavaliere lanciato alla carica, ben saldo sulle staffe e armato di lancia, era un avversario veramente temibile.
Dopo la carica poteva combattere con una mazza o con la spada lanciando fendenti dall'alto del suo destriero. Se però veniva disarcionato era più vulnerabile e impacciato per il peso dell'armatura.

Che cos'era il destriero?

Destriero era il nome usato per indicare il cavallo da guerra. I destrieri erano stalloni grossi e potenti, capaci di portare velocemente i loro padroni sul campo di battaglia. I migliori erano quelli italiani e spagnoli. Il nome forse ha origine dallo scudiero che lo portava con la mano destra.

Chi era l'araldo?

L'araldo era un funzionario del re che stabiliva le regole per la creazione di nuovi stemmi e li annotava sui libri araldici. Durante i tornei era l'araldo che annunciava i cavalieri; al termine delle battaglie aveva l'ingrato compito di percorrere il campo di battaglia per identificare i cavalieri morti sul campo. L'araldo aveva anche il compito di trasmettere i messaggi tra gli eserciti in guerra.

Per espugnare il castello di Chateau Gaillard, i francesi entrarono dalle latrine.

Come si assediava un castello?

Gli attaccanti usavano arieti per sfondare le porte e catapulte per lanciare grosse pietre contro le mura. Per penetrare all'interno del castello scavavano gallerie sotto le mura o avvicinavano le torri d'assedio alle mura. Da terra gli arcieri lanciavano frecce contro i difensori.

Come veniva difeso il castello?

I difensori del castello scagliavano frecce dalle feritoie e lanciavano pietre, acqua bollente e ferri arroventati contro il nemico. Gruppi di cavalieri facevano delle sortite fuori dal castello per abbattere le macchine d'assedio e uccidere i manovratori. Spesso gli assediati erano costretti ad arrendersi per fame.

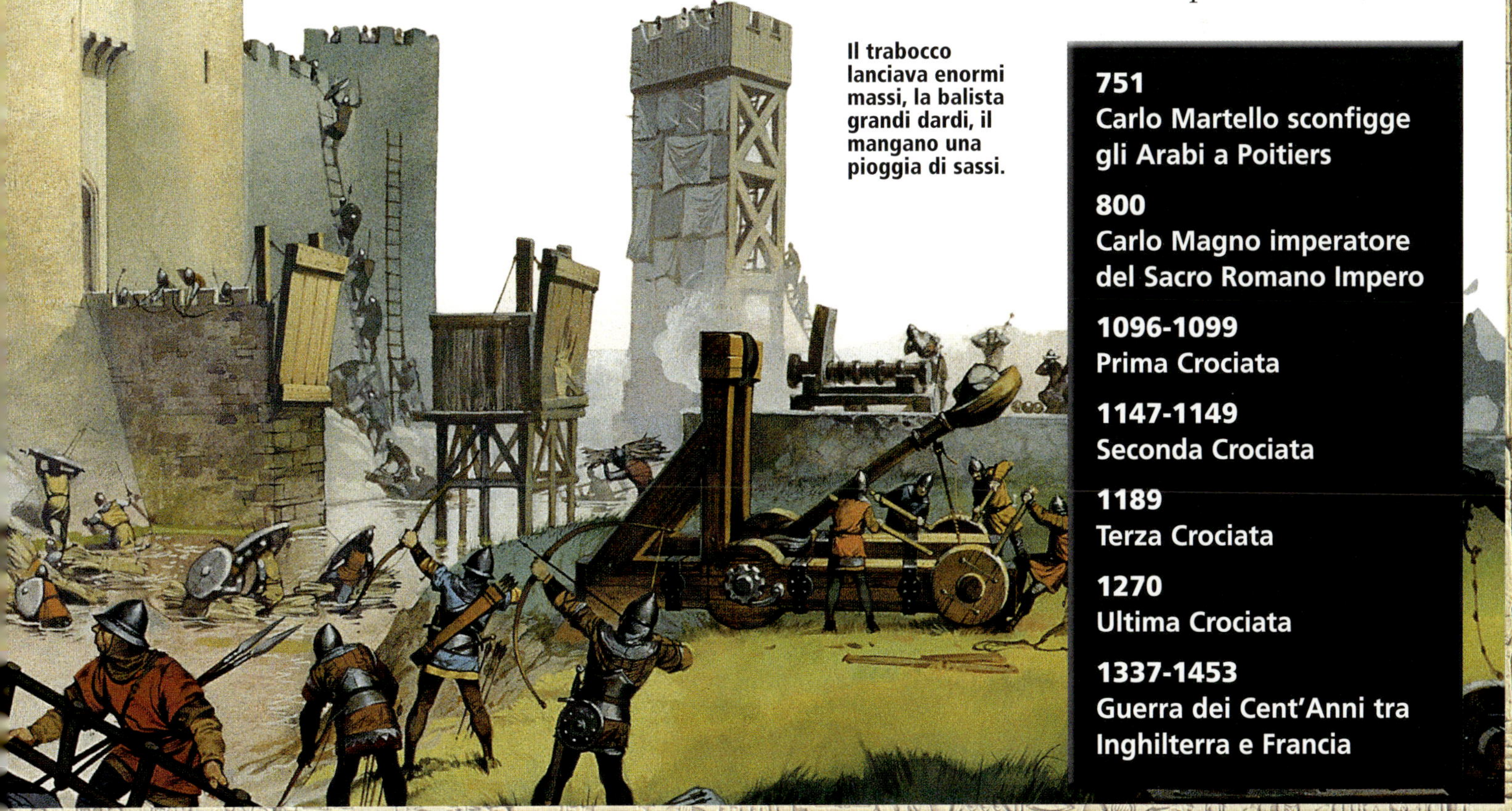

Il trabocco lanciava enormi massi, la balista grandi dardi, il mangano una pioggia di sassi.

751
Carlo Martello sconfigge gli Arabi a Poitiers

800
Carlo Magno imperatore del Sacro Romano Impero

1096-1099
Prima Crociata

1147-1149
Seconda Crociata

1189
Terza Crociata

1270
Ultima Crociata

1337-1453
Guerra dei Cent'Anni tra Inghilterra e Francia

Il Rinascimento

Il Rinascimento fu un periodo di profondo rinnovamento nella cultura e nelle arti. Pittori, scultori e architetti erano ricercatissimi dai principi rinascimentali per abbellire le città con piazze, palazzi e chiese. Nuove idee, politiche, artistiche e letterarie si diffusero dall'Italia in tutta Europa, entrando spesso in conflitto con quelle della Chiesa.

Perché Firenze fu la culla del Rinascimento?

Firenze era governata dai Medici, una famiglia di mercanti e banchieri che profuse grandi ricchezze per abbellire la città con chiese e palazzi. Il più famoso esponente della famiglia fu Lorenzo il Magnifico, letterato e protettore delle arti, signore della città dal 1469 al 1492. A Firenze soggiornarono molti artisti, come Leonardo da Vinci, Michelangelo, Raffaello e Brunelleschi, che progettò e diresse la costruzione del duomo.

Perché Leonardo fu un genio?

Col Rinascimento maturò un nuovo modo di concepire l'uomo e il mondo che lo circondava. Al posto dei dogmi e delle imposizioni medievali, l'uomo rinascimentale era consapevole delle proprie capacità e desideroso di affrontare e conoscere il mondo. Leonardo fu pittore, scultore, architetto, ingegnere, anatomista, letterato e si occupò di studi sul volo, armi, matematica e geometria, idraulica, ottica, geologia, geografia astronomica, botanica, meccanica... non ci fu campo del sapere dell'epoca al quale non si dedicò, spesso con sorprendenti intuizioni e anticipazioni. Visse a Firenze, a Roma, a Milano e in Francia e realizzò alcuni tra i più grandi capolavori della pittura di ogni tempo.

Chi usò nuovi colori?

Durante il Rinascimento i pittori iniziarono a usare i colori a olio: polverizzavano i pigmenti minerali e li mescolavano con olio per ottenere colori più brillanti e duraturi rispetto alla tempera. Inoltre i colori a olio sono più fluidi e possono essere stesi in modo più uniforme. Leonardo da Vinci sfruttò questa nuova tecnica per molti suoi capolavori.

Michelangelo mentre dipinge la Cappella Sistina in Vaticano.

Che cos'è la prospettiva?

La prospettiva è un insieme di regole geometriche che permettono di rappresentare gli oggetti nello spazio in maniera più verosimile. Nel Rinascimento questa tecnica, assieme all'attenzione per la fisionomia dell'uomo e all'abbandono di inutili ornamenti, ha portato alla realizzazione di grandissimi capolavori.

Quali soggetti preferivano gli artisti?

Gli scultori rinascimentali preferivano opere realistiche ispirate alla scultura classica, con particolare attenzione al corpo umano. Il David di Michelangelo, una statua di marmo alta 4 metri, è una delle statue più famose del Rinascimento.

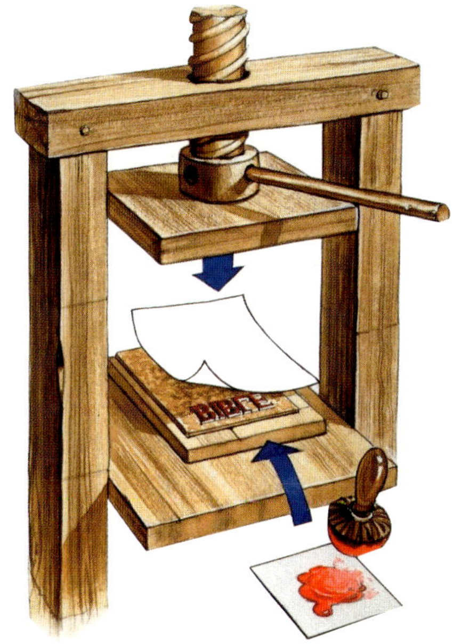

Chi inventò la stampa a caratteri mobili?

L'invenzione della stampa a caratteri mobili risale all'orefice tedesco Johann Gutenberg, che inventò la pressa da stampa a caratteri mobili intorno al 1440. Nel 1455 Gutenberg stampò un'edizione della Bibbia in latino. La nuova invenzione si diffuse rapidamente in tutta Europa, facilitando la circolazione delle nuove idee.

Chi fu l'inventore del metodo sperimentale?

Galileo Galilei (1564-1642) mise in discussione le teorie degli antichi filosofi come Aristotele, sostenendo che nelle questioni di scienza si potesse progredire solo interrogando la natura con "sensate esperienze". Fece numerosi esperimenti per scoprire la legge di caduta dei gravi e si narra che li facesse dalla sommità della Torre di Pisa. Con l'invenzione di strumenti perfezionati, i risultati degli esperimenti potevano essere misurati con grande accuratezza.

Le esplorazioni

Nel corso del XV e XVI secolo i navigatori europei cercarono una rotta marittima verso le Indie, allo scopo di intensificare il commercio delle sete e delle spezie con l'Oriente. Dopo la caduta dell'impero mongolo, che garantiva la sicurezza dei commerci lungo la Via della Seta, quel percorso era divenuto molto pericoloso.

Come erano fatte le navi di Colombo?

La nave più grande era la *Santa María,* un robusto veliero da trasporto a tre alberi con grandi vele quadrate, mentre le altre due navi, la *Niña* e la *Pinta,* erano più piccole e leggere, ma più veloci. La *Santa María* era la nave di Colombo, era lunga 21 metri e aveva un equipaggio di 40 uomini, ed era chiamata la Capitana.

Chi finanziò i viaggi di Colombo?

Dopo il rifiuto del re del Portogallo, Colombo riuscì a convincere del suo progetto la regina Isabella di Castiglia che gli concesse tre navi, la *Niña*, la *Pinta* e la *Santa María*. Partì dalla Spagna il 3 agosto 1492, e sbarcò sull'isola di San Salvador, nei Caraibi, il 12 ottobre. Colombo rimase sempre convinto di aver raggiunto le Indie, per questo motivo chiamò "indiani" gli abitanti del luogo.

La *Santa María* era una caracca, mentre la *Niña* e la *Pinta* erano delle caravelle.

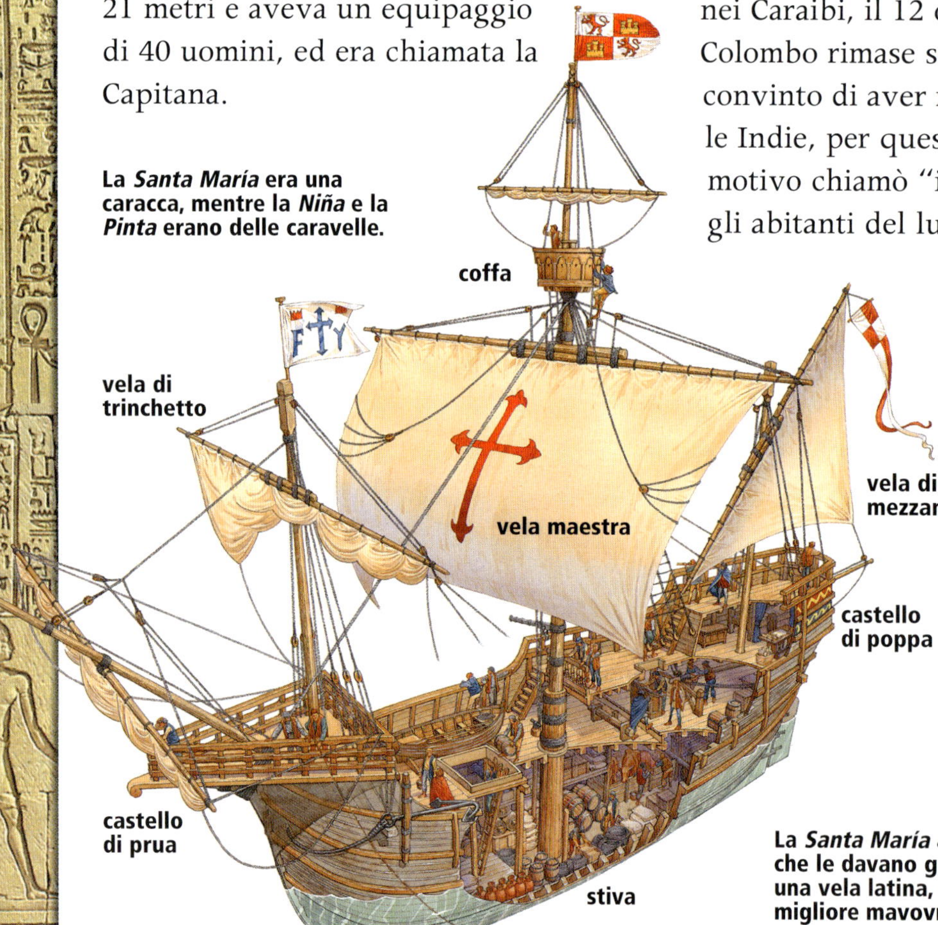

La *Santa María* aveva vele quadre, che le davano grande potenza, e una vela latina, che permetteva una migliore mavovrabilità.

Quali strumenti venivano usati per la navigazione?

Carte, portolani e diari erano il patrimonio del comandante. La bussola era già nota dal XII secolo, mentre astrolabi e quadranti servivano per misurare l'altezza del sole sull'orizzonte. Tuttavia, solo con il cronometro di Harrison del 1760 si potè calcolare con precisione la posizione di una nave in navigazione.

Chi scoprì la nuova rotta delle spezie?

Nel 1497 Vasco da Gama partì da Lisbona, superò il capo di Buona Speranza e risalì verso nord costeggiando l'Africa orientale. Prese a bordo un esperto navigatore arabo che lo guidò fino a Calicut, nell'India meridionale, dove imbarcò un carico di spezie e pietre preziose. Era la prima volta che una nave europea raggiungeva l'India. Dieci anni prima Bartolomeo Diaz aveva oltrepassato il capo di Buona Speranza, ma era tornato indietro.

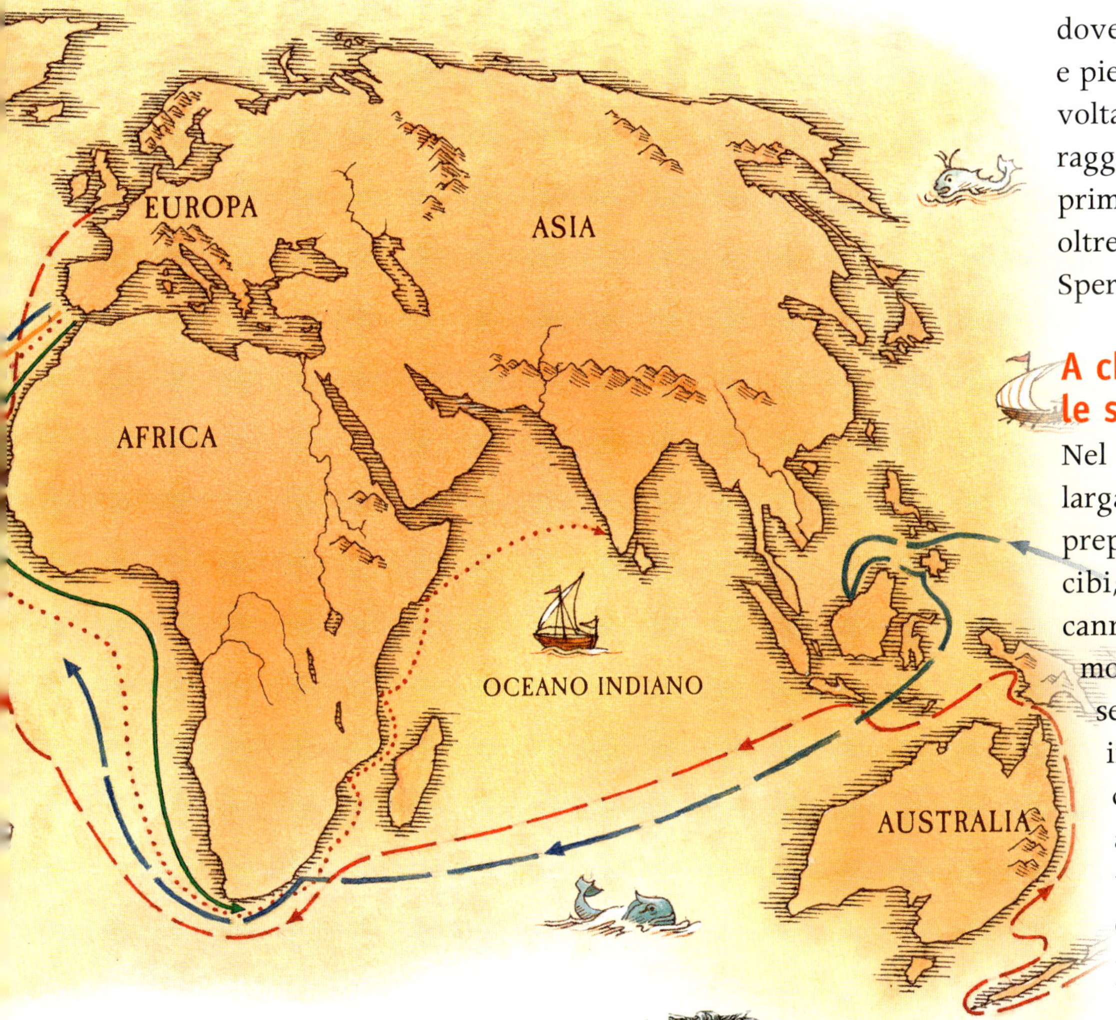

A che cosa servivano le spezie?

Nel Medioevo le spezie erano largamente usate sia nella preparazione e conservazione dei cibi, sia per scopi curativi. Pepe, cannella, chiodi di garofano, noce moscata, cardamomo e zenzero servivano per conservare e insaporire i cibi; cannella e chiodi di garofano servivano anche per aromatizzare il vino. L'aloe e la canfora erano ricercati per la preparazione di farmaci.

Chi erano i conquistadores?

I *conquistadores* erano gli invasori spagnoli che conquistarono le civiltà indigene dell'America Centrale e del Sudamerica nel XVI secolo. Tra i più famosi ci fu Francisco Pizarro, che distrusse l'impero inca nel 1532.

Chi completò il primo giro del mondo?

Nel 1519 Magellano partì dal Portogallo con cinque navi e 260 uomini di equipaggio, doppiò la punta del Sudamerica e scoprì l'Oceano Pacifico. Magellano venne ucciso nelle Filippine, ma i suoi uomini proseguirono e ritornarono in Spagna. Quattro navi erano andate perdute e i sopravvissuti furono appena 18.

L'età delle rivoluzioni

Gli ultimi decenni del XVIII secolo sono chiamati l'età delle rivoluzioni perché in Europa e in Nordamerica nuove idee portarono i sudditi a sollevarsi contro i privilegi della nobiltà e a lottare per l'uguaglianza dei diritti di tutti i cittadini.

Chi erano i coloni?

I coloni inglesi erano i discendenti dei Padri Pellegrini che nel 1620 avevano lasciato la madrepatria per fondare una società nuova. La vita era molto dura e austera: vanto del colono era sapere costruire con le proprie mani qualunque oggetto gli servisse: dalla casa agli abiti, agli strumenti per coltivare la terra.

I Padri Pellegrini avevano lasciato l'Inghilterra per motivi religiosi.

Perché i coloni inglesi si ribellarono?

L'Inghilterra pretendeva di imporre tasse ai coloni e imponeva loro di commerciare solo con la madrepatria. Per ribellarsi i coloni decisero di non comprare più merci inglesi e quando, nel 1773, nel porto di Boston arrivarono navi inglesi cariche di té, un gruppo di coloni travestiti da indiani ne gettarono il carico in mare. Questo atto segnò l'inizio della Guerra d'Indipendenza Americana che si concluse nel 1783.

La rivolta del té fu chiamata *Tea Party.*

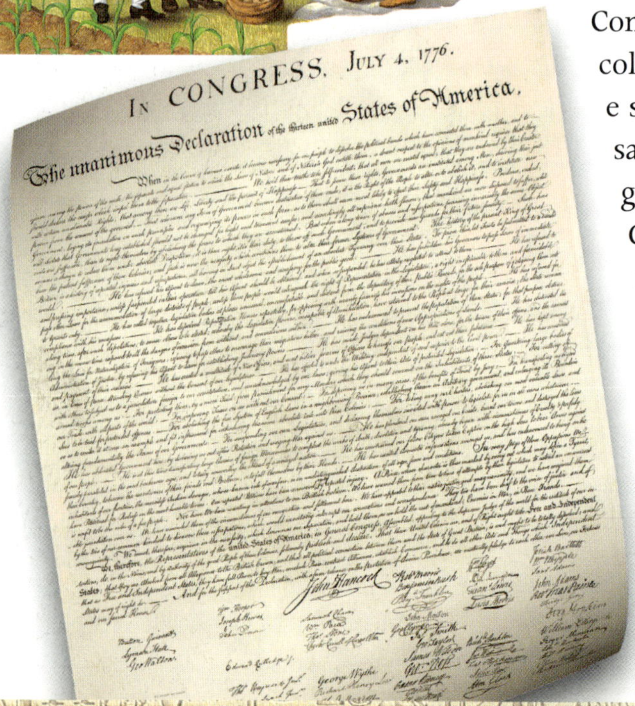

In Congress. July 4. 1776.

The unanimous Declaration of the thirteen united States of America,

Quando nacquero gli Stati Uniti?

Con la Dichiarazione di Indipendenza del 4 luglio 1776 le tredici colonie americane si dichiararono indipendenti dall'Inghilterra e si diedero il nome di Stati Uniti d'America. La Dichiarazione sanciva che tutti gli uomini nascono uguali e che compito dei governi è garantire il diritto alla vita, alla libertà e alla felicità. George Washington, che aveva guidato l'esercito delle colonie, fu il primo presidente degli Stati Uniti.

Sul Monte Rushmore sono scolpiti i volti dei più famosi presidenti degli Stati Uniti: Washington, Jefferson, Roosevelt e Lincoln.

Perché scoppiò la Rivoluzione Francese?

Il 14 luglio 1789 scoppiarono rivolte tra la popolazione francese, a causa dell'estrema povertà in cui versava la maggior parte della popolazione, che sopportava pesanti tasse per mantenere i privilegi della nobiltà e del clero. Il re Luigi XVI cercò di fuggire, ma fu arrestato e ghigliottinato. Il 26 agosto 1789, con la Dichiarazione dei diritti dell'uomo e del cittadino, vennero affermati i principi fondamentali di libertà di pensiero e parola, e l'uguaglianza di tutti i cittadini di fronte alla legge.

Che cos'era la Bastiglia?

La Bastiglia era la prigione di Parigi, simbolo del potere monarchico e deposito di armi e munizioni. Venne assalita il 14 luglio 1789 dal popolo di Parigi dando inizio alla Rivoluzione Francese.

Chi fu Napoleone?

Napoleone Bonaparte era un giovane e brillante generale che nel 1779, con l'aiuto dell'esercito, rovesciò il governo nato dalla Rivoluzione. Nel 1804 si incoronò imperatore dei francesi, riorganizzò lo stato con nuove leggi e iniziò una serie di guerre per conquistare l'Europa. Dopo numerose vittorie venne sconfitto a Waterloo nel 1815. Morì nel 1821 in esilio sull'isola di Sant'Elena.

1773
Tea party a Boston

1776
Dichiarazione di indipendenza americana

1789
George Washington primo presidente degli Stati Uniti d'America

1789
Assalto alla Bastiglia

1792
Proclamazione della Republica Francese

1804
Napoleone è incoronato imperatore dei francesi

1815
Napoleone sconfitto a Waterloo

La rivoluzione industriale

Fino al XVIII secolo le merci venivano prodotte a mano e in piccole quantità. Con la rivoluzione industriale si cominciarono a produrre grandi quantità di merci molto rapidamente, grazie al lavoro delle macchine. Questa rivoluzione ebbe conseguenze che modificarono il modo di vivere in tutto il mondo.

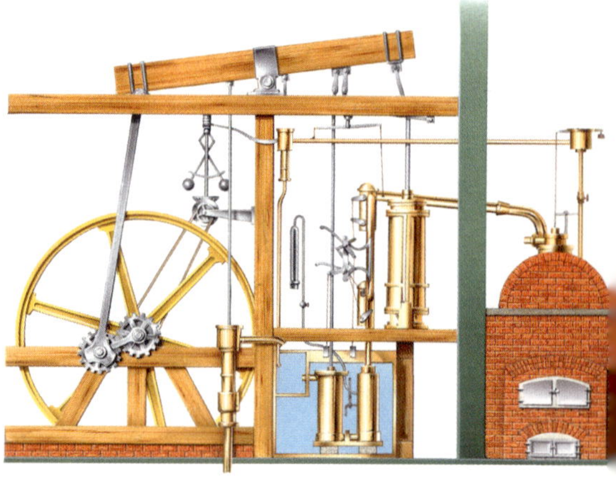

Chi inventò il filatoio a energia idraulica?

Nel 1771 Richard Arkwright trasformò un mulino ad acqua in una fabbrica per la produzione di tessuti utilizzando la ruota idraulica per azionare dei filatoi meccanici.

il filatoio di Arkwright

A che cosa servivano le prime macchine a vapore?

Nel 1712 un fabbro inglese, Thomas Newcomen, costruì la prima macchina a vapore, che venne impiegata per pompare l'acqua che si infiltrava nelle miniere di carbone. Nel 1769 lo scozzese James Watt fece delle modifiche in modo che potesse azionare altre macchine come i telai e le macchine filatrici.

Quando fu inventata la prima locomotiva?

Nel 1804 Richard Trevithick costruì la prima locomotiva a vapore capace di muoversi sui binari, ma era così pesante che i binari si spezzavano. La prima locomotiva moderna fu il *Rocket*, costruita da George Stephenson nel 1829, che entrò in servizio sulla ferrovia tra Liverpool e Manchester. Nel 1839 venne inaugurata la prima ferrovia italiana, la Napoli-Portici. In pochi anni le ferrovie si diffusero in tutta Europa.

Quando sorsero le prime città industriali?

Con l'utilizzo delle macchine, il lavoro si concentrò nelle fabbriche, dove gli operai lavoravano anche 14 ore al giorno per un salario bassissimo. Le fabbriche venivano costruite nei luoghi più favorevoli per il trasporto delle merci e delle materie prime, vicino a strade o canali. Attorno alle fabbriche sorsero i quartieri dove vivevano gli operai, fatti di casette a due piani costruite una attaccata all'altra.

la locomotiva Saint Pierre, costruita in Francia nel 1844

Che cos'era la Cotton Gin?

Con le nuove macchine la produzione tessile aumentò e rese insufficiente il cotone importato dall'India. Un americano inventò una macchina sgranatrice, la Cotton Gin, che permetteva di utilizzare il cotone americano, di qualità inferiore. Per far fronte alla domanda, nel sud degli USA gli schiavi passarono da 700.000 nel 1790 a 3.200.000 nel 1850.

ponte in ferro, 1799

Chi costruì i primi ponti in ferro?

Nuovi metodi di lavorazione del ferro permisero di produrre grandi quantità di ghisa e acciaio a costi contenuti. Questi materiali furono usati per costruire ponti, serre, stazioni ferroviarie, mercati coperti.

1769
James Watt costruisce la prima macchina a vapore
Richard Arkwright inventa il filatoio a energia idraulica

1787
Edmund Cartwright inventa il telaio meccanico a vapore

1825
Prima linea ferroviaria tra Stockton e Darlington in Gran Bretagna

1833
Prima regolamentazione delle condizioni del lavoro industriale in Gran Bretagna

1838
Primo telegrafo elettrico (Gran Bretagna)

1839
Prima ferrovia italiana (Napoli-Portici)

L'aria era inquinata dai fumi delle fabbriche.

Le case degli operai venivano costruite vicino alle fabbriche.

Le merci prodotte nelle fabbriche venivano trasportate lungo i canali.

Che cos'erano le Società di Mutuo Soccorso?

Le condizioni di lavoro nelle fabbriche erano terribili per uomini e donne, ma soprattutto per i bambini che, già a 5-6 anni, erano costretti a lavorare in ambienti malsani per 13-15 ore al giorno con salari bassissimi, che permettevano a malapena la sopravvivenza. Le prime Società di Mutuo Soccorso, antenate dei sindacati, organizzarono scioperi e proteste contro le condizioni di lavoro e alla fine ottennero le prime leggi per regolamentare gli orari di lavoro e il lavoro minorile.

La Prima Guerra Mondiale

Chiamata anche Grande Guerra, la Prima Guerra Mondiale coinvolse milioni di soldati in tutta Europa. Il conflitto scoppiò nel 1914, quando fu assassinato l'arciduca d'Austria Francesco Ferdinando. L'Austria-Ungheria dichiarò guerra alla Serbia e al suo fianco si schierarono la Germania, la Bulgaria e la Turchia. A fianco della Serbia si schierarono Russia, Francia, Gran Bretagna, cui poi si aggiunsero l'Italia, il Giappone e gli Stati Uniti.

Mark IV

Che cos'era la guerra di trincea?

Lungo il fronte occidentale la guerra fu una guerra di posizione, in cui gli eserciti si fronteggiavano dalle opposte trincee a una distanza di poche centinaia di metri. Le trincee, protette da sacchi di sabbia, filo spinato e dalle mitragliatrici, erano fredde, malsane e piene di fango. I soldati ci vivevano per settimane sottoposti a bombardamenti e incursioni continue. A Ypres i tedeschi usarono i gas asfissianti contro le trincee nemiche causando la morte di 90.000 soldati. Verso la fine della guerra tutte le truppe erano dotate di maschere antigas.

maschera antigas

I carri armati cambiarono il corso della guerra?

Inventati dagli scienziati britannici, i carri armati furono usati per la prima volta nel 1916. Erano dotati di mitragliatrici e cannoni in grado di sfondare le linee nemiche, ma avevano difetti meccanici che li rendevano inaffidabili e a volte erano più un intralcio che un aiuto per la fanteria. Il Mark IV era corazzato e poteva resistere all'artiglieria anticarro.

Quando si svolsero le prime battaglie aeree?

Durante la Prima Guerra Mondiale furono usati per la prima volta mezzi aerei. Inizialmente gli aerei venivano usati per attività di spionaggio e per raccogliere informazioni sulla posizione delle truppe nemiche. In seguito vennero equipaggiati con mitragliatrici e bombe e si svolsero veri e propri combattimenti aerei. Il Fokker D VII era considerato il miglior aereo da combattimento del tempo.

la battaglia dello Jutland

Quale fu la più grande battaglia navale?

La più grande battaglia navale fu combattuta nel mare del Nord, vicino allo Jutland, nel 1916. Entrambi i contendenti reclamarono la vittoria, ma la flotta tedesca ritornò nei porti e non ne uscì più fino alla fine della guerra. Gli inglesi, pur avendo subito gravissime perdite, mantennero il controllo dei mari.

Che cosa accadde a Caporetto?

Caporetto è un paese a nord di Gorizia sul fiume Isonzo. Nell'ottobre del 1917, dopo due anni di guerra di posizione, gli austroungarici sferrarono un'offensiva travolgendo l'esercito italiano che dovette arretrare fino al Piave. Ancora oggi il termine sta a significare una disfatta.

Che cosa succedeva nelle retrovie?

Nelle retrovie venivano usati carri trainati da cavalli per trasportare munizioni, pezzi di artiglieria, vettovagliamenti, truppe e soldati feriti.

Chi erano i Ragazzi del '99?

Nei primi anni del 1917 in Italia furono chiamati alle armi i ragazzi nati nel 1899, da cui presero il nome. Le giovanissime reclute, appena diciottenni, furono inviate al fronte in un momento di gravissima crisi dell'esercito dopo la disfatta di Caporetto.

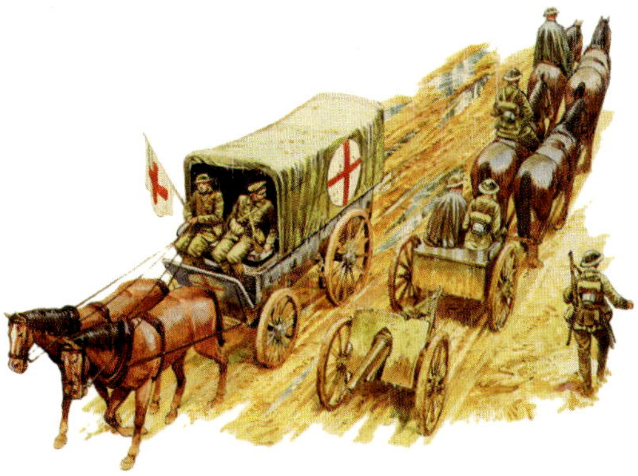

1914
Austria-Ungheria e Germania dichiarano guerra alla Russia e alla Francia. La Gran Bretagna dichiara guerra alla Germania

1915
Intervento dell'Italia contro l'Austria-Ungheria

1917
Rivoluzione d'Ottobre in Russia. Gli Stati Uniti entrano in guerra a fianco dell'Intesa. Disfatta di Caporetto

1918
Germania e Austria-Ungheria chiedono l'armistizio

1919
Conferenza di pace a Parigi

La Seconda Guerra Mondiale

La Seconda Guerra Mondiale fu il più grande conflitto armato della storia. Si combatté in Europa, Asia, Africa, Sudamerica e nel Pacifico. In totale morirono 55 milioni di persone.

Adolf Hitler

Chi inventò la guerra lampo?

Le forze armate tedesche svilupparono un nuovo modo di combattere: non più trincee e guerre di posizione, ma veloci incursioni con carri armati sostenuti dall'aviazione e affiancati da fanteria motorizzata. Con questa tattica la Germania invase, nel 1939-40, Polonia, Danimarca, Norvegia, Belgio, Olanda e Francia. Questa nuova tattica fu resa possibile dai miglioramenti ai carri armati e alle comunicazioni via radio.

Dove si svolse la Battaglia d'Inghilterra?

Hitler, per preparare l'invasione dell'Inghilterra, nel 1940 iniziò una campagna di violenti bombardamenti, spesso anche contro obiettivi civili. La difesa dell'aviazione inglese fu strenua: i duelli aerei sui cieli della Manica presero il nome di Battaglia d'Inghilterra, la prima grande battaglia aerea. La Germania dovette desistere dall'invasione, nonostante gli enormi danni causati alle città inglesi.

Chi fu Adolf Hitler?

Diventato cancelliere della Germania nel 1933, Adolf Hitler instaurò una feroce dittatura. Fu fautore di una politica di discriminazione e sterminio che colpì gruppi etnici, oppositori, minoranze religiose e soprattutto gli Ebrei, e causò la morte di milioni di persone. Formò un'alleanza con Mussolini chiamata Asse Roma-Berlino, poi estesa al Giappone. Per garantire lo "spazio vitale" tedesco, nel 1939 invase i paesi dell'Europa orientale dando inizio alla Seconda Guerra Mondiale. Quando la Germania fu infine sconfitta dagli Alleati nel 1945, si suicidò nel suo rifugio a Berlino.

Che cosa fu l'Operazione Barbarossa?

Nel 1941 Hitler scatenò l'imponente Operazione Barbarossa per invadere e sottomettere l'Unione Sovietica. L'avanzata tedesca fu travolgente ma, al giungere dell'inverno, i tedeschi furono bloccati alle porte di Mosca. Per tutto il 1942 e il 1943 il lunghissimo fronte orientale fermò l'espansione tedesca. L'Armata Rossa, nonostante le elevatissime perdite, iniziò nel 1944 la controffensiva.

Per bloccare i rifornimenti navali dall'America all'Inghilterra, i tedeschi utilizzarono i temibili sottomarini U-boot nelle acque del Nord Atlantico.

Quando entrò in guerra l'Italia?

Nel 1940, credendo che la guerra sarebbe finita in pochi mesi, Benito Mussolini dichiarò guerra a Francia e Inghilterra, nonostante la debolezza delle forze armate italiane. Nel 1943 gli Alleati sbarcarono in Sicilia e l'Italia firmò l'armistizio. L'Italia rimase divisa in due (Alleati al sud e tedeschi al nord) fino alla Liberazione nel 1945.

Che cosa avvenne a Pearl Harbour?

Il 7 dicembre 1941 i bombardieri giapponesi attaccarono la base navale americana di Pearl Harbour, nelle Hawaii. Cinque navi da guerra furono affondate, 14 furono gravemente danneggiate e 174 aerei furono distrutti. Dopo questo attacco l'America entrò in guerra a fianco degli Alleati.

l'attacco a Pearl Harbour

il *D-Day*, lo sbarco in Normandia

Che cosa fu il D-day?

Il *D-Day* fu il giorno dello sbarco delle forze alleate in Normandia, nel nord della Francia, il 6 giugno 1944. Fu il più massiccio attacco via terra, mare e aria di tutta la storia: sulle coste della Normandia affluirono un milione e mezzo di uomini con decine di migliaia di mezzi corazzati, appoggiati da migliaia di aerei.

Quando fu sganciata la prima bomba atomica?

Nell'agosto del 1945 due bombe atomiche, l'arma più micidiale mai inventata, vennero sganciate sulle città giapponesi di Hiroshima e Nagasaki. Morirono più di 150.000 persone. Il 2 settembre il Giappone si arrese. La guerra era finita.

1938
Hitler invade l'Austria

1939
Patto di non aggressione tedesco-sovietico, patto d'Acciaio tra Italia e Germania
Hitler invade la Polonia
Francia e Gran Bretagna dichiarano guerra alla Germania

1940
Hitler invade Norvegia, Danimarca, Belgio, Olanda, Francia
L'Italia entra in guerra
Battaglia aerea d'Inghilterra

1941
Hitler invade l'URSS
I giapponesi bombardano Pearl Harbour: gli Stati Uniti entrano in guerra

1943
I tedeschi si arrendono a Stalingrado
L'Italia firma l'armistizio

1944
Sbarco anglo-americano in Normandia

1945
Liberazione dell'Italia
La Germania si arrende
Suicidio di Hitler
Bombe atomiche sul Giappone

La Guerra Fredda

Al termine della Seconda Guerra Mondiale il mondo era diviso in due blocchi contrapposti ideologicamente: da una parte gli Stati Uniti, dall'altra l'Unione Sovietica, ciascuno con i propri alleati. Questa situazione di ostilità e diffidenza che caratterizzò il periodo tra 1945 e il 1989, anche se non sfociò in un conflitto diretto, fu chiamata Guerra Fredda. I due paesi rafforzarono i rispettivi armamenti e costruirono enormi arsenali nucleari.

Una vignetta del 1962 con il presidente americano John Kennedy e il premier sovietico Nikita Krusciov impegnati in un braccio di ferro, seduti sulle loro armi nucleari.

Che cosa fu la corsa allo spazio?

La corsa alla conquista dello spazio tra USA e URSS fu un aspetto della sfida per la supremazia militare tra le due superpotenze. La tecnologia necessaria per mettere in orbita un satellite era strettamente legata a quella per costruire razzi intercontinentali capaci di raggiungere in brevissimo tempo il territorio nemico. Nel 1957 l'Unione Sovietica lanciò il primo satellite, lo *Sputnik 1*, sorprendendo l'Occidente. L'anno successivo gli Stati Uniti lanciarono l'*Explorer 1*. Nel 1961 i sovietici mandarono in orbita il primo cosmonauta, Yuri Gagarin, mentre nel 1969 con il Programma Apollo gli americani inviarono i primi astronauti sulla Luna.

Che cosa fu la crisi dei missili di Cuba?

Nel 1962 i servizi segreti americani scoprirono che i sovietici stavano installando a Cuba dei missili nucleari in grado di colpire il suolo degli Stati Uniti. Kennedy si disse pronto a ordinare l'invasione dell'isola, governata da Fidel Castro, alleato dei russi. Fu un momento di gravissima tensione che si risolse solo quando i sovietici predisposero il ritiro dei missili.

Chi fu Mao Zedong?

Fondatore del partito comunista cinese e presidente della Repubblica popolare cinese dal 1949 al 1976, Mao Zedong cercò di modernizzare la Cina privilegiando l'agricoltura rispetto all'industria. Conquistò l'appoggio dei contadini distribuendo loro le terre ma impose che i contadini si organizzassero in "comuni" sotto la guida e il controllo del partito. Le guardie rosse diffondevano il pensiero di Mao nelle campagne e nelle città e in breve il controllo del partito divenne totalizzante.

la lettura del *Libretto rosso* di Mao in una comune

Che cosa fu la guerra del Vietnam?

La guerra del Vietnam fu un lungo conflitto che durò dal 1964 al 1975 tra il Vietnam del Nord, retto da un governo comunista, e il Vietnam del Sud, appoggiato dagli americani. L'intervento statunitense fu massiccio: nel 1969 si contavano oltre mezzo milione di soldati americani in Vietnam, ma sia la resistenza dei nordvietnamiti sia l'opinione pubblica americana contraria alla guerra portarono alla tregua e al ritiro dei soldati americani. Nel 1975 il governo del Vietnam del Sud si arrese e il paese fu riunificato sotto un regime socialista.

1945
Conferenza di Jalta, il mondo diviso in due blocchi

1947
Piano Marshall per la ricostruzione economica dell'Europa

1948
Blocco di Berlino
Fondazione dello stato di Israele

1949
Fondazione della NATO e del COMECON

1950-53
Guerra di Corea

1959
Rivoluzione di Fidel Castro a Cuba

1961
Costruzione del Muro di Berlino

1962
Crisi di Cuba

1975
Fine della guerra del Vietnam

Che cosa accadde nel Sessantotto?

Nel 1968 in Europa e in America scoppiò un vasto movimento di ribellione giovanile. La rivolta era iniziata nelle università americane per protesta contro la guerra del Vietnam e contro la discriminazione razziale, e si era diffusa nelle maggiori città europee, in particolare a Parigi con il "maggio francese". Gli studenti protestavano contro il carattere autoritario e classista della scuola e lottavano per una società più libera e più giusta.

Quando fu costruito il Muro di Berlino?

Alla fine della Seconda Guerra Mondiale, Berlino era divisa in zone di occupazione. Poiché la situazione economica nella zona orientale era molto arretrata, molti tedeschi fuggivano verso occidente. Per impedire questo esodo, il 13 agosto del 1961 il governo della Germania Est fece innalzare un muro di separazione lungo il confine della città. Il Muro rimase in piedi per 28 anni, fino al novembre del 1989, quando venne abbattuto.

la caduta del Muro di Berlino presso la porta di Brandeburgo

Il mondo di oggi

Gli ultimi decenni del Novecento e l'inizio del nuovo millennio hanno visto rapide e profonde trasformazioni. Lo sviluppo delle comunicazioni e la crescita del commercio mondiale hanno creato un mondo globalizzato, in cui lo stile di vita occidentale si è diffuso in tutto il mondo, mentre i problemi ambientali e quelli legati alla crescita demografica sono divenuti gravi e urgenti.

Che cosa fu la Guerra dei Sei Giorni?

In seguito alla formazione dello stato di Israele nel 1948, il Medio Oriente fu percorso da immense tensioni che portarono ad aspre dispute territoriali e a guerre sanguinose. La più importante di queste fu la Guerra dei Sei giorni dal 5 al 7 giugno 1967. Queste dispute non sono ancora state risolte e la zona vive una situazione di tensione permanente.

Perché scoppiò la Guerra del Golfo?

Nell'agosto del 1990 le truppe irachene di Saddam Hussein invasero il vicino emirato del Kuwait, uno stato piccolo ma ricchissimo per i suoi giacimenti di petrolio. L'illegittima invasione suscitò la condanna delle Nazioni Unite che votarono di intervenire per ripristinare l'indipendenza del Kuwait. La guerra durò dal 17 gennaio al 27 febbraio 1991 e si concluse con la sconfitta dell'Iraq.

Chi fu Nelson Mandela?

Nelson Mandela fu il primo presidente nero del Sudafrica, eletto nel 1994. Per le sue campagne contro l'*apartheid*, il regime in vigore in Sudafrica dalla fine degli anni Cinquanta che teneva segregata la popolazione nera da quella bianca, Mandela fu imprigionato nel 1962 e trascorse in carcere 28 anni, fino al 1990. Nel 1993 ricevette il Premio Nobel per la Pace.

I territori occupati da Israele e la questione palestinese hanno reso il Medio Oriente una terra di conflitti e instabilità.

Che cos'è la globalizzazione?

Globalizzazione è il termine usato per indicare il fenomeno secondo cui persone, merci, servizi e denaro si spostano con sempre maggior facilità in ogni luogo del mondo, superando le barriere nazionali. Causata probabilmente dalla rivoluzione informatica, rende le economie dei vari paesi dipendenti le une dalle altre, anche se lo sviluppo economico non è stato omogeneo tra paesi ricchi e Terzo Mondo.

Che cos'è il terrorismo?

Il terrorismo è l'uso della violenza e del terrore per raggiungere obiettivi politici. L'11 settembre 2001 due aerei statunitensi dirottati da terroristi si schiantarono contro le Torri Gemelle a New York, mentre un altro aereo colpì il Pentagono e un altro precipitò in Pennsylvania causando in totale la morte di oltre 3000 persone. La lotta al terrorismo è un problema mondiale.

New York, 11 settembre 2001

Quando è nata L'Europa Unita?

Dal Trattato di Roma del 1957, l'Europa ha percorso un cammino complesso verso l'unificazione. Oggi l'Unione Europea è un soggetto politico a carattere sovranazionale che comprende 27 Paesi. L'Unione Europea si è dotata di una moneta comune, l'euro, e al suo interno è permessa la libera circolazione di merci e persone. Il Parlamento europeo, eletto a suffragio universale, delibera su problemi comuni come l'agricoltura, il commercio o la protezione ambientale.

Che cos'è il Protocollo di Kyoto?

Il Protocollo di Kyoto è un trattato internazionale siglato nel 1997 ed entrato in vigore nel 2005. Impegna i paesi firmatari a ridurre le emissioni di gas serra (causa del riscaldamento globale) e ad aumentare la percentuale di energia prodotta attraverso fonti rinnovabili. Non è stato ratificato dagli Stati Uniti, il più grande consumatore d'energia del mondo.

il riscaldamento globale comporta il progressivo scioglimento dei ghiacciai

Il mondo

I continenti occupano poco meno di 150 milioni di kmq, corrispondenti al 29% circa della superficie della Terra. In base alla posizione geografica, i continenti sono caratterizzati da climi diversi e, di conseguenza, anche da una flora e una fauna differenti.

la Statua della Libertà, New York

il Big Ben, Londra

L'Europa è un vero continente?

In realtà, l'Europa fa parte della più vasta Eurasia, ed è separata dall'Asia dagli Urali. I paesi più settentrionali dell'Europa hanno un clima freddo, i paesi meridionali, come l'Italia, hanno un clima caldo.

L'America settentrionale è un continente?

L'America settentrionale viene definita "subcontinente" perché, prima che venisse tagliato l'Istmo di Panama, era collegata all'America meridionale. Le regioni più settentrionali sono bagnate dal Mar Glaciale Artico e sono poco abitate, mentre la popolazione si concentra soprattutto negli Stati Uniti e in Messico.

Qual è il paese più piovoso e quello più arido della Terra?

In Colombia, nell'America meridionale, cadono oltre 13.000 mm di pioggia all'anno ed è il luogo più piovoso della Terra. Nell'America meridionale si trova però anche la regione più arida, il deserto di Atacama tra il Cile e il Perù, dove cadono in media 7 mm di pioggia all'anno. La catena montuosa delle Ande, con i suoi 7200 km, è la più lunga del mondo.

la baia di Rio de Janeiro, Brasile

Qual è il continente con più stati?

L'Africa è formata da 53 stati indipendenti ed è il continente con il maggior numero di stati. In Africa è presente il deserto più grande del mondo, il Sahara, che si estende per oltre 9 milioni di kmq. In Africa si trova anche il fiume più lungo del mondo, il Nilo, che raggiunge i 6670 km.

- I continenti del mondo sono sei: Africa, America meridionale, America settentrionale, Antartide, Eurasia, Oceania
- Gli abitanti della Terra sono oggi 6.900.000.000 circa
- La montagna più alta è l'Everest in Asia che raggiunge gli 8850 m; la depressione maggiore, libera dai ghiacci, è la riva del Mar Morto, a - 395 m

L'Europa non è molto estesa ma ha un elevato numero di abitanti per chilometro quadrato.

un risciò in Cina

l'Opera House di Sydney, Australia

donna africana con pani di sale

Qual è il continente più densamente abitato?

L'Asia è il continente più grande del mondo. In alcune regioni, come la Siberia, la popolazione è molto diradata. In Cina e in India però vivono oltre 2 miliardi di persone, in media dunque la densità della popolazione asiatica è maggiore di quella degli altri continenti. In Asia convivono ambienti molto vari, dai deserti freddi della Mongolia alle foreste pluviali della Malesia e ci sono anche le montagne dell'Himalaya, le più alte del mondo.

Che cos'è l'Oceania?

Con il termine Oceania si indicano il Continente australiano, la Nuova Guinea, la Nuova Zelanda e migliaia di isole sparse nell'Oceano Pacifico meridionale (Melanesia, Micronesia e Polinesia). L'Australia è in gran parte occupata da deserti e la popolazione si concentra perciò nelle città costiere.

Le isole del Pacifico meridionale sono di origine vulcanica o sono costituite da atolli corallini.

Europa

L'Europa rappresenta una piccola parte del continente eurasiatico: a ovest è delimitata dall'Oceano Atlantico, a sud dal Mar Mediterraneo e a est dalla catena montuosa degli Urali e dal fiume Ural. Il punto più settentrionale è Capo Nord (in Norvegia), il più meridionale è Punta de Tarifa (in Spagna, vicino a Gibilterra).

Quale capitale è stata riunificata nel 1989?

Per 28 anni la città di Berlino, capitale della Germania, è stata divisa in due da un muro. Questo confine, costruito durante la Guerra Fredda a partire dal 1961, serviva per dividere la parte ovest della città (la Repubblica Federale Tedesca), dalla parte est (la Repubblica Democratica Tedesca). Nel 1989 il muro è stato abbattuto e la Germania riunita.

La Porta di Brandeburgo, riaperta dopo la caduta del Muro di Berlino, è diventata il simbolo dell'unità tedesca.

Dove si trova il Cremlino?

Con il termine Cremlino (che in russo significa "cittadella fortificata") si indica la sede del governo della Federazione Russa che si trova a Mosca sulla riva sinistra del fiume Moscova. La Russia è il più vasto stato d'Europa e ha una superficie di oltre 17 milioni di km². Gran parte della Russia è occupata da vaste pianure solcate da lunghi fiumi. A Mosca, la capitale, vivono 10.500.000 abitanti.

La Tour Eiffel è costruita in ferro e pesa 10.000 t.

A che cosa serve la Tour Eiffel?

La Tour Eiffel è stata costruita a Parigi in occasione dell'Esposizione universale del 1889, una grande fiera del progresso tecnologico e industriale. La torre è alta 324 m e avrebbe dovuto essere demolita una volta conclusa l'esposizione. Oggi è il simbolo di Parigi, la capitale della Francia.

La cattedrale di San Basilio è stata costruita nel XVI secolo nel centro di Mosca e si trova vicino al Cremlino.

Il Tower Bridge è il ponte più importante di Londra e può essere aperto per far passare le navi più grandi.

Quale città sorge lungo il Tamigi?

L'uomo ha spesso costruito i propri insediamenti vicino ai fiumi perché i corsi d'acqua rappresentano vie utili per spostarsi, possono costituire una difesa naturale e rendono fertili i terreni. Molti antichi insediamenti sono diventati importanti città. Lungo il Tamigi è sorta la capitale del Regno Unito, Londra, che ospita oggi 7,5 milioni di abitanti.

Che cos'è l'Unione Europea?

L'Unione Europea (UE) riunisce Austria, Belgio, Bulgaria, Cipro, Danimarca, Estonia, Finlandia, Francia, Germania, Grecia, Irlanda, Italia, Lettonia, Lituania, Lussemburgo, Malta, Paesi Bassi, Polonia, Portogallo, Regno Unito, Repubblica Ceca, Romania, Slovacchia, Slovenia, Spagna, Svezia e Ungheria.
Lo scopo della UE è favorire il dialogo tra gli stati membri, la circolazione di merci e persone, il progresso, garantire libertà, sicurezza e giustizia e far valere la voce dell'Europa nel mondo.

- **Superficie: 10.400.000 kmq**
- **Popolazione: 700.990.000 ab.**
- **Città più popolata: Parigi, 11.250.0000 ab.**
- **Monte è più alto: Elbrus, 5642 m, nel Caucaso**
- **Fiume più lungo: Volga, 3531 km**

Italia

La gondola è una caratteristica barca veneziana.

L'Italia è una lunga penisola che confina con Francia, Svizzera, Austria e Slovenia ed è bagnata dai mari Ligure, Tirreno, Ionio e Adriatico (tutti parte del Mar Mediterraneo). La penisola ha oltre 7400 km di coste e comprende aree collinari, montuose e di pianura caratterizzate da climi diversi. In pianura fa molto caldo d'estate, piove e c'è nebbia in inverno; sulle coste gli inverni sono miti e le estati calde ma non troppo afose.

il monte Cervino

Sono più antiche le Alpi o gli Appennini?

L'ossatura dell'Italia è costituita da due lunghe catene montuose: le Alpi a nord e gli Appennini che attraversano tutta la penisola per 1200 km da nord-ovest a sud-est. Gli Appennini sono più giovani delle Alpi ma risultano più arrotondati perché sono formati da rocce più tenere.

Quale città è famosa per i suoi canali?

Venezia è una città costruita sull'acqua. A Venezia non ci sono automobili e per spostarsi si usano barche, vaporetti e gondole che viaggiano nei canali d'acqua. Le vie di Venezia si chiamano "calli" e le piazze, con l'eccezione della grande Piazza San Marco, si chiamano "campi".

Dove si trova la torre più inclinata d'Italia?

Il campanile della chiesa di Santa Maria dei Miracoli a Pisa in Toscana è sempre stato pendente a causa del cedimento del terreno argilloso sottostante. Alta 56 m, la struttura non crolla perché, nonostante la pendenza, l'asse che passa per il suo punto di equilibrio (baricentro) ricade comunque entro l'area della base della torre.

Per sicurezza la torre di Pisa è stata leggermente "raddrizzata" con massicci contrappesi in piombo.

Citta del Vaticano

Quali stati si trovano entro i confini italiani?

Nel territorio italiano si trovano due piccolissimi stati indipendenti: la Repubblica di San Marino e la Città del Vaticano. La Città del Vaticano è all'interno della città di Roma, capitale d'Italia, ha una superficie di 0,44 kmq ed è lo stato indipendente più piccolo del mondo.

Perché in Italia ci sono terremoti?

L'Italia è un paese giovane dal punto di vista geologico. Le fasi più intense del sollevamento degli Appennini sono iniziate circa 7,5 milioni di anni fa e non sono ancora terminate. Per questo motivo gran parte dell'Italia centromeridionale è soggetta a scosse sismiche più o meno forti.

- Superficie: 301.338 kmq
- Popolazione: 60.500.000 ab.
- Densità: 200 abitanti/kmq
- L'Italia è una repubblica parlamentare governata in base ai principi della Costituzione
- La capitale è Roma, fondata, secondo la tradizione, nel 753 a.C.
- La moneta in corso è l'euro

Asia

L'Asia è separata dall'Europa dalla catena degli Urali, dall'Africa dal Canale di Suez e dall'America settentrionale dallo Stretto di Bering, e ha una superficie che rappresenta quasi un terzo di tutte le terre emerse. La popolazione asiatica, circa la metà della popolazione mondiale, è concentrata soprattutto ai margini di questo grande territorio che comprende vaste pianure interne solcate da grandi fiumi, laghi molto estesi e le più alte montagne del pianeta.

il Palazzo del Potala

Qual è la città più alta dell'Asia?

Il Tibet è un altopiano che si trova nell'Asia centrale con un'altitudine media di quasi 5000 m. La città di Lhasa si trova a 3360 m. Nella parte più alta della città è situato il Palazzo del Potala costruito nel XVII secolo per ospitare il Dalai Lama, la massima autorità spirituale del buddhismo tibetano.

Dove si trova la Malesia?

L'Asia sudorientale comprende molte isole e penisole con clima caldo e piovoso. Lo stato federale della Malesia è oggi uno dei più ricchi paesi dell'Asia e tra i primi esportatori di tecnologia elettronica. Simbolo di questo progresso sono le torri gemelle di Kuala Lampur, alte 452 m e collegate da un doppio "ponte".

Che cos'è il Taj Mahal?

Il Taj Mahal è uno dei monumenti più famosi dell'India ed è stato costruito nel XVII secolo dall'imperatore Shah Jahan in memoria della moglie morta. Per realizzarlo sono stati impiegati 20.000 uomini e oltre 1000 elefanti che trasportavano il marmo pregiato da cave lontane. L'edificio è circondato da un vasto giardino con vasche e fontane.

Taj Mahal

Quando è stato conquistato l'Everest?

I primi tentativi di raggiungere la cima dell'Everest, la montagna più alta del mondo, risalgono all'inizio del XX secolo. La conquista della cima però è avvenuta soltanto nel 1953 a opera del neozelandese Edmund Hillary e della sua guida Tenzing Norgay. Da allora quasi 4000 persone hanno raggiunto la vetta dell'Everest, ma oltre 200 sono morte nell'impresa.

In cima all'Everest l'aria è molto rarefatta e bisogna usare le bombole di ossigeno.

- Superficie: 44.614.000 kmq
- Popolazione: 3.765.000.000 ab.
- Città più popolata: Tokio, 29.870.000 ab.
- Monte più alto: Everest, 8850 m
- Fiume più lungo: Fiume Azzurro, 5800 km

Africa

L'Africa è un continente vastissimo, grande tre volte l'Europa. Si trova in parte nell'emisfero settentrionale e in parte in quello meridionale ed è il continente più caldo del mondo. Nell'Africa equatoriale l'elevata piovosità ha determinato lo sviluppo di una foresta pluviale, mentre più a nord e più a sud il caldo e la mancanza di piogge hanno generato vasti deserti.

Che cosa sono le piramidi di Giza?

Le piramidi di Giza sono le tombe di tre faraoni dell'antico Egitto, Cheope, Chefren e Micerino, e si trovano alla periferia del Cairo, la capitale dell'Egitto moderno. Per costruire la grande piramide di Cheope gli operai hanno lavorato per vent'anni utilizzando 2.300.000 blocchi di pietra. Le piramidi hanno circa 4500 anni.

Dove si trovano i grandi parchi nazionali dell'Africa?

Per proteggere le numerose specie animali che vivono in Africa sono stati istituiti diversi parchi nazionali e numerose aree protette. Il Parco del Serengeti, in Tanzania, è il più famoso e permette di ammirare leoni, elefanti, zebre e giraffe nel loro ambiente naturale.

Il parco del Serengeti è occupato principalmente dalla savana, la prateria africana abitata da grandi erbivori e predatori.

Che cos'è il Sahara?

Il Sahara è il deserto più grande del mondo e ha una superficie di circa 9.000.000 di kmq. In questo deserto caldo e formato da dune di sabbia sono sparse rare oasi dove sgorga l'acqua e cresce qualche pianta. Nel Sahara vivono popolazioni nomadi che si spostano continuamente usando i dromedari come cavalcature.

Qual è la montagna più alta dell'Africa?

In Tanzania, nell'Africa orientale, si trova il Kilimangiaro, un antico vulcano inattivo, che con i suoi 5895 m è la più alta montagna africana. Sulla cima vi è un ghiacciaio perenne.

- Superficie: 30.258.010 kmq
- Popolazione: 821.050.000 ab.
- Città più popolata: Il Cairo, 13.000.000 ab.
- Monte più alto: Kilimangiaro, 5895 m
- Fiume più lungo: Nilo, 6671 km

Nord America

L'America settentrionale, formata principalmente da Stati Uniti, Canada e Messico, ha un clima freddo e polare lungo le coste settentrionali e tropicale, caldo e piovoso, nelle regioni affacciate sul Golfo del Messico. La popolazione nordamericana è formata da una esigua minoranza di indigeni (chiamati nativi americani) e da uomini e donne giunti in questo continente dall'Europa, dall'Africa e dall'Asia.

Dove si trova il Golden Gate Bridge?

Lo stretto di Golden Gate separa la Baia di San Francisco (in California) dall'Oceano Atlantico. La baia può essere attraversata passando sul Golden Gate Bridge, un ponte lungo 2737 m sospeso con cavi di oltre 90 cm di diametro e torri che emergono dall'acqua, alte 200 m. Il ponte è percorribile in auto, a piedi e in bicicletta.

Chi abita alla Casa Bianca?

La White House ("Casa Bianca") è l'ufficio e l'abitazione principale del Presidente degli Stati Uniti d'America e si trova nella città di Washington, la capitale. Il parco della Casa Bianca si estende per oltre 7 ettari e comprende prati, roseti e, dal 2009, anche un orto biologico.

Dove sono le cascate del Niagara?

Queste famose cascate sono formate da tre sezioni distinte: le American Falls (larghe 323 m), le Horseshoe Falls (792 m) e le Bridal Veil Falls (17 m). Le cascate e il fiume Niagara si trovano al confine degli stati dell'Ontario (Canada) e di New York (USA).

Che cos'è la Statua della Libertà?

La Statua della Libertà è un grande monumento realizzato da Gustave Eiffel (il costruttore della Tour Eiffel di Parigi) e donata agli Stati Uniti dalla Francia nel 1884 come segno di amicizia tra i due paesi. La statua è alta 93,5 e rappresenta la libertà con la fiaccola che illumina il mondo. Le sette punte della corona rappresentano i sette mari e i continenti come venivano divisi nel XIX secolo.

- Superficie: 24.229.000 kmq
- Popolazione: 489.939.000 ab.
- Città più popolata: New York, 21.200.000 ab.
- Monte più alto: Mount McKinley, 6194 m
- Fiume più lungo: Mississippi, 5800 km

Una copia, ma più piccola, della Statua della Libertà si trova a Parigi vicino alla Senna.

Sud America

L'America meridionale si estende dal Mar delle Antille a nord fino alla Terra del Fuoco, a sud, ed è separata dall'Antartide da uno stretto di mare largo poco più di 600 km. Il clima sudamericano pertanto è molto caldo a nord e molto freddo a sud. L'America meridionale è chiamata anche America latina perché gli abitanti parlano principalmente spagnolo e portoghese, due lingue derivate dal latino.

Che cos'è il Rio delle Amazzoni?

Il Rio delle Amazzoni è un fiume lungo oltre 6500 km che nasce sulle Ande e passa attraverso il Perù, la Colombia e il Brasile per sfociare nell'Oceano Atlantico. Questo fiume è il secondo più lungo del mondo dopo il Nilo ma è il più grande per portata di acqua, mediamente 175.000 m^3 al secondo. Il Rio delle Amazzoni raccoglie infatti le acque di 10.000 altri fiumi.

Chi sono i gauchos?

Nelle grandi praterie dell'America meridionale, chiamate pampas, vengono allevati grandi mandrie di bovini. I mandriani in questa regione si chiamano gauchos. I gauchos sono famosi perché utilizzano con grande abilità le *bolas*, sfere di pietra legate a lacci di cuoio, un tempo impiegate per cacciare.

Dove si trova Machu Picchu?

In Perù, sulle Ande, non lontano dalla città di Cuzco si trova il famoso sito archeologico di Machu Picchu, formato dalle rovine di un'antica città inca e, in particolare, dai suoi grandiosi templi e dal palazzo reale. La città è stata abitata fino a quando gli spagnoli hanno conquistato il Perù nel XVI secolo.

Le rovine di Machu Picchu si trovano a 2430 m di altitudine.

Qual è la città sudamericana più grande?

San Paolo (São Paulo) in Brasile, con oltre 18 milioni di abitanti, si estende su un'area di 1500 kmq ed è la città più grande di tutto l'emisfero australe. Questa metropoli si trova esattamente sul Tropico del capricorno. Il clima di San Paolo è caldo d'estate e nei mesi invernali mite e molto piovoso.

- Superficie: 17.883.000 kmq
- Popolazione: 351.400.000 ab.
- Città più popolata: San Paolo, 18.630.000 ab.
- Monte più alto: Cerro Aconcagua, 6959 m
- Fiume più lungo: Rio delle Amazzoni, 6280 km

Oceania

L'Oceania comprende l'Australia, la Nuova Guinea e la Nuova Zelanda oltre a migliaia di isole del Pacifico. Queste terre sono isolate da tutte le altre e presentano una flora e una fauna molto peculiari. Mentre Nuova Zelanda e Nuova Guinea hanno clima caldo umido e ricche foreste pluviali, l'Australia ha un clima asciutto e semidesertico nell'interno e foreste soltanto sulle coste.

Qual è la più grande città dell'Australia?

Sydney si trova nell'Australia sudorientale e, con 4 milioni di abitanti, è la maggiore città del continente australiano. Questa città è stata fondata nel 1788 per ospitarvi una prigione. Il famoso Teatro dell'Opera è stato costruito nel 1973 affacciato sulla baia di Sydney ed è diventato ben presto il simbolo della città.

Che cos'è l'Isola di Pasqua?

Chiamata anche Rapa Nui, l'Isola di Pasqua si trova nell'Oceano Pacifico meridionale e appartiene al Cile, che tuttavia dista ben 3600 km. Sull'Isola di Pasqua si trovano diverse centinaia di grandi statue, dette *moai*, scolpite dai nativi polinesiani circa 1000 anni fa.

Dove si trova la Grande Barriera Corallina?

Lungo la costa nordorientale dell'Australia si sviluppa la più grande barriera corallina del mondo, lunga oltre 2000 km. È la più grande struttura al mondo formata da un unico organismo vivente.

- **Superficie: 8.944.000 kmq**
- **Popolazione: 34.690.000 ab.**
- **Città più popolata: Sydney, 4.050.000 ab.**
- **Monte più alto: Puncak Jaya, 5030 m**
- **Fiume più lungo: Darling, 2740 km**

Antartide

L'Antartide è un continente vero e proprio che però è completamente coperto da uno spesso strato di ghiaccio. Lo spessore del ghiaccio supera anche i 2 km. L'80% delle acque dolci del pianeta è intrappolato nei ghiacci antartici. Sul continente piante e animali sono scarsi mentre le acque sono ricche di specie, come crostacei, molluschi, pesci, foche, balene.

Dove vivono i pinguini?

I pinguini sono uccelli che hanno perso la capacità di volare. Le ali dei inguini però sono diventate, nel corso dell'evoluzione, pinne adatte al nuoto. Questi uccelli vivono quasi soltanto in Antartide e, in rari casi si spingono più a nord; nell'emisfero settentrionale non esistono pinguini. Il piumaggio è denso e il corpo è rivestito da uno strato di grasso per trattenere meglio il calore.

Chi ha raggiunto per primo il Polo Sud?

Il norvegese Roald Amundsen ha raggiunto per primo il Polo Sud il 14 dicembre del 1911. L'avversario di Amundsen in questa "gara" è stato il britannico Robert Scott che ha raggiunto il Polo Sud 35 giorni dopo ma ha poi perso la vita nella spedizione di ritorno. Amundsen è stato avvantaggiato dalla scelta di usare slitte trainate dai cani, mentre Scott aveva scelto i pony che non riuscirono a sopravvivere.

Come si viaggia in Antartide?

L'Antartide non è soltanto un continente gelato, ma spesso è interessato da violente bufere di neve con vento che può superare i 300 km/h. Per portare passeggeri e merci nelle basi antartiche si usano aerei da trasporto leggero, come il Dornier DO 228, per gli spostamenti interni motoslitte e gatti delle nevi che hanno i cingoli al posto delle ruote.

In Antartide, vicino alla base russa *Vostok*, è stata registrata una temperatura di -89,2 °C.

Scott e i suoi compagni persero la vita a soli 20 km dal deposito di viveri.

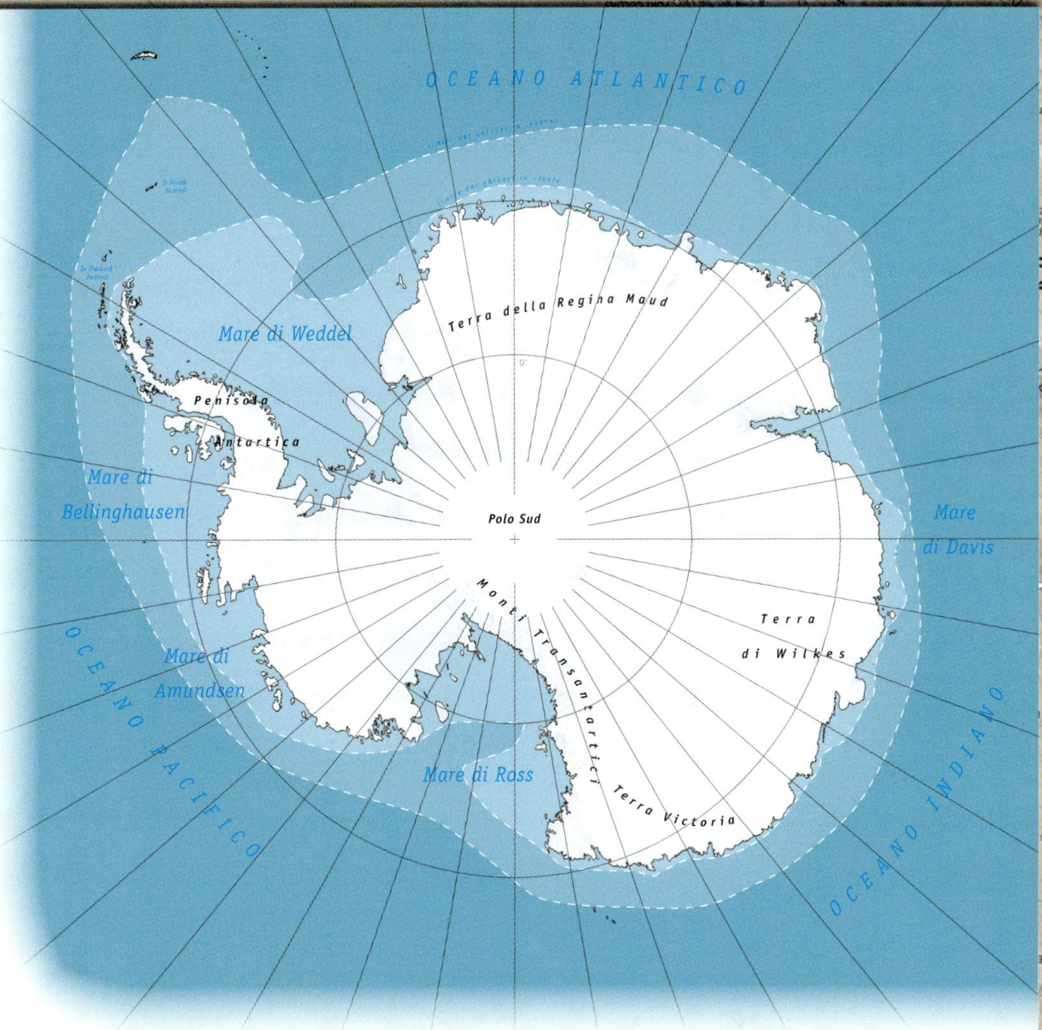

Chi vive in Antartide?

In Antartide non esiste una popolazione stabile ma molti paesi hanno stabilito in questo continente diverse basi di ricerca scientifica. Nei mesi estivi vivono in queste stazioni fino a 4000 studiosi, in inverno circa 1000. Le ricerche che vengono condotte sono varie e riguardano, per esempio, la fauna antartica e lo scioglimento dei ghiacci.

L'Antartide ha risorse naturali?

Sotto i ghiacci antartici i geologi ritengono che esitano enormi ricchezze minerarie. Oltre a metalli quali ferro, nichel e uranio, l'Antartide custodisce immensi giacimenti di petrolio e carbone. L'esistenza di combustibili fossili è la prova che nel passato il continente era ricoperto da foreste e prati.

- **Superficie: 14.107.637 kmq**
- **Popolazione: da 1000 a 4000 persone**
- **Monte più alto: Winson Massif 4897 m**
- **La regione antartica non costituisce una entità politica e il suo status è regolato dal Trattato Antartico del 1959 che impegna gli stati firmatari a occupare la regione antartica solo per scopi pacifici e per la ricerca scientifica**

La popolazione del mondo

Nel mondo vivono oggi quasi 7 miliardi di persone. Se pensiamo che nel 1800 vivevano meno di un miliardo di persone, che nel 1975 erano 4 miliardi e nel 2000 circa 6 miliardi, ci rendiamo conto dell'enorme incremento della popolazione in questi anni.

Quanta gente vive sulla Terra?

La popolazione mondiale si aggira sui 6,8 miliardi di persone. È aumentata molto velocemente: nel 1800 era di appena un miliardo. Al momento nascono mediamente tre persone al secondo, ma è ancora difficile prevedere quanto aumenterà la popolazione. Secondo gli studiosi, nel 2100 la popolazione potrebbe essere di 9 o oltre 14 miliardi di persone. Spesso nei paesi più poveri l'incremento demografico è più alto che nei paesi ricchi e, a lungo termine, questo fenomeno potrà causare problemi ai paesi poveri, dotati di risorse e scorte alimentari limitate.

Quanta gente vive in città?

Secondo gli studiosi, dal 2007 circa la metà della popolazione mondiale vive in aree urbane, cosa che non era mai successa prima nella storia dell'umanità. La gente si muove verso le città alla ricerca di migliori opportunità di lavoro, di educazione e di alloggio.

Quante sono le lingue nel mondo?

Le lingue parlate nel mondo sono migliaia e i dialetti, idiomi geograficamente più circoscritti, sono ancora più numerosi. La lingua parlata da più persone è il cinese mandarino, con oltre 1,2 miliardi di individui madrelingua. Oltre un miliardo di persone sulla Terra parla inglese come prima o seconda lingua. L'hindi è parlato da 480 milioni di persone. I madrelingua spagnoli sono oltre 300 milioni, mentre 280 milioni di persone parlano come madrelingua una delle varianti dell'arabo.

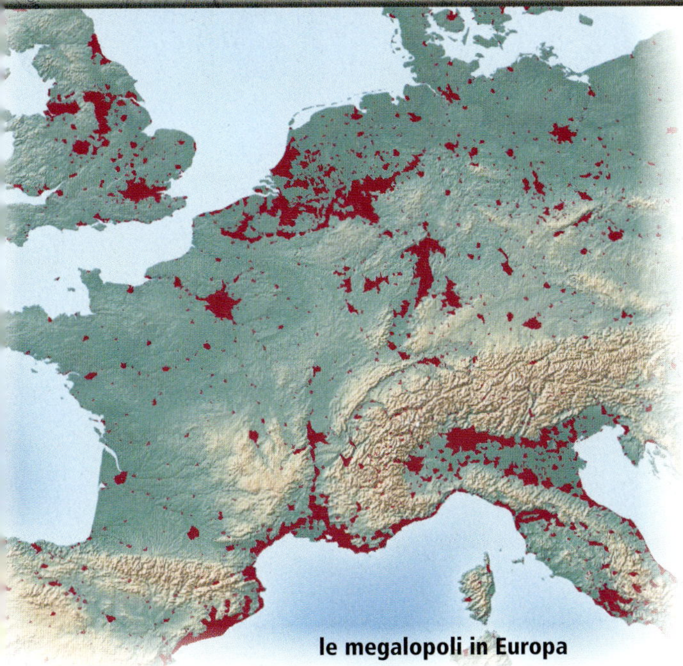

le megalopoli in Europa

Che cosa sono le magalopoli?

Quando le città e le periferie si espandono fino a toccarsi, si crea una enorme zona urbana chiamata megalopoli. In Eurpoa un esempio di megalopoli è l'area tra i Paesi Bassi e la Germania e quella nel nord dell'Inghilterra. In Italia la Pianura Padana presenta i caratteri di una megalopoli.

Che cos'è il tasso di natalità?

Il numero di bambini nati ogni mille abitanti è indicato come tasso di natalità. Nei paesi in via di sviluppo il tasso di natalità è più elevato rispetto a quello dei paesi sviluppati. Nei paesi in via di sviluppo la popolazione è mediamente giovane, mentre nei paesi sviluppati gli anziani sono assai più numerosi. In Africa nascono in media 5,8 figli per donna in età fertile, in Europa 1,75 figli per donna.

Che cos'è la densità della popolazione?

Per densità della popolazione si intende quante persone vivono in media in un chilometro quadrato. La densità media a livello mondiale è di 48 persone per chilometro quadrato. In alcune aree, come il subcontinente indiano, la densità è di oltre 1000 abitanti per chilometro quadrato. In Italia la densità è di 200 persone per chilometro quadrato.

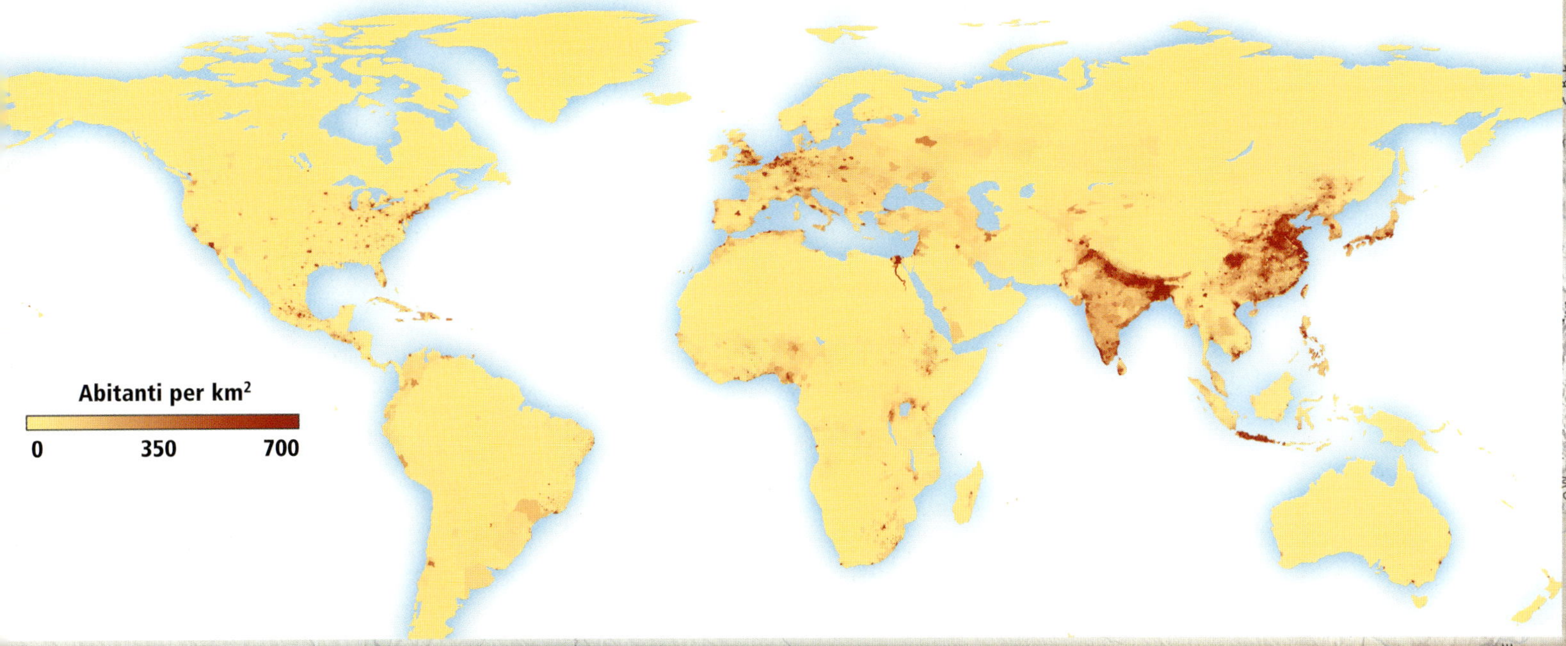

Denaro ed economia

Il denaro è il mezzo di pagamento usato per vendere o acquistare le merci e pagare il lavoro svolto. Prima dell'invenzione del denaro si usava il baratto, cioè lo scambio diretto di beni e servizi.

Perché ci sono tante monete diverse?

In linea generale ogni paese utilizza la propria moneta. Una moneta vale di più se l'economia del paese che la emette è forte, cioè se il paese è ricco. Oggi gli scambi commerciali sono effettuati tra paesi anche lontani e spesso vengono compiuti usando come moneta il dollaro, cioè la moneta degli Stati Uniti d'America. In Europa molti stati hanno adottato l'euro come moneta comune.

dobloni e pezzi-da-otto di un antico galeone spagnolo

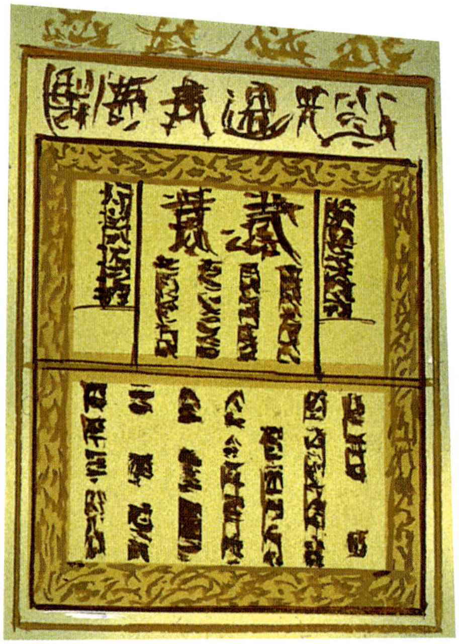

Chi ha inventato le banconote?

In origine l'uomo usava come moneta le conchiglie, i semi o le pelli, quindi ha incominciato a servirsi dei metalli preziosi, come argento e oro. Molto comuni erano anche le ricevute scritte usate al posto delle monete. Nel XI secolo in Cina si è deciso per la prima volta di attribuire un preciso valore a queste ricevute, dando così origine alle prime monete di carta o banconote.

Perchè le monete erano fatte d'oro?

Perché una moneta abbia valore, è necessario che abbia un controvalore in qualcosa di prezioso. Nelle prime monete questo controvalore era la quantità d'oro, o d'argento, usato per creare la moneta stessa. Oggi invece il controvalore è l'oro conservato dalla banca centrale.

Che cos'è l'inflazione?

L'inflazione è l'aumento dei prezzi che si verifica per un certo periodo di tempo in un paese. Le cause dell'inflazione sono varie, ma una di queste è l'aumento della quantità di denaro messo in circolazione dalla banca centrale di un paese. A causa dell'inflazione i beni e i servizi diventano sempre più costosi perché la moneta perde potere d'acquisto.

Nel 1923 in Germania i prezzi raddoppiavano ogni due giorni al punto che i pacchi di banconote venivano usati come giocattoli.

Come funziona il bancomat?

I cittadini di solito conservano il proprio denaro in una banca dove possiedono un conto corrente. Per ritirare il denaro si può utilizzare il bancomat. Una carta magnetica, o dotata di microchip, viene inserita in un dispositivo elettronico, quindi si digita un codice personale. Il dispositivo, collegandosi a un computer, verifica la disponibilità di denaro sul conto corrente. Il denaro viene quindi erogato e la cifra prelevata viene automaticamente addebitata sul conto.

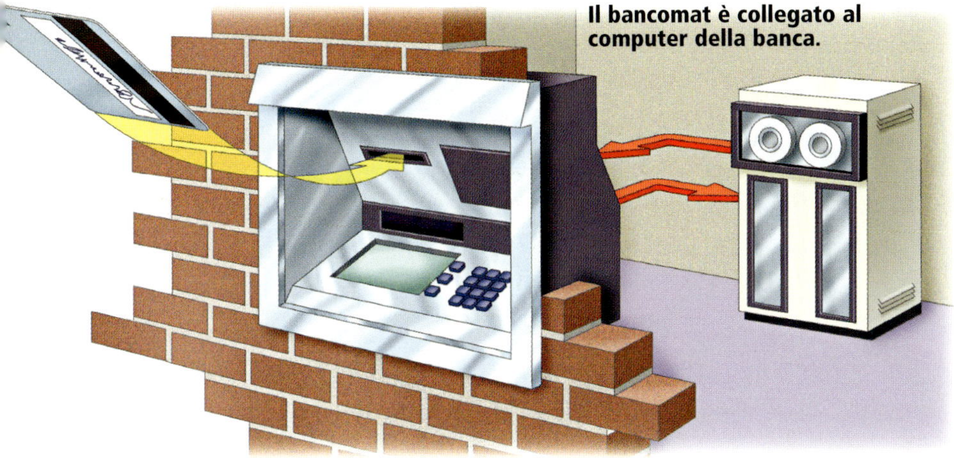

Il bancomat è collegato al computer della banca.

Che cos'è l'Organizzazione Mondiale del Commercio?

I mercati sono luoghi in cui avvengono scambi di beni e denaro tra chi domanda e chi offre. L'Organizzazione Mondiale del Commercio (detta WTO dall'inglese *World Trade Organization*) è un'istituzione sovranazionale nata per controllare e regolamentare gli scambi commerciali tra i 153 paesi che ne fanno parte.

Che cos'è il PIL?

Il PIL, o Prodotto Interno Lordo, è l'insieme di tutti i beni prodotti in un determinato periodo di tempo da un paese. Pur essendo considerato uno dei principali indicatori della ricchezza e del benessere di un paese, il PIL non tiene conto delle transazioni che avvengono gratuitamente (come quelle prestate dagli enti del volontariato), né del danno legato a crimini o a catastrofi naturali.

Che cos'è la borsa valori?

La borsa valori è un mercato dove avvengono scambi commerciali e di moneta. In borsa, per esempio, vengono scambiate le azioni (o quote sociali) con cui le società raccolgono fondi per finanziare la propria attività. Le compravendite in borsa devono seguire precise regole e vengono effettuate da specifici operatori (o *trader*) oppure avvengono per via telematica mediante computer e Internet.

Le religioni

Attraverso la religione gli uomini hanno cercato una risposta alle domande sull'origine del mondo, sull'esistenza di un'altra vita dopo la morte, sull'origine del male. Le religioni animistiche, più antiche, attribuiscono un'anima o uno spirito agli enti naturali, le altre religioni credono all'esistenza di una o più divinità. Le tre principali religioni monoteistiche sono l'ebraismo, il cristianesimo e l'islamismo. Le principali religioni politeistiche sono praticate in Oriente.

Quale religione ha il maggior numero di seguaci?

Con quasi due miliardi di seguaci, il cristianesimo è la religione più diffusa al mondo. I cristiani seguono gli insegnamenti di Gesù Cristo, il figlio di Dio che si è fatto uomo. La più antica chiesa cristiana è quella cattolica romana che riconosce come guida il papa di Roma. Da essa si separarono la chiesa ortodossa, nel 1054, e le chiese protestanti nate dalla riforma di Martin Lutero nel XVI secolo. I protestanti si chiamano così perché Lutero protestava contro gli insegnamenti e la politica della chiesa cattolica romana. Il cristianesimo ortodosso, seguito in Grecia e in Europa orientale, riconosce come guida il patriarca di Costantinopoli.

Che cos'è il candelabro a sette bracci?

Chiamato *menorah*, è uno dei simboli più antichi dell'ebraismo. Secondo la religione ebraica, la più antica tra le religioni monoteistiche, esiste un unico vero Dio che si rivelò al popolo ebraico e gli diede i comandamenti da rispettare. Il libro sacro degli ebrei è la Bibbia, che contiene la storia del popolo ebraico.

In epoca romana, inizialmente i cristiani non potevano pregare liberamente. Si incontravano in segreto in case private e seppellivano i defunti in sale sotterranee, dette catacombe. Nel 313 d.C. l'imperatore Costantino si convertì al cristianesimo e concesse la libertà di culto ai cristiani.

Dai minareti, le alte torri della moschea, i *muezzin* invitano i musulmani alla preghiera.

Perché i musulmani si recano alla Mecca?

La Mecca è la città natale di Maometto (570-632), profeta di Allah, Dio unico e onnipotente. Il libro sacro dell'islamismo è il Corano, che contiene la parola di Allah rivelata a Maometto dall'arcangelo Gabriele. Tra i doveri dei musulmani c'è la preghiera cinque volte al giorno, il digiuno dall'alba al tramonto durante il mese del Ramadan, il pellegrinaggio alla Mecca almeno una volta nella vita. L'islamismo è la seconda religione più seguita al mondo, con oltre un miliardo di seguaci in Africa, Medio Oriente e Asia meridionale.

La Moschea Blu di Istanbul, in Turchia. La moschea è il luogo dove i musulmani si riuniscono per pregare. All'interno della moschea c'è il *mirhab*, la nicchia che indica la direzione della Mecca, verso cui i fedeli devono rivolgersi.

Chi era il Buddha?

Questo nome, che significa l'Illuminato, venne dato al principe indiano Siddartha Gautama, vissuto tra il 560 e il 480 a.C. Buddha insegnava a rinunciare alle passioni come via per eliminare la sofferenza e raggiungere uno stato di pace. Il buddhismo è diffuso in India, Tibet, Cina e Sudest asiatico. Il Dalai Lama è la massima autorità del buddhismo tibetano.

statuetta di Shiva danzante

Quante sono le divinità induiste?

L'induismo conta numerosissime divinità, ma la triade principale è formata da Brahma, Shiva e Visnu. All'interno del ciclo dell'esistenza Brahma rappresenta il creatore, Vishnu il conservatore e Shiva il distruttore. Un'idea caratteristica, comune al buddhismo, è la credenza nella reincarnazione dopo la morte. Attualmente è la terza religione più praticata con 800 milioni di seguaci in tutto il mondo.

statuetta di Buddha

Comunità internazionale

Le organizzazioni internazionali sono enti che riuniscono i rappresentanti di diverse nazioni e svolgono molte funzioni, come sviluppare i rapporti tra gli stati, migliorare le condizioni di vita delle popolazioni, promuovere lo sviluppo commerciale, tutelare la pace e altro ancora.

Il simbolo dell'ONU è un mondo circondato da un ramoscello d'ulivo, simbolo della pace.

Che cos'è l'ONU?

L'ONU è l'Organizzazione delle Nazioni Unite, la più importante delle organizzazioni internazionali e oggi riunisce 192 paesi. Nata nel 1945 dopo la Seconda Guerra Mondiale per impedire lo scoppio di nuovi conflitti globali, oggi coordina l'attività delle nazioni per favorire il progresso economico e socioculturale dei paesi membri e per garantire i diritti umani, la pace e la sicurezza internazionale. L'ONU è governata da un'Assemblea Generale con i rappresentanti di tutti gli Stati membri, e da un Consiglio di Sicurezza, che si occupa di sanzionare gli Stati che minacciano la pace mondiale.

Di che cosa si occupa l'UNICEF?

L'UNICEF (*United Nations Children's Emergency Found*) è una agenzia dell'ONU nata per aiutare i bambini vittime della Seconda Guerra Mondiale. Oggi si occupa dei bambini e delle loro madri nei paesi in via di sviluppo. I bambini e i ragazzi sotto i 15 anni sono circa 2 miliardi nel mondo.

Che cosa fa l'UNHCR?

L'UNHCR (Alto Commissariato ONU per i Rifugiati) è l'agenzia che si occupa dei rifugiati e degli esuli. I rifugiati sono tutti coloro che per motivi di razza, religione, cittadinanza non possono vivere nel proprio paese o ne sono scacciati da un conflitto armato.

La sede centrale dell'ONU si trova a New York e comprende il famoso Palazzo di Vetro.

Che cosa sono i Caschi Blu?

I Caschi Blu sono le truppe inviate dalle Nazioni Unite nei luoghi dove sorgono conflitti, con lo scopo di dividere i contendenti e di far rispettare il "cessate il fuoco". Furono create nel 1956 in occasione della crisi di Suez e nel 1988 ricevettero il premio Nobel per la Pace. Ancora oggi numerose forze armate di diversi paesi sotto controllo dell'ONU svolgono funzioni di *peace keeping* in zone calde del mondo: Libano, Kosovo, Afghanistan.

Che cos'è la NATO?

La NATO (Organizzazione del Trattato del Nord Atlantico) è nata nel 1949, subito dopo la Seconda Guerra Mondiale. Oggi questa organizzazione politica e militare comprende 28 paesi che si aiutano l'un l'altro per difendersi in caso di attacco militare. La NATO nei suoi interventi collabora con l'ONU.

Emergency è una ONG italiana che ha lo scopo di soccorrere i civili nei paesi in guerra in tutto il mondo.

Che cos'è la Croce Rossa?

La Croce Rossa è la più importante organizzazione umanitaria del mondo e interviene in tutti i paesi sia in tempo di guerra sia in tempo di pace per garantire assistenza medica a chi ne ha bisogno. Il simbolo della Croce Rossa è ispirato alla bandiera svizzera (ha semplicemente i colori invertiti) perché questa istituzione è nata proprio in Svizzera nel 1863.

Che cosa sono le ONG?

Le ONG (Organizzazioni Non Governative) sono istituzioni indipendenti dai governi, in gran parte finanziate attraverso donazioni. Queste istituzioni hanno vari scopi e si occupano, di solito, di problematiche spesso trascurate dai governi, come la tutela dell'ambiente, il rispetto dei diritti umani, la cooperazione per lo sviluppo dei paesi del Sud del mondo.

Le scoperte

La storia della scienza è fatta di osservazioni e scoperte. Le scoperte scientifiche dei più grandi pensatori hanno permesso di formulare leggi generali grazie alle quali oggi conosciamo meglio il mondo, gli esseri viventi e l'intero universo. Altre scoperte presentano risvolti più pratici, come l'invenzione dell'automobile e del computer e hanno contribuito a migliorare la nostra vita.

Chi è Isaac Newton?

Vissuto tra il 1647 e il 1727, lo scienziato britannico Isaac Newton ha formulato nel 1687 la teoria della gravità riuscendo a spiegare, con un'unica legge matematica, il movimento dei pianeti nello spazio e quello degli oggetti sulla Terra.

Si narra che Newton abbia avuto l'intuizione della teoria della gravità dopo che una mela gli era caduta in testa.

Quando è vissuto Archimede?

Archimede, matematico, astronomo e fisico originario della colonia greca di Siracusa, è vissuto tra il 287 e il 212 a.C. Oltre ad aver inventato la ruota dentata e la leva per sollevare i pesi, Archimede ha scoperto la legge che porta il suo nome e spiega il galleggiamento dei corpi nei fluidi. Si narra che l'idea di questa legge gli sia venuta mentre faceva il bagno, dal quale uscì gridando: *eureka*!, cioè "ho trovato!".

Chi ha scoperto la dinamo?

Il chimico e fisico britannico Michael Faraday (1791-1867) ha studiato il magnetismo e, in particolare, l'induzione elettromagnetica ed è riuscito a utilizzare i campi magnetici in una dinamo per produrre energia elettrica. In questo modo ha contribuito a svelare il legame che esiste tra magnetismo ed elettricità.

Chi ha inventato il parafulmine?

Benjamin Franklin, uno dei padri fondatori degli Stati Uniti d'America, è uno scienziato e politico vissuto tra il 1706 e il 1790. Interessatosi ai fenomeni elettrici, Franklin è stato uno dei primi a ideare il parafulmine, uno strumento utile per attirare e disperdere a terra le cariche elettriche dei fulmini. Franklin ha anche inventato gli occhiali con lenti bifocali e un modello di stufa-caminetto.

Franklin prova il primo parafulmine servendosi di un aquilone.

Che cos'è la relatività?

La teoria della relatività è stata elaborata dal fisico tedesco Albert Einstein (1879-1955). In base a questa teoria lo spazio, il tempo e la massa non sono entità immutabili e assolute, ma variano in base al punto di vista dell'osservatore. L'energia e la massa inoltre sono legate da un'equazione ($E=mc^2$), cioè energia uguale a massa moltiplicata per la velocità della luce.

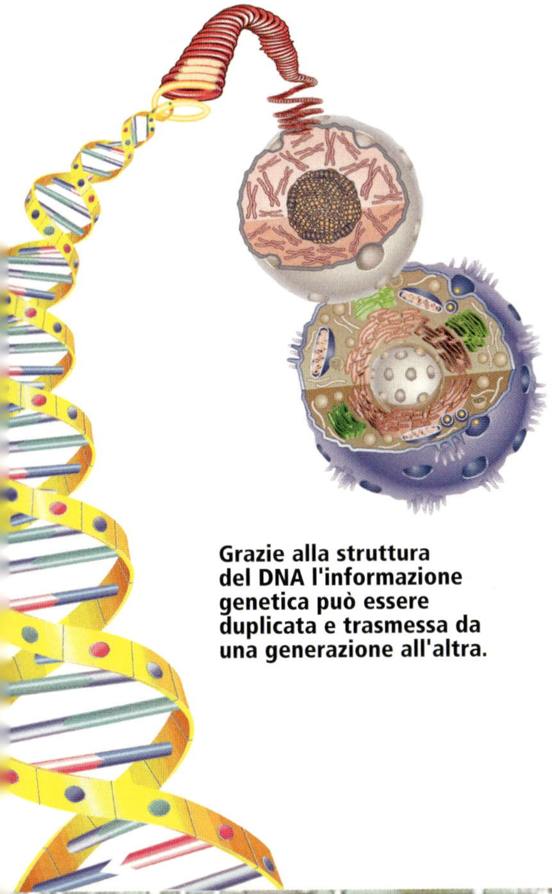

Grazie alla struttura del DNA l'informazione genetica può essere duplicata e trasmessa da una generazione all'altra.

Chi ha scoperto il DNA?

La struttura del DNA (o acido desossiribonucleico) è stata scoperta nel 1953 dal britannico Francis Crick e dallo statunitense James Watson, grazie anche al contributo di Rosalind Franklin, esperta britannica di cristallografia ai raggi X. Nella struttura del DNA, costituita da due filamenti di molecole uniti tra loro e avvolti a formare una doppia elica, è racchiusa l'informazione genetica di ogni individuo. Watson e Crick furono insigniti del Premio Nobel per le Medicina nel 1962.

Crick (a destra) e Watson (a sinistra) con il primo modello del DNA.

Le invenzioni

Per risolvere problemi grandi e piccoli, l'uomo ha sempre cercato di trovare una soluzione. Le invenzioni spesso sono legate a scoperte scientifiche, le quali, a loro volta, sono frutto della curiosità umana. Prima, per esempio, sono state scoperte le onde radio e dopo è stata inventata la radio; prima si è scoperto il magnetismo e dopo è stata inventata la bussola.

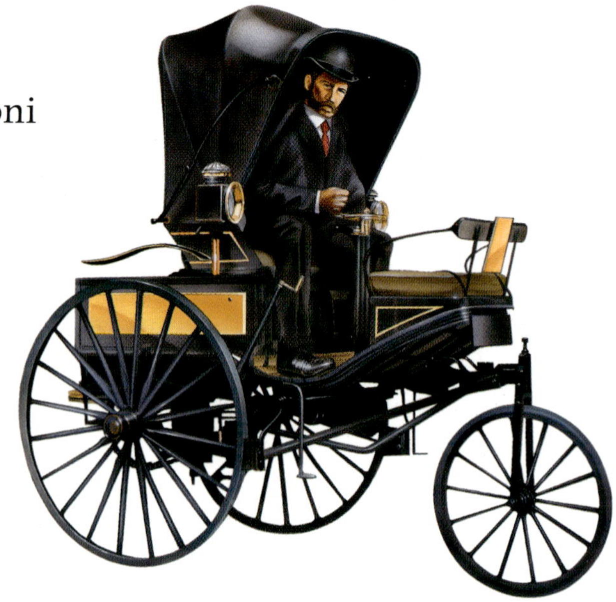

Chi ha inventato la ruota?

La ruota viene utilizzata da almeno 5000 anni, ma nessuno sa con certezza dove e quando sia stata inventata. Sembra però che inizialmente venisse impiegata come tornio dai vasai (forse dai Sumeri in Mesopotamia) e, soltanto in seguito, sia stata attaccata ai carri per facilitare il trasporto di persone e cose. Ancora nel XV secolo, popoli come gli Inca o i Maya non conoscevano la ruota.

Che cos'è il motore a scoppio?

Nel motore a scoppio la benzina viene mescolata con l'aria e incendiata da una scintilla che provoca una piccola esplosione. L'esplosione determina lo spostamento di un pistone collegato all'albero motore che fa girare le ruote. Questo motore, in una versione più sofisticata, è ancora usato nelle moderne automobili a benzina.

Che cos'è la stampa a caratteri mobili?

La stampa su carta di brevi testi e disegni era già in uso in Cina nel 700 d.C. Questa tecnica prevede l'incisione di una matrice di legno poi inchiostrata e premuta sulla carta. Per velocizzare e semplificare la stampa dei testi venne in seguito adottato l'uso dei caratteri mobili. Il primo a farlo in Europa fu Johann Gutenberg nel 1455. Singoli caratteri metallici venivano allineati per formare le parole e poi un'intera pagina veniva inchiostrata e stampata. I caratteri si potevano quindi riutilizzare.

Chi ha volato per primo?

Il primo aereo a motore è stato realizzato dai fratelli Wilbur e Orville Wright negli Stati Uniti e ha compiuto il primo volo il 17 dicembre del 1903 percorrendo circa 200 m in 59 secondi a 3 m di altezza. Essendo inventori, costruttori ma anche piloti, i fratelli Wright hanno insegnanto in alcune delle prime scuole di volo in molti paesi, Italia compresa.

Nel *Flyer 1*, usato dai fratelli Wright nel 1903, il pilota stava sdraiato sulla pancia.

Da quando esiste il telefono?

Il telefono esiste dal 1876, cioè da quando lo scozzese Alexander Bell lo ha brevettato incominciando a diffonderlo. L'idea di trasformare la voce in impulsi elettrici che viaggiano su cavi era però già venuta all'italiano Antonio Meucci (1808-1889).

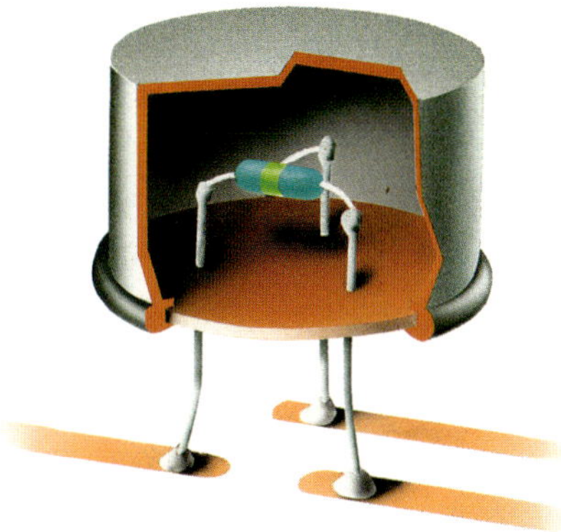

Chi ha inventato la radio?

La possibilità di sfruttare le onde radio per trasmettere suoni e parole a distanza è stata studiata da molti scienziati fin dalla metà del XIX secolo. Fu però l'italiano Guglielmo Marconi a sommare tutte le scoperte compiute fino a quel momento e a costruire la prima radio, poi usata per inviare segnali da una parte all'altra dell'Oceano Atlantico nel 1901.

Il più prolifico inventore di tutti i tempi è stato probabilmente l'americano Thomas Alva Edison, che ha brevettato oltre mille invenzioni, dal fonografo (uno dei primi giradischi) alla lampadina a incandescenza. Edison era anche un imprenditore e ha sempre valutato la possibilità di riprodurre e vendere le proprie invenzioni.

Che cos'è il transistor?

Il transistor è un dispositivo formato da materiali semiconduttori in grado di regolare il flusso di corrente elettrica che lo attraversa e anche di amplificarlo (come avviene negli amplificatori audio). Questo strumento, piccolo e relativamente semplice, è stato brevettato nel 1934 dal tedesco Oskar Heil e rappresenta la base di tutta l'elettronica moderna.

Guglielmo Marconi ha ricevuto il Nobel per la Fisica nel 1909 "per il contributo dato alla telegrafia senza fili".

Scrittura e stampa

La scrittura è stata inventata dai Sumeri, in Mesopotamia, circa 5500 anni fa, per scrivere gli elenchi dei beni che commerciavano. Le prime scritture, come quella degli antichi Egizi, erano formate da ideogrammi (ogni segno rappresentava una parola intera); in seguito, circa 3500 anni fa, i Fenici inventarono l'alfabeto, grazie al quale, con pochi segni, si possono scrivere tutte le parole.

commercianti fenici

Che cosa sono i codici miniati?

Prima dell'invenzione della stampa a caratteri mobili, che ha permesso di stampare i libri molto più in fretta, i testi venivano ricopiati a mano e spesso arricchiti da miniature dipinte e decorate con smalti e dorature. Questi manoscritti erano di solito prodotti dai monaci.

Come scrivevano i sumeri?

La scrittura dei Sumeri è chiamata cuneiforme perché prevedeva l'uso di una canna tagliata per imprimere sui vasi o sulle tavolette d'argilla caratteristici segni a forma di piccoli cunei. Mettendo insieme più segni venivano indicati i prodotti scambiati, come pesci e pecore, ma anche il numero e i giorni dell'anno.

Chi ha inventato l'alfabeto?

L'alfabeto fenicio fu uno dei primi alfabeti fonetici, in cui le lettere corrispondono a suoni e non a concetti. Si diffuse rapidamente con i commerci in quanto permetteva a tutti di comprendere le transazioni commerciali. Era composto da sole consonanti.

rotativa da stampa

Chi ha inventato la biro?

L'inventore ungherese László Bíró ha inventato la prima penna a sfera verso la fine degli anni Trenta del Novecento. La biro permette di scrivere senza sporcarsi perché usa un inchiostro più denso della china impiegata nelle penne stilografiche e, per spanderlo in modo uniforme, ha una piccola pallina metallica sulla punta che ruota quando si scrive. Il brevetto della biro è stato in seguito rilevato dal francese Marcel Bich che è riuscito poi a vendere ovunque biro (chiamate "Bic") a basso costo.

Come si stampano i giornali?

Oggi i giornali vengono scritti usando il computer. I testi preparati dai diversi giornalisti vengono impaginati al computer, cioè sistemati sulla pagina e abbinati alle fotografie, quindi vengono stampati su una lastra (matrice). La matrice viene poi fissata sui grandi rulli cilindrici di una macchina (rotativa) che stampa su enormi rotoli di carta. Le pagine vengono quindi tagliate e ripiegate in poco tempo per essere distribuite velocemente nelle edicole.

La scrittura è nata per conservare le parole nel tempo: le tavolette di argilla dei Sumeri esistono da 5000 anni, i papiri egizi da 4000 anni, le pergamene da 2000 anni, i libri da 1500 anni. I dati registrati su un normale CD o DVD si conservano con sicurezza per soli 5-10 anni.

Che cosa sono le biblioteche?

Le biblioteche sono edifici in cui vengono raccolti e ordinati i libri, per poi metterli a disposizione del pubblico di lettori o studiosi. Le biblioteche esistono da millenni: nella città assira di Ninive esisteva nel 650 a.C. una biblioteca con 22.000 tavolette di argilla incise. La famosa biblioteca di Alessandria d'Egitto, del III secolo a.C., comprendeva 700.000 volumi. La più grande biblioteca italiana, la Biblioteca Nazionale e Centrale di Firenze, custodisce 6 milioni di libri.

Che cos'è l'e-book?

Un *e-book* (dall'inglese *electronic book*) è un libro in formato digitale, che può essere letto con il computer o con speciali dispositivi portatili. Il libro viene riprodotto nello stesso formato del testo stampato e, nei dispositivi più moderni, può essere sfogliato scorrendo con il dito sullo schermo. I libri in formato digitale possono essere arricchiti di immagini, informazioni e suoni. Su un *e-book* possono essere contenuti migliaia di testi.

Fotografia e cinema

La fotografia è nata all'inizio del XIX secolo. Le prime macchine fotografiche usavano spesse lastre di vetro ricoperte di sali d'argento sensibili alla luce; più tardi sono state inventate le pellicole. Oggi sono molto diffuse le macchine fotografiche digitali. Il cinema è nato alla fine del XIX secolo e ha avuto subito un grande successo.

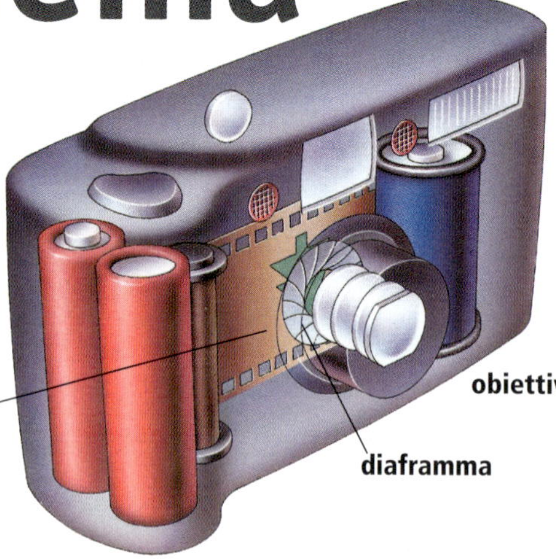

Quando sono state scattate le prime fotografie?

Una delle prime fotografie mai realizzate è quella scattata nel 1827 dal francese Joseph Niépce usando una camera oscura modificata; successivamente Louis Daguerre, socio di Niépce, inventò il dagherrotipo, cioè un tipo di fotografia non riproducibile, ma stabile nel tempo. Le prime macchine fotografiche richiedevano tempi di posa molto lunghi e, per farsi ritrarre, le persone usavano appositi schienali.

Come funziona la macchina fotografica?

Una macchina fotografica è una scatola chiusa dotata di una piccola apertura provvista di lente (obiettivo). Quando si scatta la foto, la luce entra nella macchina attraverso l'obiettivo e viene concentrata su una pellicola sensibile. I rullini di pellicola sono stati inventati nel 1888 dall'americano George Eastman ed ebbero subito un grande successo per la loro praticità.

Come funzionano le macchine fotografiche digitali?

Nelle macchine fotografiche digitali la pellicola è sostituita da un sensore che "traduce" le immagini in segnali elettrici analogici i quali, a loro volta, vengono convertiti in dati digitali e registrati su un supporto di memoria. Queste informazioni vengono quindi trasferite su un computer per essere ritoccate con un programma specifico e poi stampate, oppure vengono stampate direttamente inserendo nella stampante il supporto di memoria.

Quando è nato il cinema?

Alla fine del XIX secolo i francesi Auguste e Louis Lumière girarono brevissimi film di circa un minuto e, usando un proiettore, li mostrarono per la prima volta su un grande schermo al pubblico nel 1895. Altri brevi film erano già stati girati dall'americano Thomas A. Edison, ma potevano essere visionati soltanto da uno spettatore alla volta con un dispositivo chiamato cinetoscopio.

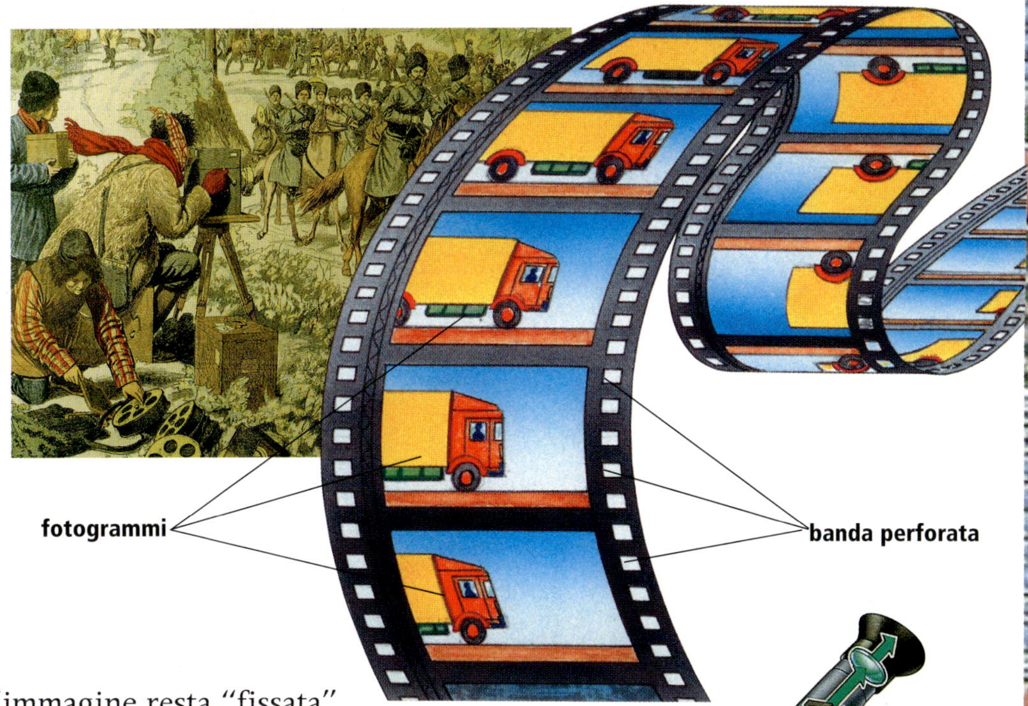

Che cos'è un film?

Quando guardiamo una fotografia, l'immagine resta "fissata" sulla retina degli occhi per meno di un secondo. Una pellicola cinematografica è formata da tantissime foto mostrate in sequenza una dopo l'altra con un ritmo di 24 fotogrammi al secondo. Le foto si sovrappongono sulla retina e il cervello le mescola in una sequenza continua in cui gli oggetti ci appaiono in movimento. La banda laterale perforata fa "scattare" i fotogrammi uno dopo l'altro. Anche i cartoni animati sono realizzati nello stesso modo, utilizzando disegni al posto delle fotografie.

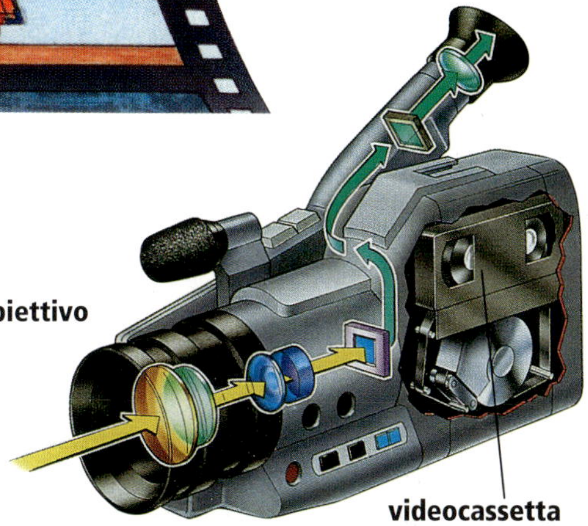

Una volta girato un film su pellicola, il regista e il montatore lo spezzettano e lo rimontano fino a ottenere il film definitivo. Questo lavoro, un tempo realizzato materialmente con le forbici, viene ora svolto con il computer. L'uso del computer permette anche di inserire nel film con maggiore facilità ogni tipo di effetto speciale: dalle esplosioni ai mostri più impressionanti che però, nella realtà, non esistono.

Che cosa sono le videocassette?

Nella maggior parte delle videocamere non professionali le immagini vengono trasformate in segnali digitali e sono registrate su nastri magnetici. Questi nastri possono poi essere visionati direttamente usando un videoregistratore e non vengono sviluppati e stampati come la pellicola tradizionale. Oggi sono sempre più diffuse le videocamere che registrano i dati in formato digitale direttamente su CD e DVD registrabili.

Le telecomunicazioni

I sistemi di telecomunicazione servono per inviare suoni e immagini a grande distanza. I suoni e le immagini vengono infatti tradotti in segnali elettrici e poi fatti viaggiare lungo cavi o inviati ai satelliti in orbita intorno alla Terra da cui vengono trasmessi ovunque. Oggi le linee telefoniche sono usate per mettere in comunicazione i computer di tutto il mondo grazie alla rete Internet.

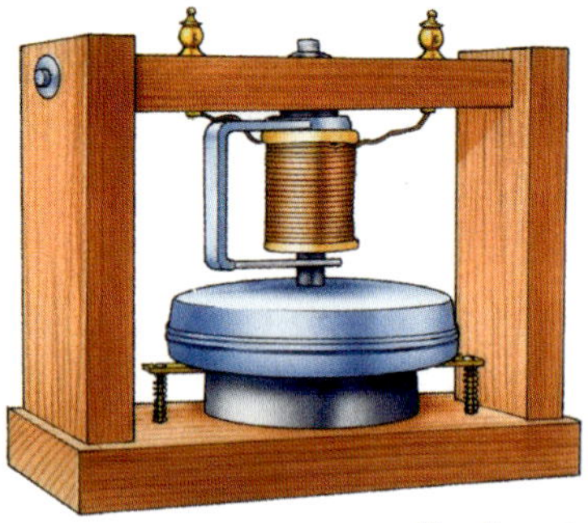

il primo telefono

Che cos'è una centrale telefonica?

I fili provenienti da tutti i telefoni fissi raggiungono un centralino, dove le chiamate vengono smistate e inviate correttamente ai numeri digitati. Una volta nei centralini lavoravano i centralinisti (spesso donne), che ricevevano le chiamate e le instradavano nella giusta direzione inserendo i cavi nei fori corretti. Oggi questo lavoro è svolto dai computer.

centralino

Chi ha inventato il telefono?

L'invenzione del telefono è stata ufficialmente riconosciuta al fiorentino Antonio Meucci, che ne aveva realizzato il prototipo nel 1871. Il primo a brevettare il telefono è stato però lo statunitense Alexander Bell nel 1876. Meucci ha usato il suo primo telefono per collegare l'ufficio con la camera dove alloggiava la moglie malata.

telefono moderno

Come funziona il telefono?

Quando si compone un numero di telefono si inviano segnali diversi a una centrale telefonica computerizzata che ci mette in comunicazione con la persona chiamata. Parlando nel microfono si fa vibrare un diaframma generando un impulso elettrico, che viaggia nei cavi telefonici e poi viene ritradotto in suoni quando raggiunge il telefono della persona chiamata.

I satelliti per le telecomunicazioni si trovano a circa 36.000 km di altezza.

A che cosa servono i satelliti artificiali?

Intorno alla Terra orbitano molti satelliti artificiali che, nella maggior parte dei casi, servono per le telecomunicazioni, cioè ricevono e ritrasmettono i segnali telefonici e televisivi in tutto il mondo. Dato che la velocità angolare dei satelliti è pari a quella della Terra, ogni satellite si mantiene sostanzialmente fisso nella stessa posizione.

Che cos'è Internet?

Internet è una rete di computer collegati uno all'altro. Tra i computer collegati possono essere scambiati testi, immagini, suoni e video. Le informazioni viaggiano soprattutto attraverso i cavi di fibre ottiche, oppure sfruttano i satelliti per le telecomunicazioni. La posta elettronica è un servizio molto usato che impiega Internet per trasmettere messaggi di testo (o altre informazioni) in tempo reale e ha, in buona parte, sostituito la posta normale.

Come funzionano i telefoni cellulari?

I telefoni cellulari utilizzano le onde radio per inviare i messaggi e le parole. I messaggi raggiungono grandi antenne e vengono inviati a centraline che li smistano. I primi cellulari, comparsi negli anni Ottanta del XX secolo, erano grandi, pesanti e costosi. Oggi questi dispositivi sono molto più piccoli e leggeri e possono essere usati per collegarsi a Internet e anche per scattare fotografie o girare brevi filmati. L'Italia è uno dei paesi in cui la telefonia mobile è più diffusa.

Ogni giorno vengono inviati circa 25 miliardi di e-mail e SMS lungo le reti di comunicazione internazionali.

La televisione

La televisione è il mezzo di comunicazione di massa più diffuso al mondo dato che ha un costo relativamente basso e trasmette ininterrottamente notizie, musica, sport, film e molti altri tipi di programmi. I primi televisori erano in bianco e nero, poi si sono diffusi quelli a colori a tubo catodico, affiancati oggi da televisori al plasma e a cristalli liquidi.

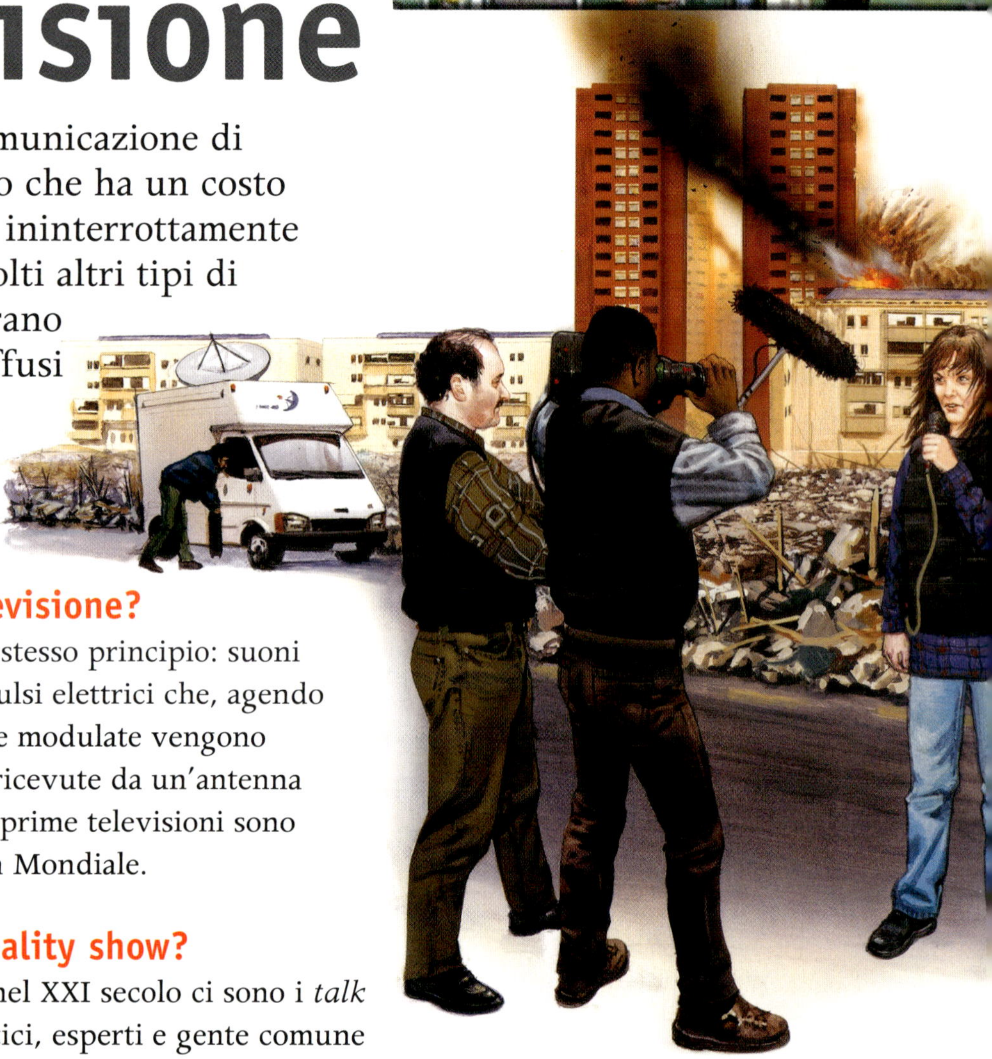

Le reti televisive hanno squadre di giornalisti e operatori pronte a intervenire sul luogo di avvenimenti importanti.

Quando è stata inventata la televisione?

La radio e la televisione si basano sullo stesso principio: suoni e immagini vengono trasformati in impulsi elettrici che, agendo sulle onde radio, le modificano. Le onde modulate vengono poi trasmesse dalla stazione emittente, ricevute da un'antenna e ritrasformate in suoni e immagini. Le prime televisioni sono comparse alla fine della Seconda Guerra Mondiale.

Che cosa sono i talk-show e i reality show?

Tra i programmi televisivi più seguiti nel XXI secolo ci sono i *talk show*, in cui un moderatore invita politici, esperti e gente comune a discutere in diretta, anche animatamente, su un tema. Un altro programma di successo sono i *reality show*: hanno per protagonisti persone comuni intente ad affrontare situazioni divertenti o drammatiche.

Che cosa sono le riprese in diretta?

Con le riprese in diretta è possibile registrare contemporaneamente suoni e immagini. Per avere una migliore qualità del suono si usano di solito microfoni aggiuntivi. Le immagini e il suono vengono quindi sincronizzati con un computer e possono essere messi in onda subito, in modo che il pubblico possa assistere in tempo reale ad avvenimenti particolari. Questa tecnica è molto usata nei reportage televisivi.

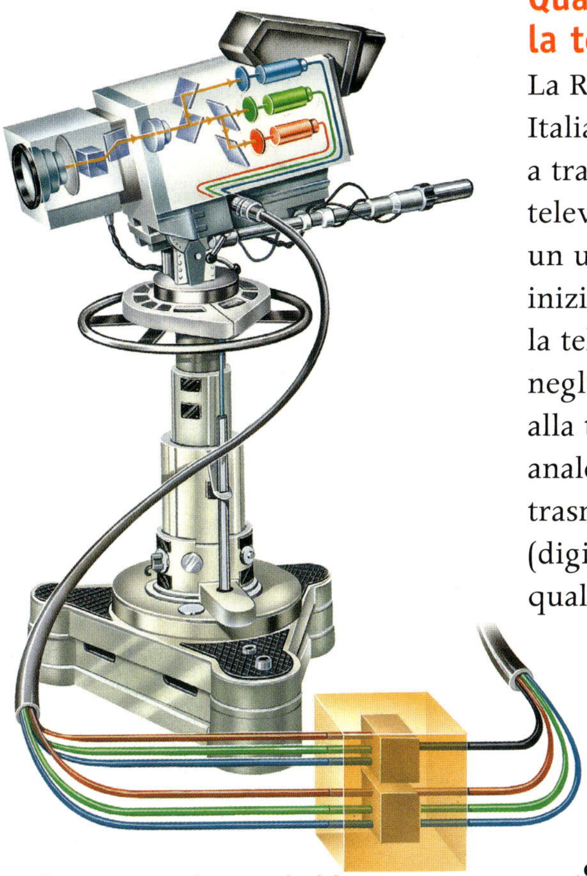

telecamera per riprese televisive

Quando è nata la televisione in Italia?

La RAI, o Radiotelevisione Italiana, ha incominciato a trasmettere programmi televisivi nel 1954, attraverso un unico canale. La televisione inizialmente era in bianco e nero, la televisione a colori si è diffusa negli anni Settanta. Oggi, oltre alla televisione tradizionale (o analogica), i programmi sono trasmessi in forma digitale (digitale terrestre) con una qualità migliore.

Come si diffonde il segnale televisivo?

La televisione terrestre utilizza le onde radio emesse dai trasmettitori e ricevute da antenne; la televisione satellitare emette onde radio ma, come trasmettitori, utilizza i satelliti per le telecomunicazioni in orbita intorno alla Terra. La televisione via cavo, infine, utilizza i cavi delle telecomunicazioni per raggiungere le case anche dove il segnale televisivo normale non si riceve bene.

Come si forma un'immagine televisiva?

La telecamera per riprendere i programmi televisivi ha tre tubi corrispondenti ai colori rosso, blu e verde, che separano la luce nei tre colori e la trasformano in impulsi elettrici. Gli impulsi elettrici raggiungono il televisore e attivano tre "cannoni" che sparano elettroni sul retro dello schermo televisivo. Gli elettroni eccitano i fosfori, puntini o cilindri sensibili che rivestono lo schermo, e questi emettono luce di tre colori diversi: si formano così le immagini in movimento e a colori. Oggi però sono sempre più diffusi gli schermi al plasma, molto grandi e luminosi e quelli ultrapiatti a cristalli liquidi.

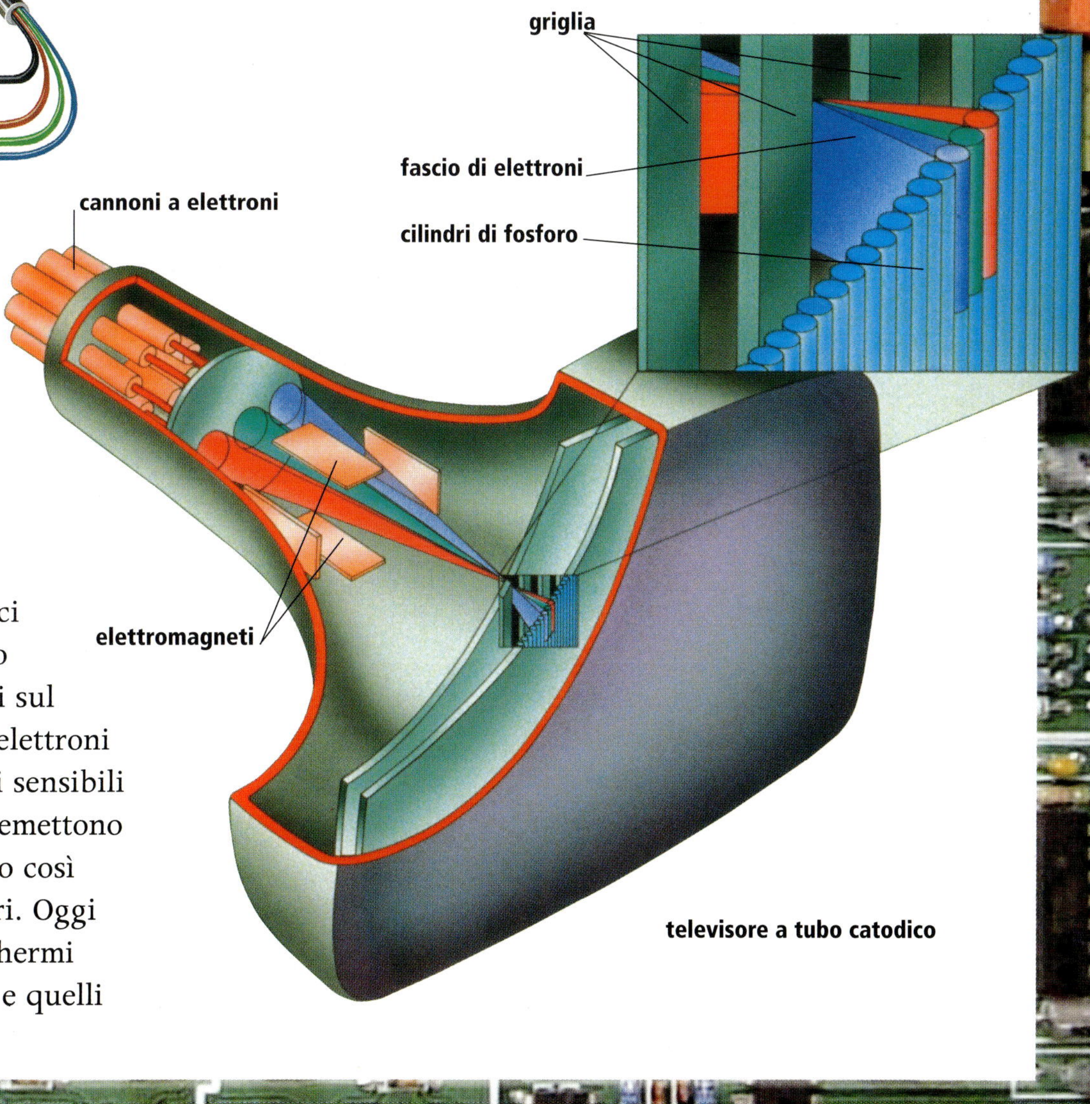

televisore a tubo catodico

Il computer

I computer sono apparecchi elettronici che hanno la capacità di svolgere operazioni complesse molto in fretta. I primi computer erano grandi come intere stanze, oggi invece, grazie alla miniaturizzazione dei componenti elettronici, esistono computer portatili leggerissimi e potenti con cui si può lavorare, scrivere, vedere film, giocare e comunicare via Internet.

Come funzionano i computer?

I computer che si usano in casa e in ufficio si chiamano PC (*Personal Computer*). Monitor, tastiera e disco rigido rappresentano l'hardware, mentre i programmi con cui si lavora e si gioca sono detti software. Le istruzioni contenute nel software sono scritte in forma di serie di numeri, perciò vengono lette ed eseguite molto in fretta.

Che cosa sono le periferiche?

I computer si possono collegare a molti dispositivi esterni indicati complessivamente come periferiche. Una periferica può essere uno scanner, per acquisire le immagini, oppure una stampante per stampare documenti e foto o un modem con cui navigare sulla rete Internet.

monitor

mouse

Che cosa sono la RAM e la ROM?

La RAM (*Random Access Memory*, "memoria ad accesso casuale") è la memoria che il computer utilizza per immagazzinare i dati mentre lavora; la ROM (*Read Only Memory*, "memoria a sola lettura") è invece la memoria permanente che non si modifica e si può soltanto leggere, come quella dei CD o dei DVD ROM.

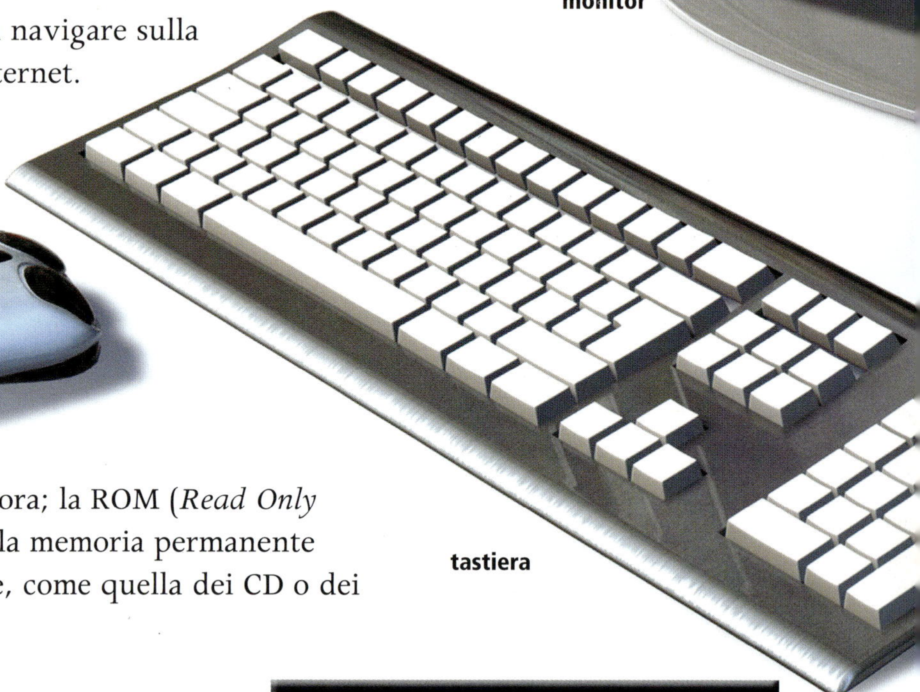

tastiera

Che cos'è il disco rigido?

Il disco rigido o *hard disk* è un disco magnetico che contiene tutti i software, o programmi, usati dal computer per funzionare. I computer possono avere anche due o più dischi, su cui le informazioni vengono registrate in formato digitale e conservate anche quando il computer è spento.

Nella memoria del computer i dati sono scritti utilizzando un codice binario formato dalle cifre 0 e 1: "1" corrisponde a una porta aperta e al passaggio di un dato, "0" equivale a una porta chiusa.

Che cosa possono fare i computer?

I computer possono svolgere i compiti più disparati, come prevedere il tempo meteorologico o realizzare un cartone animato, grazie ad appositi programmi. I computer vengono collegati a fotocamere digitali, lettori MP3 o altri dispositivi per acquisire dati. Le fotografie, per esempio, possono successivamente essere modificate con programmi per il fotoritocco.

Gli elettrodomestici

La nostra vita quotidiana è semplificata dagli elettrodomestici, grazie ai quali possiamo svolgere molti compiti, come lavare i piatti o pulire i pavimenti, in modo rapido e senza fare tanta fatica. Molti elettrodomestici moderni sono una versione elettrificata di strumenti preesistenti, come il frullino a mano che è diventato un frullatore elettrico.

Come funziona il forno a microonde?

Il forno a microonde cuoce i cibi senza usare una fonte di calore (presente invece nel forno elettrico o a gas). Un fascio di onde elettromagnetiche molto corte e ricche di energia (microonde) urta contro le molecole d'acqua presenti nel cibo e le agita molto in fretta. Questo movimento produce il calore necessario per cuocere gli alimenti.

Quando è stato inventato il frigorifero?

Le prime macchine frigorifere risalgono al 1851 e hanno completamente rivoluzionato l'alimentazione delle famiglie perché permettono di conservare più a lungo alimenti deperibili ma molto sani, come il latte, la frutta e la verdura. Nei frigoriferi un liquido refrigerante contenuto in un tubo (serpentina) assorbe il calore dai cibi e si trasforma in gas. Fuori dal frigo, un compressore trasforma di nuovo il gas in fluido (emettendo calore nell'ambiente) e lo rimette in circolo.

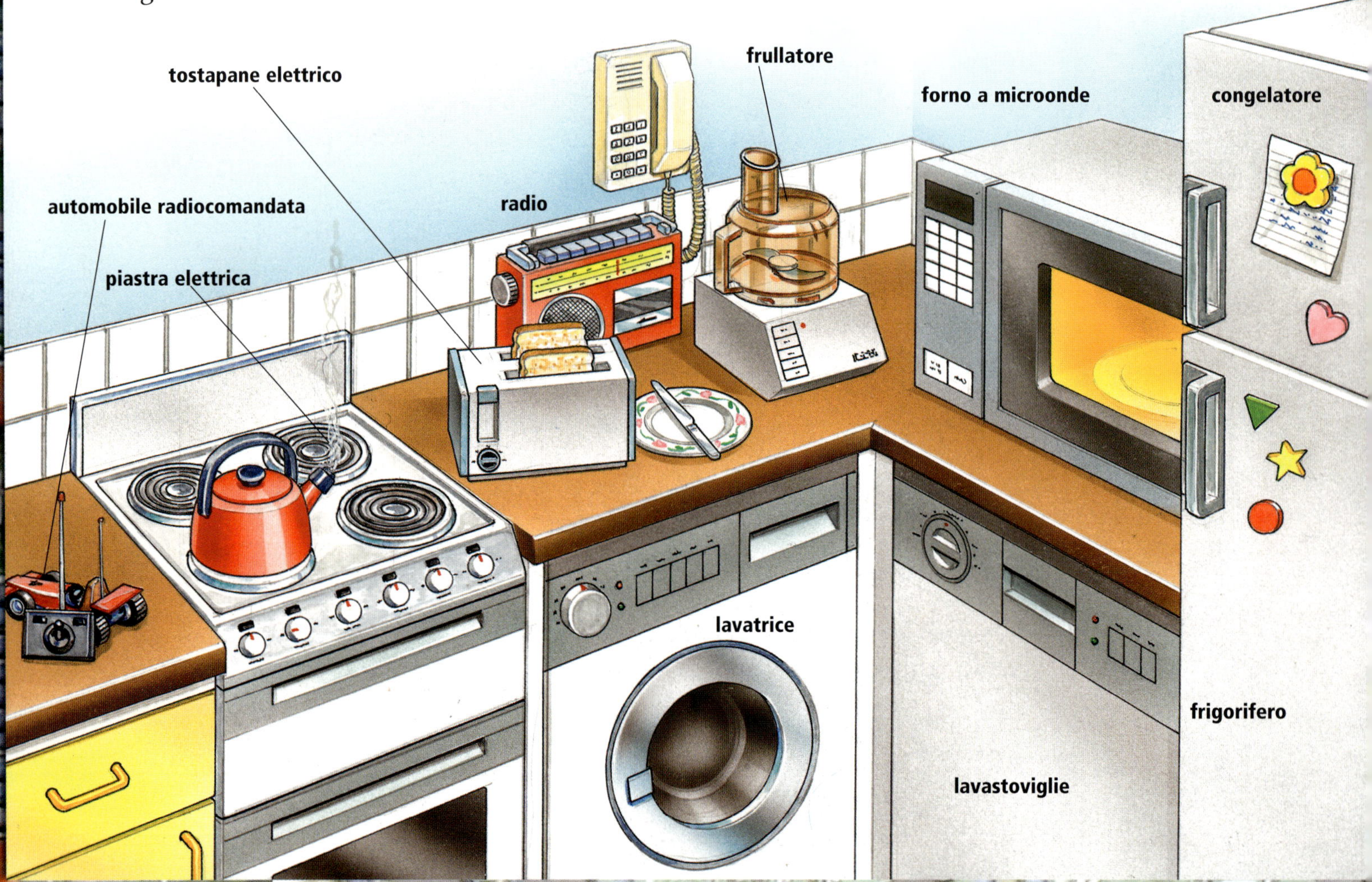

Che cosa fanno i pannelli solari?

Esistono diversi tipi di pannelli solari. Alcuni sfruttano l'energia del sole per riscaldare l'acqua usata nelle case nell'impianto di riscaldamento e come acqua calda. I pannelli fotovoltaici, invece, sono formati da tante celle che trasformano la radiazione solare direttamente in energia elettrica. Questa viene poi usata nelle abitazioni, negli uffici o nelle fabbriche per alimentare le apparecchiature elettriche.

Il sole è una fonte di energia pulita perché può essere sfruttata senza disperdere inquinanti.

Che cos'è lo stand-by?

Anche quando è in stand-by un apparecchio consuma energia elettrica.

Molti apparecchi elettrici, come la televisione o il computer, possono essere messi in stand-by quando non vengono usati. In questa modalità di "riposo" l'apparecchio consuma pochissima energia ma non è davvero spento e può essere riattivato molto in fretta quando serve. Tuttavia milioni di apparecchi elettrici in stand-by consumano moltissima energia senza fare nulla.

Come funziona l'aspirapolvere?

L'aspirapolvere è un elettrodomestico che serve per pulire. Un ventilatore crea una depressione all'interno dell'apparecchio e riesce così a risucchiare la polvere. Un filtro lascia quindi uscire l'aria calda trattenendo la sporcizia. Esistono vari tipi di aspirapolvere: i più moderni si spostano da soli e non emettono alcun rumore.

Ogni elettrodomestico consuma energia per funzionare. Quelli di nuova generazione sono studiati per consumare il meno possibile. Un frigorifero normale consuma circa 300 kWh all'anno, uno a basso consumo soltanto 190 kWh; i condizionatori usati per rinfrescare gli ambienti quando fa caldo consumano da 734 a 890 kWh all'anno. Un videoregistratore in stand-by consuma 3 watt all'ora.

I robot

Un robot è una qualsiasi macchina in grado di svolgere un compito al posto dell'uomo in modo praticamente autonomo. Questi dispositivi sono usati nelle fabbriche automobilistiche per assemblare i diversi pezzi, oppure per esplorare luoghi inaccessibili all'uomo, come i pianeti su cui vengono inviati i rover o le profondità marine raggiunte dai batiscafi.

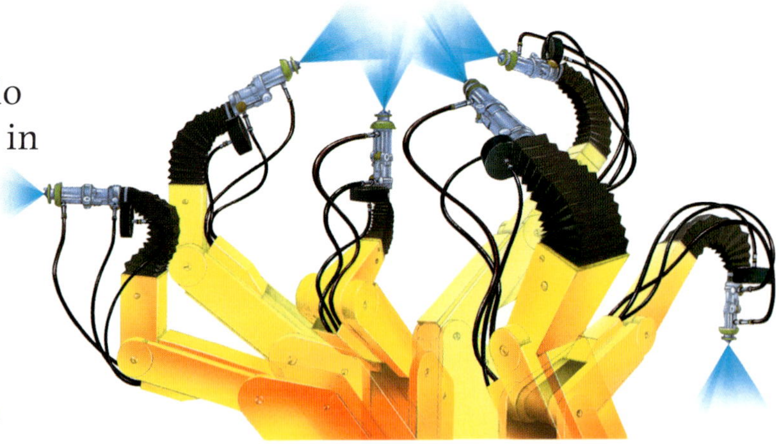

Com'è fatto un robot?

I robot sono macchine molto sofisticate di forma varia. Spesso sono dotati di più braccia meccaniche per svolgere compiti diversi. Il robot può essere guidato a distanza dall'uomo, oppure può contenere in una memoria elettronica le informazioni utili per svolgere il proprio lavoro.

Che cosa fanno i robot nelle fabbriche?

Nelle fabbriche i robot sono usati per montare altre macchine e anche per collaudarle. Nelle fabbriche automobilistiche, per esempio, sono robot quelli che sollevano i pezzi pesanti e li saldano insieme ed è un robot la macchina che dipinge l'automobile completata. I robot servono anche per collaudare mobili, per esempio ripetendo migliaia di volte l'apertura di un cassetto per verificarne l'efficienza.

Chi è Asimo?

Asimo è il nome di un androide, cioè un robot il cui aspetto ricorda quello di un essere umano. Questo robot, alto 130 cm e pesante 52 kg, può muovere braccia, gambe e dita, corre, sale e scende le scale, sposta gli oggetti, gioca a pallone e riconosce le persone. Costruito dalla giapponese Honda a partire dal 2000, ha lo scopo di valutare le potenzialità dei robot.

L'autore di fantascienza Isaac Asimov ha inventato le tre famose leggi del mondo robotico:

- **un robot non può danneggiare un essere umano né permettere che, a causa del proprio mancato intervento, un essere umano riceva danno;**
- **un robot deve obbedire agli ordini impartiti dagli esseri umani, purché tali ordini non contravvengano alla Prima Legge;**
- **un robot deve proteggere la propria esistenza, purché questa autodifesa non contrasti con la Prima e con la Seconda Legge.**

il robot *Asimo*

Quali robot hanno raggiunto Marte?

Marte è stato raggiunto da varie unità robotiche, chiamate rover, alimentate dall'energia solare, che si spostano su cingoli e raccolgono e analizzano campioni di roccia inviando poi i dati sulla Terra, dove vengono studiati ed elaborati.

Il rover *Opportunity* è in missione su Marte dal 2004, soprattutto alla ricerca di acqua.

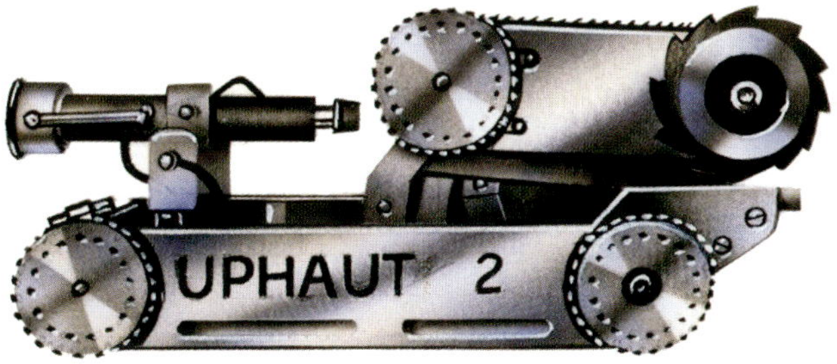

il robot archeologo *Uphaut 2*

I robot servono anche agli archeologi?

I robot possono svolgere compiti molto pesanti (il nome stesso "robot" deriva dal ceco *robota*, che significa "lavori forzati"), ma anche molto sofisticati e precisi, come in alcune operazioni chirurgiche. Il robot *Uphaut 2* è stato usato nel 1994 per esplorare uno stretto passaggio nella Grande Piramide di Giza in Egitto.

I robot sono intelligenti?

Il robot *Wabot 2* è stato prodotto nel 1984 ed è in grado di suonare la tastiera di un pianoforte elettronico molto più in fretta di un uomo, anche leggendo uno spartito che non conosce. Esistono robot che giocano a scacchi meglio degli esseri umani, altri si comportano come animali domestici. L'intelligenza dei robot è notevole, ma è sempre limitata rispetto a quella di un essere vivente.

Il robot musicista *Wabot 2*

I treni

I treni sono mezzi di trasporto pratici e poco inquinanti perché trasportano molte persone contemporaneamente e sono, di solito, elettrici. Le stazioni ferroviarie inoltre si trovano dentro le città e collegano altre città in modo diretto con una rete estesa e capillare.

la locomotiva di Trevithick

Che cos'è la ferrovia?

La ferrovia è la via formata dalle rotaie su cui i treni si muovono. La prima ferrovia è stata costruita nel 1804 dal britannico Richard Trevithick per trasportare materiali e persone in una miniera del Galles. La locomotiva era talmente pesante che spaccava i binari. Un secondo prototipo, la *Catch me who can* ("Mi prenda chi può"), per quanto più leggera tendeva a uscire dai binari deragliando.

Come funziona un treno a vapore?

I primi treni erano a vapore. Sulla locomotiva una caldaia alimentata a carbone faceva evaporare l'acqua in grandi serbatoi. Il vapore metteva in moto i pistoni e le ruote. L'impiego del carbone rendeva i treni a vapore molto più inquinanti rispetto ai moderni treni elettrici.

Che cosa sono i treni merci?

I treni merci trasportano vari tipi di materiali e non passeggeri. Alcuni hanno vagoni frigoriferi per trasportare cibo deperibile. Il più lungo treno merci, adibito al trasporto di ferro in Australia, raggiungeva una lunghezza di oltre 7 km ed era alimentato da otto locomotive diesel. In Australia c'è anche il rettilineo ferroviario più lungo del mondo: 478 km.

Che cosa facevano i treni nel Far West?

Negli Stati Uniti i treni hanno contribuito alla conquista del West nel XIX secolo. La prima ferrovia ad attraversare l'America settentrionale è stata completata nel 1869. I treni avevano un grande "cacciapietre" per eliminare gli ostacoli (compresi bisonti e mucche) dalle rotaie.

Che cosa sono i treni ad alta velocità?

I treni ad alta velocità, oggi diffusi in molti paesi d'Europa e del mondo, possono viaggiare a oltre 300 km/h. Questi treni hanno locomotiva e vagoni di forma aerodinamica e carrelli speciali che attutiscono il movimento delle carrozze sulle rotaie quando il treno è in corsa. Per diminuire i tempi di percorrenza, i treni ad alta velocità viaggiano su binari riservati ed effettuano poche fermate. Un treno TGV opportunamente modificato e senza passeggeri ha raggiunto i 574 km/h.

Lo Shinkansen 500 è il treno di serie più veloce del mondo: detiene il record di velocità media (261 km/h) e quello di velocità massima (443 km/h) senza modifiche al veicolo di serie.

I treni più veloci del mondo sono quelli a levitazione magnetica (Maglev) che viaggiano senza toccare le rotaie. A Shangai in Cina un treno Maglev collega la città all'aeroporto in meno di 10 minuti raggiungendo una velocità di circa 400 km/h.

Auto e moto

Le automobili sono tra i mezzi di trasporto più diffusi al mondo. Oggi esistono molti tipi di auto per soddisfare tutte le diverse esigenze delle persone: grandi automobili familiari, piccole auto elettriche da città, auto di lusso, auto sportive, fuoristrada adatti a muoversi su terreni accidentati e così via.

la Motorwagen del 1886, prima auto a benzina

Qual è la prima auto costruita in serie?

La Ford Modello T, presentata al pubblico nel 1908 dallo statunitense Henry Ford, è la prima automobile prodotta in serie, il cui prezzo era accessibile a molti. Le auto venivano assemblate nelle catene di montaggio: nel 1914 bastavano 93 minuti per costruirne una. Ne sono state costruite oltre 15 milioni di unità.

Qual è stata la prima auto a benzina?

La Motorwagen costruita da Karl Benz nel 1886 era un'auto a tre ruote dotata di un motore a benzina e poteva raggiungere una velocità di 15 km/h. Ne sono stati prodotti 25 esemplari.

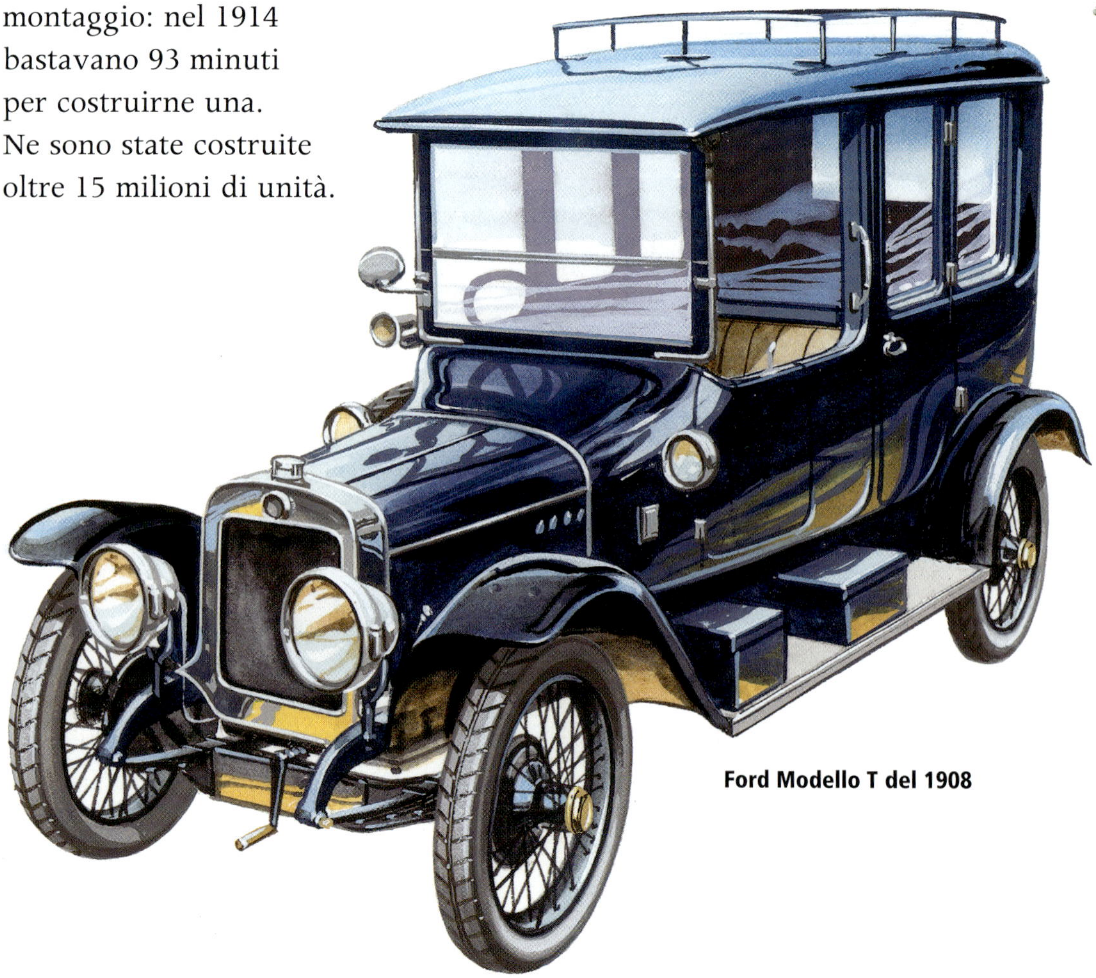

Ford Modello T del 1908

I motori endotermici montati sulla maggior parte delle automobili possono essere alimentati a benzina, gasolio, metano, GPL, etanolo. Il loro rendimento è del 30-40%, mentre il rendimento di un motore elettrico raggiunge il 90%.

Com'è fatta un'automobile?

Nella maggior parte delle automobili moderne, il motore è collocato nella parte anteriore del veicolo. Le auto a benzina funzionano con un motore a scoppio, l'energia prodotta nel motore viene trasmessa alle ruote dall'albero di trasmissione. Il volante muove lo sterzo unito a un'asse che sposta le ruote anteriori facendo curvare la macchina. Il cambio adatta il funzionamento del motore alla velocità dell'auto.

Le auto ibride hanno un motore a benzina, o a gasolio, e un motore elettrico che vengono usati in modo coordinato per consumare di meno.

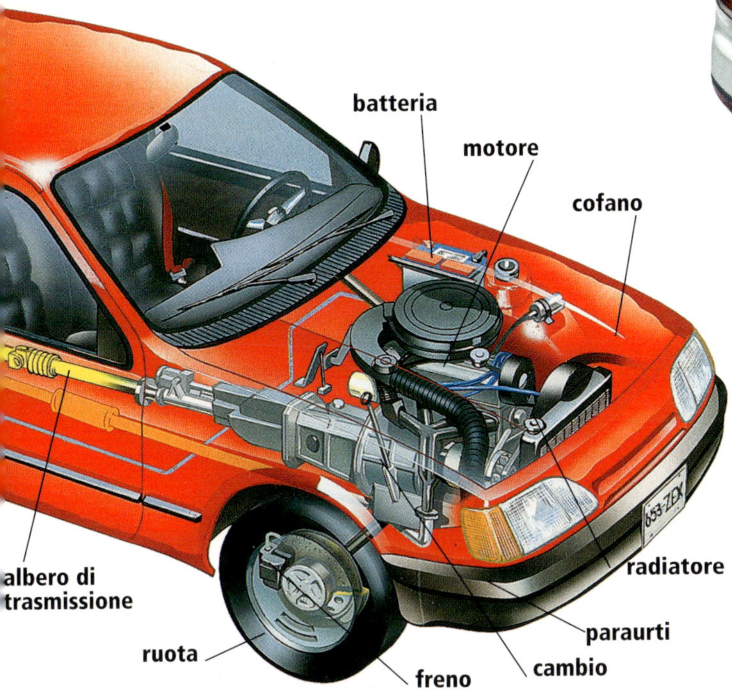

Chi ha inventato la motocicletta?

La prima motocicletta, che aveva un motore a vapore, è stata ideata dai fratelli Hildebrand di Monaco nel 1889. La prima moto a benzina risale al 1894 e raggiungeva i 40 km/h.

Che cos'è un sidecar?

Il sidecar è una sorta di carrozzella con una ruota, unita a una motocicletta. Le moto con sidecar hanno avuto una grande diffusione fino alla metà del XX secolo perché rappresentavano un'alternativa più economica rispetto all'automobile ed erano adatte anche a viaggiare su strade non asfaltate.

Navi e sottomarini

Le navi e le barche sono usate da millenni per trasportare merci e persone in mare, sui laghi e lungo i fiumi. Per muoversi, le barche usano il vento, i remi o i motori. Le barche a motore si sono diffuse a partire dal XIX secolo. I sottomarini, imbarcazioni in grado di spostarsi sopra e sotto l'acqua, si sono invece diffusi all'inizio del XX secolo.

I piroscafi con ruota a pale erano molto usati sui grandi fiumi negli Stati Uniti per trasportare persone e merci.

I *clipper* hanno avuto la loro massima diffusione tra il 1840 e il 1870.

Che cos'è un piroscafo?

I piroscafi sono imbarcazioni a vapore che venivano usate soprattutto nel XIX secolo. Il primo modello risale al 1783 ed è stato inventato dal francese Claude de Jouffroy. In queste navi una caldaia alimentata a carbone scalda l'acqua e produce vapore che mette in funzione i motori. I primi piroscafi sono stati usati sui fiumi, in seguito sono state costruite grandi navi in metallo dotate di eliche e in grado di attraversare gli oceani.

Che cos'è un clipper?

I *clipper* erano veloci navi a vela usate per trasportare merci da una parte all'altra degli oceani. Queste navi avevano uno scafo affusolato e leggero e numerose vele quadrate e triangolari in grado di sfruttare anche le brezze più lievi. I *clipper* riuscivano così a spostarsi con una velocità di quasi 40 km/h, pari a quella raggiunta da molte moderne navi a motore.

Come funziona un sottomarino?

I sottomarini sono imbarcazioni in grado di spostarsi sott'acqua. Per muoversi i sottomarini si servono di motori (alimentati a gasolio, elettrici o nucleari) che mettono in moto le eliche. Per immergersi, il sottomarino incamera acqua, per emergere la espelle. I sommergibili sono un tipo di sottomarino adatto a navigare anche in superficie.

Quando sono nati i sottomarini?

Il primo sommergibile della storia in grado di immergersi e risalire è stato il *Turtle*, progettato dallo statunitense David Buschnell nel 1776 e usato durante la Guerra d'Indipendenza Americana.

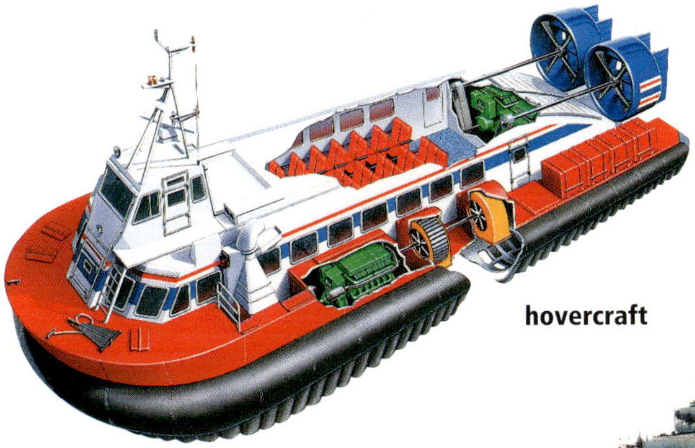

hovercraft

Sulle portaerei americane della classe Nimitz a propulsione nucleare vivono oltre 5000 uomini di equipaggio.

Quali imbarcazioni galleggiano sull'aria?

Gli hovercraft sono imbarcazioni che si appoggiano su un cuscino d'aria e vengono spinte da potenti eliche. Non essendo sostanzialmente rallentato dall'attrito, un hovercraft può viaggiare a una velocità di 150 km/h sull'acqua o sulla terraferma. Il primo progetto di un hovercraft risale al 1716, ma il primo vero "aeroscafo" è stato costruito soltanto nel 1952 dal britannico Christopher Cockerell.

periscopio

Come fanno gli aerei ad atterrare sulle navi?

Le portaerei sono navi speciali provviste di una pista di atterraggio per gli aerei. Durante il decollo, l'aereo è spinto in avanti da una sorta di catapulta, mentre quando atterra viene rallentato da enormi cavi frenanti tesi sul ponte. La prima portaerei utilizzabile dai jet, la *USS Forrestal* (CV-59), risale al 1955.

Che cos'è un batiscafo?

I batiscafi sono sottomarini speciali che si spingono a grande profondità. Il *Trieste* si è immerso il 23 gennaio 1960 nella Fossa delle Marianne, il punto più profondo della Terra. Questo batiscafo, con due uomini a bordo, ha impiegato quasi 5 ore per toccare 11 km di profondità.

Che cos'è il periscopio?

Il periscopio è uno strumento che permette all'equipaggio di un sottomarino in immersione di vedere al di sopra della superficie dell'acqua. Oggi i sottomarini non servono soltanto per fare la guerra. Alcuni sono dotati di apparecchiature molto sofisticate per compiere ricerche scientifiche.

Gli aeroplani

L'uomo ha sempre desiderato volare, ma il primo volo su un aeroplano risale soltanto al 1903, quando i fratelli Wright negli Stati Uniti riuscirono a decollare e percorrere un breve tragitto sul primo aereo a motore. Oggi milioni di persone usano ogni giorno l'aereo per spostamenti più o meno lunghi, per lavoro o per andare in vacanza.

la mongolfiera dei fratelli Montgolfier

Perché gli aeroplani non cadono?

Un aeroplano è più pesante dell'aria ma in volo non cade se si muove perché ha le ali di una forma tale da produrre una spinta dal basso verso l'alto che sostiene l'apparecchio. I motori dunque spostano l'aereo in avanti ma è la forma delle ali che genera la spinta necessaria a mantenere l'aereo sospeso.

Che cosa c'è dentro un aeroplano?

Gli aeroplani oggi sono usati per trasportare passeggeri e merci di ogni tipo da una parte all'altra del mondo. I primi aerei commerciali hanno incominciato a volare nel 1939. Questi aeroplani sono dotati di una cabina di pilotaggio dove si trovano i comandi per guidare il velivolo, ci sono poi le cabine passeggeri di prima e seconda classe, un bagagliaio e una piccola cucina per preparare i pasti nei viaggi più lunghi.

Chi ha volato per primo?

Prima dell'invezione degli aerei l'uomo aveva già volato usando la mongolfiera. La prima mongolfiera è stata costruita dai fratelli Montgolfier a Parigi e si è alzata in volo con alcuni animali come passeggeri nel 1783. Nello stesso anno il pioniere dell'aviazione Jean-François Pilâtre ha raggiunto con una mongolfiera i 1000 m d'altezza e ha compiuto un volo di 12 km.

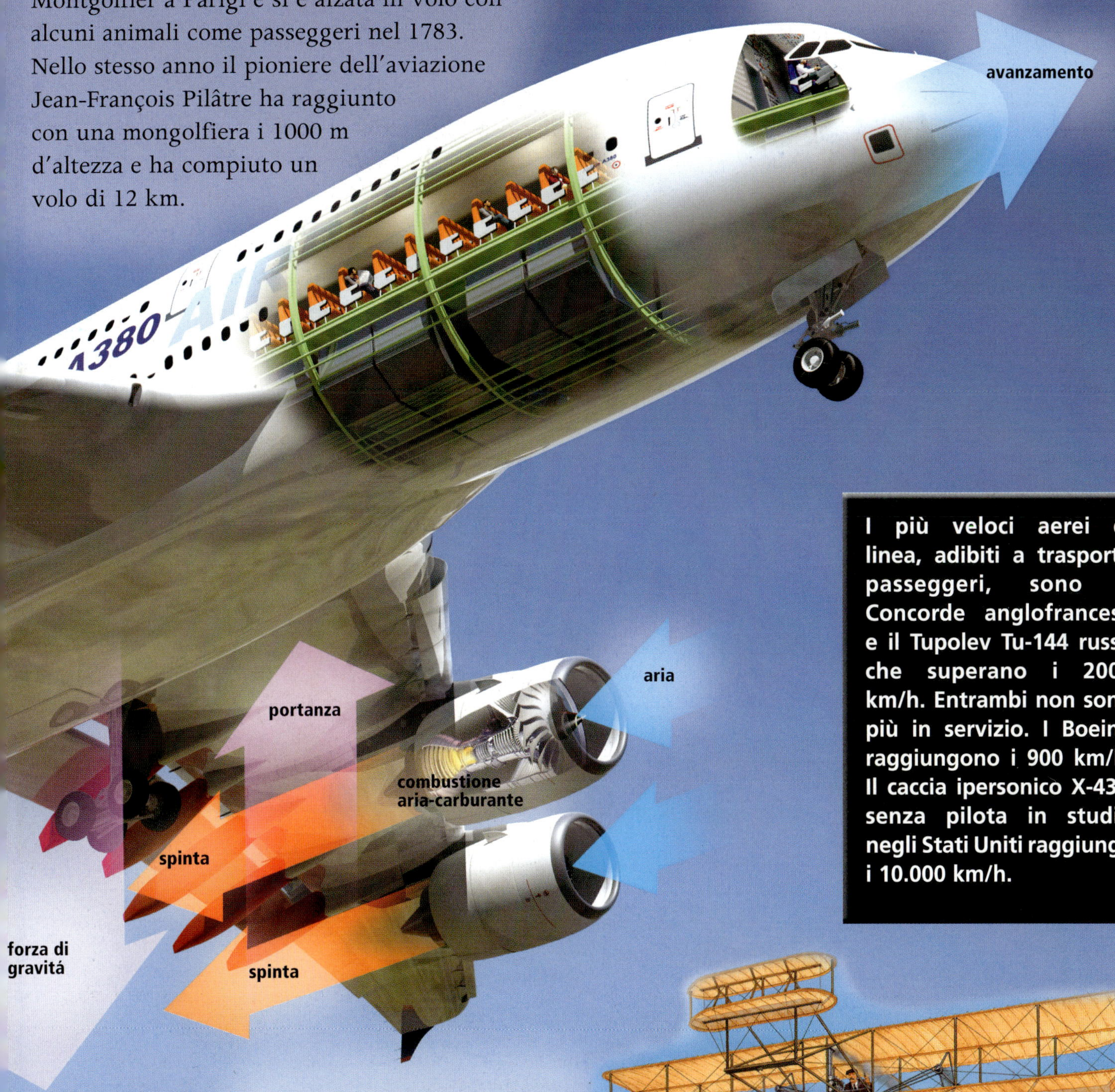

I più veloci aerei di linea, adibiti a trasporto passeggeri, sono il Concorde anglofrancese e il Tupolev Tu-144 russo che superano i 2000 km/h. Entrambi non sono più in servizio. I Boeing raggiungono i 900 km/h. Il caccia ipersonico X-43A senza pilota in studio negli Stati Uniti raggiunge i 10.000 km/h.

I fratelli Wright si alternavano alla guida dei loro aerei sperimentali. Dopo il suo primo volo il *Flyer 1* è caduto a causa di una raffica di vento e non è più stato usato.

Indice